法官谈维权系列

刘玉民 总主编

法官谈
怎样守护
婚姻家庭与继承权益

刘玉民 相颖 张维霞 编著

THE JUDGE TALKS
ABOUT RIGHTS PROTECTION
SERIES

中国民主法制出版社
全国百佳图书出版单位

图书在版编目（CIP）数据

法官谈怎样守护婚姻家庭与继承权益/刘玉民，相颖，张维霞编著．—北京：中国民主法制出版社，2023.3

（法官谈维权系列/刘玉民主编）

ISBN 978 - 7 - 5162 - 3062 - 6

Ⅰ．①法… Ⅱ．①刘… ②相… ③张… Ⅲ．①婚姻法—案例—中国②继承法—案例—中国 Ⅳ．①D923.05

中国国家版本馆 CIP 数据核字（2023）第 003087 号

图书出品人：刘海涛

责 任 编 辑：逯卫光　张雅淇

书名/ 法官谈怎样守护婚姻家庭与继承权益

作者/ 刘玉民　相　颖　张维霞　编著

出版·发行/ 中国民主法制出版社

地址/ 北京市丰台区右安门外玉林里 7 号（100069）

电话/（010）63055259（总编室）　 63058068　 63057714（营销中心）

传真/（010）63055259

http：//www.npcpub.com

E-mail：mzfz@npcpub.com

经销/ 新华书店

开本/ 16 开　 710 毫米×1000 毫米

印张/ 21　 **字数/** 323 千字

版本/ 2023 年 6 月第 1 版　 2023 年 6 月第 1 次印刷

印刷/ 三河市宏图印务有限公司

书号/ ISBN 978 - 7 - 5162 - 3062 - 6

定价/ 78.00 元

作者简介

刘玉民 男，北京市密云区人民法院党组书记、院长，二级高级法官，法学博士。曾任北京市高级人民法院组织宣传处处长、办公室主任，北京市西城区人民法院党组副书记、副院长。出版著作100余部，参与省部级课题12个，发表理论文章52篇，获得学术调研奖项33次。

相　颖 女，1986年7月生，法学硕士，2009年进入北京市密云区人民法院工作，先后在派出法庭、机动车交通事故审判庭、民事审判一庭工作，现任密云区人民法院巨各庄人民法庭负责人，一级法官，中国共产党北京市密云区第三次代表大会党代表。秉承"调解优先，促家和"理念，在家事审判工作中紧盯关乎妇女儿童老人等弱势群体权益案件，《最高人民法院关于办理人身安全保护令案件适用法律若干问题的规定》实施后，其发布了北京首例人身安全保护令。撰写的案例多次入选中国法院年度案例，2022年荣获冬奥会和冬残奥会贡献奖。

张维霞 女，1981年7月生，经济法学硕士学位。2007年7月进入北京市密云区人民法院，先后在研究室、民一庭、派出法庭、组宣科、民二庭等部门工作，现为民事审判二庭副庭长、一级法官。共审结民商事案件1500余件，妥善审结多起婚姻家庭纠纷，荣立个人三等功3次，曾获北京法院第三届司法业务技能比赛"民事审判业务标兵"称号，撰写的多篇文章被《中国审判案例要览》《人民法院案例选》《北京审判》《审判前沿》等采用。

总序

习近平总书记指出："依法治国是坚持和发展中国特色社会主义的本质要求和重要保障，是实现国家治理体系和治理能力现代化的必然要求。我们要实现经济发展、政治清明、文化昌盛、社会公正、生态良好，必须更好发挥法治引领和规范作用。"党的十八大以来，以习近平同志为核心的党中央从全局和战略高度定位法治、布局法治、厉行法治，领导全党全国人民解决了许多长期想解决而没有解决的法治难题，办成了许多过去想办而没有办成的法治大事，开辟了全面依法治国的新境界，推动法治中国建设取得了历史性的成就，创立了习近平法治思想，实现了马克思主义法治理论中国化时代化的历史性飞跃，为全面依法治国提供了根本遵循和行动指南。党对全面依法治国的领导更加坚强有力，健全了党领导法治建设的工作机制和程序，建立起党政主要负责人履行推进法治建设第一责任人职责制度。宪法得到全面贯彻实施，设立国家宪法日和宪法宣誓制度，宪法制度已转化为治国理政的强大效能。法律规范体系更加完备系统管用，坚持科学立法、民主立法、依法立法，统筹推进"立改废释纂"，修改宪法，编纂民法典，加快重点领域、新兴领域、涉外领域立法，以良法促进了发展、保障了善治。法治政府建设迈上新台阶，颁布和实施了两个五年《法治政府建设实施纲要》，深入推进"放管服"改革，持续深化行政执法体制改革，法治政府建设推进机制基本形成，依法行政制度体系日益健全，严格规范公正文明执法水平普遍提高。司法体制改革取得历史性突破，司法质量、效率和公信力持续提升，人民群众对司法公正的认可度明显提高。法治社会建设取得实质性进展，全社会办事依法、遇事找法、解决问题用法、化解矛盾靠法的法治环境正在逐步形成。涉外法治工作开辟新局面，运用法治手段维护国家主权、安全、发展利益的能力显著提升。依规治党实现历史性跃升，党内法规制度建设推进力度之大前所未有，依规治党取得成效之显著前所未有，为世界政党治理贡献了中国智慧和中国方案。法治工作队伍建设成效卓著，忠于党、忠于国家、忠于人民、忠于法律的队伍逐步建成，法治工作队伍的规模、结构和素质更加优化。

法律是神圣的，但不是神秘的。深入开展全民普法，大力弘扬社会主义法治文化，让法律走出神圣的殿堂，来到人民群众中间，是习近平法治思想的重要内容，也是法律职业者重要而光荣的职责。作为首都基层法院，我们自觉履行"谁执法谁普法"的主体责任，通过庭审直播、新闻发布、"法律十进"、"法院开放日"等形式，线上线下有机结合，积极开展普法宣传。开展庭审网络直播，方便人民群众足不出户"在线学法"；全面推进新闻发布月例会制度，针对热点问题梳理典型案例、总结类案特点、作出法官提示，召开发布会；组织法官送法进机关、进学校、进社区、进企业、进军营等"法律十进"专场，精准开展"定制普法"；在国家宪法日等重要节点举行"法院开放日"活动，邀请社会各界近距离参与司法实践。通过官方微博、微信公众号、今日头条等新媒体平台，发布原创普法漫画、视频、公益广告，借力互联网让法治宣传深入人心。同时，深挖"密、云、法、院"四字内涵，建立"密之语"心理工作室，创办《云之声》院刊，打造"法之谈"培训品牌，树立"院之人"集体群像，努力形成"水云深处"书香密法的浓厚氛围。与中央民族大学、北京航空航天大学、北京农学院等高校密切联系，共同开展实践调查、理论研讨、课题研究，促进法学教育与司法实践良性互动、有机结合，不断提升各项工作水平。

法律的生命在于适用，案例是法律适用的结晶，是活的法律。马克思曾言："法律是普遍的。应当根据法律来确定的案件是个别的。要把个别的现象归结为普遍的现象就需要判断。法官的责任是当法律运用到个别场合时，根据他对法律的诚挚的理解来解释法律。"可以说，人民法官正是通过公正审理各类案件，向社会解释着法律、传输着正义。每一个司法案例都蕴藏着法官的判断和思考，都体现着法官的经验和智慧。运用司法案例进行普法宣传，既贴近实际、贴近生活、贴近群众，又案法交融、前沿权威、通俗易懂，具有强大的生命力和重要的现实意义。有鉴于此，我院与中国民主法制出版社反复研究论证，策划了这套"法官谈维权系列"丛书。

　　该套丛书包括未成年人权益保护、公民权益损害赔偿、婚姻家庭与继承权益守护、务工人员权益保护、妇女和儿童权益保护、消费者权益保护和老年人权益守护 7 册内容，15 名优秀法官参与编写，很多案例改编于他们审理的真实案例。丛书内容全面系统，案例新颖精准，体例和谐统一，分析透彻简明，相信必将成为广大学法、用法者的良师益友。在此特别感谢中国民主法制出版社给予的难得机会，为我院持续抓好审判主业、着力提升工作质效、全面培养人才骨干提供了坚实抓手和有益载体，也实现了我院与出版单位全面合作、协同共进的多年愿望。

　　奉法者强则国强，奉法者弱则国弱。我们将时刻牢记职责使命，以党和国家大局为重，以最广大人民利益为念，坚守法治精神、忠诚敬业、锐意进取、勇于创新，与广大法界同人携手奋进，努力为中国特色社会主义法治国家建设作出更大的贡献。

　　是为序。

北京市密云区人民法院

党组书记、院长　刘玉民

2022 年 10 月

前言

　　习近平总书记在党的二十大报告中强调要"加强家庭家教家风建设"。家庭是社会的细胞，对于构建和维系社会结构起着举足轻重的作用。婚姻家庭问题关系到千家万户。正确处理婚姻家庭问题不仅关系到广大人民群众的幸福生活，也关系到社会稳定和现代化建设的顺利进行，是实现全面建设社会主义现代化国家伟大目标的重要一环。作为社会主义法治建设的一项重要内容，我国建立了以民法典为核心的婚姻家庭法律制度，为正确地处理婚姻家庭问题奠定了基础，为塑造健康和睦的婚姻家庭关系提供了强大的法治保障。

　　随着人们法治观念的增强，依法办事、学法维权已经成为全社会的广泛共识。面对纷繁复杂的婚姻家庭问题，人们渴望学习、了解、掌握和运用最新的婚姻家庭法律知识，在日常生活和诉讼中维护自己的合法权益。为此，本书紧密围绕当前婚姻家庭领域的热点、焦点和难点问题，遴选了100个典型真实的案例，以案说法，精选精评，从中既能学习婚姻家庭法律知识，提高法律素养，又能深化对焦点和难点问题的探讨和认识，为婚姻家庭法律制度的进一步完善提供管窥之见。

　　本书是"法官谈维权系列"丛书的组成部分，密切结合新出台的法律、法规和司法解释，将民法典的最新精神与婚姻家庭基本理论和实践发展结合起来，多角度、全方位地分析和解决问题，力求在有限的篇幅中尽可能展示最丰富的司法运作规律和机理，满足人们清晰理解最新法律知识，加强自身法律素养的需要，并为今后的理论探讨和审判实践提供参考。

　　考虑到各类群体的实际需要，本书在编写过程中我们坚持问题导向，在体例上将每一个案例安排为四个部分——"维权要点""典型案例""法官讲法""法条指引"，以设问方式提出问题，以简洁、质朴的语言阐明要点，用时效性、现实性强的典型案例讲述故事，从法官视角作出深入浅出、细致入微的法律和学理分析，选精准权威的法条呈供读者参考，案例中还包含有不同意见的展示和交锋，使读者能够多角度地理解有关的法律问题。本书总体上按照民法典的篇章结构编排，涵盖了婚姻家庭关系的各个领域，从婚姻家庭关系的建立，婚姻家庭关系存续期间的抚养、赡养、收养、继承、财产，一直到婚姻家庭关系破裂后的子女抚养、财产分割等，形式统一、结构完整、思路清晰、语言朴实、风格清新。

本书广泛参考了现有的研究成果与资料，中国民主法制出版社编审逯卫光、北京市密云区人民法院教育培训科负责人杨雪做了大量的协调工作，在此一并表示衷心的感谢。

编　者

2022 年 10 月

目录 CONTENTS

第一章 结　婚

1. 养父女之间能否结婚?

【维权要点】

养父与养女之间共同生活，时间一长有的会产生男女感情，虽然二者之间没有自然血亲关系，只是拟制血亲关系，不存在因血亲结婚而产生的生育方面障碍，但养父女之间是不允许结婚的。主要是基于三点考虑：一是养父母子女之间在法律上的权利义务关系和亲生父母子女之间是一样的，法律禁止其相互通婚。二是为了充分保护被收养人的利益和权利。三是依据我国的伦理道德和社会风俗，养父母子女之间结婚有违社会伦理。

【典型案例】

张某（男）与王某（女）婚后一直无子女。2006年，两人收养了一名7岁的女孩为养女，取名张某某。2011年，王某因病去世，张某未再婚，独自将张某某抚养成人。在长期共同生活中，张某与张某某产生了感情。张某某成年后，对身边的追求者一一拒绝并向张某表达了爱意。张某某表示：为了报答张某多年来的养育之恩，非张某不嫁。张某深受感动。2021年11月，张某和张某某到婚姻登记机关办理结婚登记手续。

在本案的处理过程中，有两种不同的意见：一种意见认为，张某与张某某可以结婚。养父与养女只是拟制血亲关系，与自然血亲关系有着本质的不同。我国民法典并未明确禁止拟制血亲结婚，仅仅限制直系血亲和三代以内的旁系血亲结婚。张某和张某某如果先解除其养父与养女关系，可以准予其结婚。另一种意见认为，不应准许张某与张某某结婚。根据民法典的规定，自收养关系成立之日起，养父母与养子女间的权利义务关系，适用民法典关于父母子女关系的规定。因此，直系血亲应当包括直系自然血亲和直系拟制血亲。无论从社会伦理的角度，还是从法律的角度，都不应准许养父母与养子女结婚。世界上大多数国家都禁止直系拟制血亲之间结婚。这样既符合社会的伦理观念，同时也是为了防止养父母或继父母利用其长辈身份逼迫养子女或继子女与自己结婚，维护养子女和继子女的合法权益。

【法官讲法】

民法典第1048条规定："直系血亲或者三代以内的旁系血亲禁止结婚。"上述不同意见争议的焦点是法律所禁止结婚的直系血亲是否包括直系拟制血亲。民法典第1111条规定："自收养关系成立之日起，养父母与养子女间的权利义务关系，适用本法关于父母子女关系的规定；养子女与养父母的近亲属间的权利义务关系，适用本法关于子女与父母的近亲属关系的规定。养子女与生父母以及其他近亲属间的权利义务关系，因收养关系的成立而消除。"由此可见，养父母与养子女的关系属于法律拟制血亲关系。这种血亲关系虽然不是基于自然的血缘关系而产生的，但法律赋予了与自然血亲关系同等的效力。在本案中，张某与张某某的权利义务关系适用民法典关于父母子女关系的规定，所以张某与张某某不能结婚。这也是社会伦理道德规范的要求。我国传统的道德观念一直将直系血亲之间的两性关系视为乱伦，为社会所不容。因此，即便养父母与养子女之间解除收养关系后再结婚，他们也同样会受到社会舆论的谴责，婚后的生活也会笼罩在阴影之中。禁止有拟制血亲关系的人结婚，同样也是在保护他们自身的合法权益。

【法条指引】

中华人民共和国民法典

第一千零四十八条　直系血亲或者三代以内的旁系血亲禁止结婚。

第一千一百一十一条　自收养关系成立之日起，养父母与养子女间的权利义务关系，适用本法关于父母子女关系的规定；养子女与养父母的近亲属间的权利义务关系，适用本法关于子女与父母的近亲属关系的规定。

养子女与生父母以及其他近亲属间的权利义务关系，因收养关系的成立而消除。

2. 继兄妹之间能否结婚？

【维权要点】

我们一般都知道，同胞兄弟姐妹、堂兄弟姐妹、表兄弟姐妹等三代以内的旁系血亲之间由于具有自然血缘关系，在法律上是不允许结婚的，但继兄妹之间能否结婚呢？我国法律目前对此没有明确的禁止性规定，从立法精神来看，如果继兄妹之间没有禁止结婚的自然血缘关系，是可以结婚的。

【典型案例】

胡某（男）与薛某（女）于 2020 年结婚。结婚时，胡某带有与前妻所生之子胡某某（20 岁）；薛某带有与前夫所生之女张某某（18 岁）。婚后，一家四口相处得比较融洽，特别是胡某某与张某某在共同生活的过程中，相互关心，互相帮助，彼此产生了爱慕之意。2022 年 3 月，胡某某22 岁，张某某 20 岁，达到了法定结婚年龄，两人提出结婚。胡某与薛某坚决反对，周围的群众也表示不理解，认为两人是兄妹关系，结婚属于不道德行为。胡某某与张某某自行来到婚姻登记机关，要求办理结婚登记。

在本案的处理过程中，有两种不同的意见：一种意见认为，张某某在随母亲改嫁到胡家后，与胡某和胡某某是继父女和继兄妹的关系。在共同生活的过程中，张某某与胡某形成了抚养关系。民法典规定，继父或者继母和受其抚养教育的继子女间的权利义务关系，适用本法关于父母子女关系的规定。因此，张某某与胡某具有父女间的权利和义务，与胡某某具有兄妹间的法律关系。按照民法典三代以内的旁系血亲禁止结婚的规定，两人不能结婚。同时，两人的婚姻也必然为社会的伦理道德和舆论所不容。另一种意见认为，胡某与薛某再婚时，胡某某与张某某均已成年。再婚后，继父母与继子女在一起共同生活，彼此之间互相照顾，是情理之中，但不能以此认定双方就形成了抚养关系。胡某与张某某之间的关系不适用民法典对于父母子女关系的规定，只是一般的继父女关系，而胡某某与张某某也只是一般的继兄妹关系。两人既没有自然的血缘关系，也没有法律拟制血亲关系，只是一种基于父母再婚而形成的姻亲关系，所以应当准予结婚。

【法官讲法】

从我国民法典婚姻法律来看，对于亲属之间结婚的禁止性规定有三类：一是禁止直系血亲之间结婚。直系血亲就是相互之间有直接自然血缘关系的人，包括生育自己和自己生育的上下各代，如父母与子女、祖父母（外祖父母）与孙子女（外孙子女）等。二是禁止三代以内的旁系血亲之间结婚。旁系血亲是指相互之间具有间接血缘关系的人，包括除直系血亲之外的，在血统上与自己同出一源的亲属，如叔（伯）姑、姨舅、侄甥等人。三代是指从自己这一代算起，向上推数三代和向下推数三代。从自己数到父母算是第二代，数到祖父母（外祖父母）是第三代，这是上三代。从自己推算到子女、孙子女（外孙子女）是下三代。所谓三代以内的旁系血亲，就是指祖父母（外祖父母）以下同源而出的旁系血亲。三是禁止拟制的直系血亲之间结婚。拟制血亲是指本来没有血缘关系，或没有直接的血缘关系，但法律上确定其地位与血亲相同的亲属。拟制的直系血亲包括养父母与养子女、养祖父母与养孙子女、养外祖父母与养外孙子女以及形成了抚养关系的继父母与继子女。"虽然他们没有任何的血缘关系，但由于法律上确认他们与自然血亲有同等的权利义务，因此也禁止结婚。"[1]法律拟制的直系血亲，即使在解除拟制血亲关系后，考虑到社会的伦理道德的要求和各种可能存在的客观情况，也不应准予结婚。

但三代以内的旁系拟制血亲是否准予结婚，法律上没有明确规定，实践中也有不同的认识。我们认为，民法典明确规定的法律拟制血亲仅限于直系血亲，如第1111条第1款中规定："养子女与养父母的近亲属间的权利义务关系，适用本法关于子女与父母的近亲属关系的规定。"第1072第2款规定："继父或者继母和受其抚养教育的继子女间的权利义务关系，适用本法关于父母子女关系的规定。"法律对旁系拟制血亲关系没有作出明确规定，显然是考虑到旁系拟制血亲之间的伦理关系和现实生活关系较之直

---

〔1〕李忠芳主编：《新〈婚姻法〉释义》，中共党史出版社2001年版，第40—41页。

系拟制血亲更为间接和灵活，法律不应过分地干预和苛求。所以，不应把法律关于三代以内的旁系血亲禁止结婚的规定，简单地套用到拟制的旁系血亲上，对拟制旁系血亲之间的婚姻应当视具体情况灵活处理。

在本案中，胡某与薛某某再婚时，胡某某与张某某均已成年，继父母与继子女之间并未形成抚养关系。按照民法典的规定，胡某与张某某之间是一般的继父女关系；薛某与胡某某之间是一般的继母子关系，彼此之间的权利和义务不适用民法典关于父母子女关系的规定。胡某某与张某某之间是一般的继兄妹关系，是基于父母再婚而形成的姻亲关系。两人既没有血缘关系，也没有法律上的拟制血亲关系，结婚既不违反法律的规定，也不违背优生学、遗传学的规律，应当准予结婚。即使继父母与继子女之间形成了抚养关系，双方之间的权利和义务适用法律对于父母子女关系的规定，法律所规范的也只是直系的拟制血亲之间的行为。胡某某与张某某作为拟制的旁系血亲，不在法律所禁止结婚的"三代以内的旁系血亲"之内。婚姻登记机关可以考虑双方共同生活的情况、彼此之间的感情基础和双方父母的态度以及周围群众的反应，灵活处理。对不宜结婚的，应当做好双方的思想工作，建议其不结婚。如果双方坚持结婚的，应当准予结婚。

【法条指引】

中华人民共和国民法典

第一千零四十八条 直系血亲或者三代以内的旁系血亲禁止结婚。

第一千零七十二条 继父母与继子女间，不得虐待或者歧视。

继父或者继母和受其抚养教育的继子女间的权利义务关系，适用本法关于父母子女关系的规定。

3. 表兄妹自愿结为夫妻，父母劝阻无效可以向法院申请婚姻无效吗？

【维权要点】

表兄妹结婚属于我国民法典禁止结婚的情形之一，即便由种种原因取得结婚登记，亦属无效婚姻。父母作为其近亲属有权提起确认婚姻无效的诉讼。

【典型案例】

贺某（男）的父亲与乔某（女）的母亲系同胞姐弟，贺某与乔某系嫡表姐弟，两人从小青梅竹马感情很好，成年后相爱，当贺某与乔某告知家里要结婚时，遭到全家人的强烈反对。贺某与乔某隐瞒双方具有亲属关系的事实，办理了结婚登记手续，领取了结婚证，结婚后生活在一起。2021年3月9日，乔某的父母向法院提出申请，要求确认贺某与乔某的婚姻无效。

在本案的审理过程中，有两种不同的意见：一种意见认为，婚姻关系的解除应该由婚姻当事人提出，其父母不具备主体资格，无权提起诉讼，法院应不予立案；另一种意见认为，对于近亲结婚的，父母作为近亲属可以提起确认婚姻无效之诉。

【法官讲法】

本案中的贺某与乔某是表兄妹，系三代以内旁系血亲，属于我国民法典禁止结婚的情形之一，双方的婚姻应属无效。问题是，在贺某与乔某双方自愿结婚，婚后感情尚好的情况下，乔某的父母是否有权提起确认婚姻无效之诉呢？

《最高人民法院关于适用〈中华人民共和国民法典〉婚姻家庭编的解释（一）》[以下简称《民法典婚姻家庭编司法解释（一）》] 第9条规定，有权依据民法典第1051条规定向人民法院就已办理结婚登记的婚姻请求确认婚姻无效的主体，包括婚姻当事人及利害关系人。其中，利害关系人包括：（1）以重婚为由的，为当事人的近亲属及基层组织；（2）以未到法定婚龄为由的，为未到法定婚龄者的近亲属；（3）以有禁止结婚的亲属关系为由的，为当事人的近亲属。

民事法律上的近亲属包括：配偶、父母、子女、兄弟姐妹、祖父母、外祖父母、孙子女、外孙子女。本案中，乔某的父母属乔某的近亲属，根据上述法律规定，乔某的父母有权提起诉讼，要求确认贺某与乔某的婚姻关系无效。

【法条指引】

中华人民共和国民法典

第一千零四十五条 亲属包括配偶、血亲和姻亲。

配偶、父母、子女、兄弟姐妹、祖父母、外祖父母、孙子女、外孙子女为近亲属。

配偶、父母、子女和其他共同生活的近亲属为家庭成员。

第一千零五十一条　有下列情形之一的，婚姻无效：

（一）重婚；

（二）有禁止结婚的亲属关系；

（三）未到法定婚龄。

最高人民法院关于适用《中华人民共和国民法典》
婚姻家庭编的解释（一）

第九条　有权依据民法典第一千零五十一条规定向人民法院就已办理结婚登记的婚姻请求确认婚姻无效的主体，包括婚姻当事人及利害关系人。其中，利害关系人包括：

（一）以重婚为由的，为当事人的近亲属及基层组织；

（二）以未到法定婚龄为由的，为未到法定婚龄者的近亲属；

（三）以有禁止结婚的亲属关系为由的，为当事人的近亲属。

4. 登记时不到法定婚龄而起诉时达到的，婚姻关系是否受法律保护？

【维权要点】

男女双方结婚时一方或双方尚未到法定结婚年龄（即不具备结婚的实质要件），通过弄虚作假的方式取得结婚登记的（已具备结婚的形式要件），其婚姻当时属于无效婚姻，法律不予保护。但随着时间的推移，当一方起诉时，如果双方都已达到法定婚龄，法定的无效婚姻情形消失，结婚的实质要件具备，则婚姻关系合法有效，受到法律保护。

【典型案例】

1993 年 1 月，王某（男，22 岁）与张某（女，19 岁）经双方父母同意，决定结婚。因张某尚未到法定婚龄，王某的父母托人找到婚姻登记机关的工作人员，采取弄虚作假的方式，当月即为两人办理了结婚登记。结婚后，王某与张某生育了一名女孩，婚姻生活比较美满。2013 年，王某随同村人到南方打工。在打工过程中，王某认识了当地居民于某（女）。王某凭着自己的长相和一张能说会道的嘴巴，赢得了对方的芳心。在交往过程中，王某欺骗对方说自己未婚，后王某与于某同居。2020年，于某取得其父母的同意，提出与王某结婚。王某贪恋大城市的安逸生活，遂同意了于某的要求。为达到与于某结婚的目的，王某在瞒着妻子和父母的情况下，偷偷回到家乡，通过送礼、"走后门"的办法开到了"未婚证明"和其他证明材料。2021年1月，王某与于某举行了婚礼。在家抚养孩子和照顾老人的张某见王某长年不回家，心生疑窦，多次提出到王某打工的城市探望，均被王某阻止。2022年1月，春节期间，王某再次告知张某自己不能回家。张某左思右想，决定到南方去找王某。几经辗转，张某终于和自己的丈夫见了面，却发现王某已经另结新欢。张某痛不欲生。经人告知，张某知道王某与于某的婚姻属于重婚，是违法行为，遂向当地人民法院提起诉讼，要求法院依法宣布王某与于某的婚姻无效，保护自己合法的婚姻关系。而王某则认为，自己与张某登记结婚时张某尚未达到法定结婚年龄，属于无效婚姻，自己与于某的婚姻才是合法有效的婚姻。

在本案的审理过程中，有两种不同的意见：一种意见认为，根据《民法典婚姻家庭编司法解释（一）》第10条规定，当事人依据民法典第1051条规定向人民法院请求确认婚姻无效，法定的无效婚姻情形在提起诉讼时已经消失的，人民法院不予支持。张某起诉时，王某与张某均已符合结婚的实质要件，所以王某与张某的婚姻关系合法、有效，应当受到法律的保护。王某与于某的婚姻构成重婚，对其婚姻关系应当依法宣布无效。王某构成重婚罪，依法应当追究其刑事责任。另一种意见认为，上述司法解释的规定仅适用于未按民法典第1049条规定办理结婚登记而以夫妻名义共同生活的男女，起诉到人民法院要求离婚的情况。本案中王某与张某是通过弄虚作假的方式，在女方不到法定婚龄的情况下办理了结婚登记，违反诚实信用原则，不应受到法律的保护。王某与于某的婚姻关系合法有效，不构成重婚。

【法官讲法】

我国民法典第1051条对无效婚姻的事由作出了明确规定，即（1）重婚；（2）有禁止结婚的亲属关系；（3）未到法定婚龄。具有以上三类情形之一的男女，即便取得了结婚登记，也属于无效婚姻。对于无效婚姻，婚姻当事人或者利害关系人应当向法院申请确认婚姻无效，婚姻无效只能由人民法院宣告，其他机构无此项权利。

人民法院在案件审理过程中，要对导致婚姻无效的事由进行严格审查，确认该事由在婚后是否一直存在延续。如果导致婚姻无效的事由在现实中已经消失，那么申请宣告婚姻无效的请求是得不到支持的。例如，涉及重婚的，如果当事人一方起诉时重婚的事实已不存在的；未达到法定婚龄的，起诉时双方均已达到法定婚龄。上述影响婚姻效力的事由消失后，无效婚姻演变成了合法婚姻。

从《民法典婚姻家庭编司法解释（一）》第 10 条规定来看，当事人登记结婚（具备形式要件）时未到法定婚龄（不具备实质要件），但向人民法院起诉时已经达到婚龄的（实质要件具备），婚姻关系合法有效。本案中，张某在与王某结婚时尚未到法定结婚年龄，其婚姻当时属于无效婚姻，法律不予保护。但时间推延到 2022 年，张某向法院起诉时，张某已超过法定婚龄，符合结婚的实质要件，张某与王某的婚姻关系效力已经确定。王某认为两人之间婚姻无效的观点是得不到人民法院支持的。

此外，《民法典婚姻家庭编司法解释（一）》第 7 条规定，未依据民法典第 1049 条规定办理结婚登记而以夫妻名义共同生活的男女，提起诉讼要求离婚的，应当区别对待。该条主要适用于未按民法典规定办理结婚登记而以夫妻名义共同生活的男女，起诉到人民法院要求"离婚"的情况。基于稳定婚姻关系的需要，对原本无效的婚姻，只要其对社会和他人不构成危害，并具备了一定条件，也赋予其法律效力。即对于未办理结婚登记而以夫妻名义同居生活的男女，只要双方在 1994 年 2 月 1 日《婚姻登记管理条例》[1]公布实施前已经符合结婚的实质要件，法律即承认其法律效力，予以保护。即便从这一条推断，张某与王某的婚姻也是合法有效的。

王某在未解除第一段婚姻关系的情况下，采取欺骗对方和出具假证明的手段与于某结婚，建立了第二段婚姻关系。两个婚姻同时存在，后一段婚姻属于重婚，是非法婚姻。因此，人民法院应当保护王某与张某的婚姻关系，依法确认王某与于某的婚姻无效，并可视情节追究王某犯有重婚罪的刑事责任。

---

〔1〕 国务院发布的《婚姻登记条例》自 2003 年 10 月 1 日起施行。1994 年 1 月 12 日国务院批准、1994 年 2 月 1 日民政部发布的《婚姻登记管理条例》同时废止。

【法条指引】

中华人民共和国民法典

第一千零五十一条 有下列情形之一的，婚姻无效：

（一）重婚；

（二）有禁止结婚的亲属关系；

（三）未到法定婚龄。

最高人民法院关于适用《中华人民共和国民法典》
婚姻家庭编的解释（一）

第七条 未依据民法典第一千零四十九条规定办理结婚登记而以夫妻名义共同生活的男女，提起诉讼要求离婚的，应当区别对待：

（一）1994年2月1日民政部《婚姻登记管理条例》公布实施以前，男女双方已经符合结婚实质要件的，按事实婚姻处理。

（二）1994年2月1日民政部《婚姻登记管理条例》公布实施以后，男女双方符合结婚实质要件的，人民法院应当告知其补办结婚登记。未补办结婚登记的，依据本解释第三条规定处理。

第十条 当事人依据民法典第一千零五十一条规定向人民法院请求确认婚姻无效，法定的无效婚姻情形在提起诉讼时已经消失的，人民法院不予支持。

5. 患有艾滋病能否结婚？

【维权要点】

一方患有重大疾病的，应当在结婚登记前如实告知另一方；不如实告知的，另一方可以向人民法院请求撤销婚姻。请求撤销婚姻的，应当自知道或者应当知道撤销事由之日起一年内提出。

【典型案例】

王某（男）与于某（女）经人介绍相识，双方情投意合，很快就准备结婚。但在婚前检查的过程中，发现于某患有艾滋病。医院告知王某，于某患有的疾病不宜结婚。王某认为两人是真心相爱，坚持要与于某缔结婚姻关系。在结婚登记的过程中，登记机关的工作人员告知双方，于某患有医学上认为不适宜结婚的疾病，不予登记。王某与于某不服，向民政部门提起行政复议。民政部门经审查，作出了维持原登记机关不予登记的复议决定。王某与于某仍然不服，遂向人民法院提起行政诉讼。

本案的审理过程中，有两种不同的意见：一种意见认为，于某患有法律规定的不适宜结婚的疾病，婚姻登记机关决定不予登记是正确的，应当维持；另一种意见认为，于某患有不宜结婚的疾病，医疗机构应当向双方说明情况，提出医学意见。婚姻登记机关应当提醒当事人结婚将产生的后果，如果当事人双方仍坚持结婚的，婚姻登记机关应当予以登记结婚。

【法官讲法】

原婚姻法第 7 条将"患有医学上认为不应当结婚的疾病"作为禁止结婚的情形。第 10 条将"婚前患有医学上认为不应当结婚的疾病，婚后尚未治愈的"列为婚姻无效的情形之一。此次民法典编纂删除上述规定，"患有医学上认为不应当结婚的疾病"的情形不再是婚姻无效的情形，但考虑到如果一方当事人婚前已患有重大疾病的情况对于另一方当事人是否愿意结婚有重大影响，民法典第 1053 条规定，患有重大疾病的一方，婚前负有如实告知义务，否则另一方可在知道此种情况之日起一年内起诉主张撤销婚姻。民法典的上述修改，充分保障了当事人的婚姻自主权。

对于"重大疾病"的具体范围，民法典及相关司法解释未作明确规定。笔者认为，可以参照相关法律的规定加以确定。根据母婴保健法的规定，婚前医学检查包括下列疾病的检查：（1）严重遗传性疾病；（2）指定传染病；（3）有关精神病。母婴保健法进一步规定，经婚前医学检查，对患指定传染病在传染期内或者有关精神病在发病期内的，医师应当提出医学意见，准备结婚的男女应当暂缓结婚；患医学上认为不宜生育的严重遗传性疾病的，医师应当向男女双方说明情况，提出医学意见。严重遗传性疾病是指由于遗传因素先天形成，患者全部或者部分丧失自主生活能力，后代再现风险高，医学上认为不宜生育的遗传性疾病。指定传染病具体是指传染病防治法中规定的艾滋病、淋病、梅毒、麻风病以及医学上认为影响结婚和生育的其他传染病。有关精神病，则是指精神分裂症、躁狂抑郁型精神病以及其他重型精神病。由此可知，婚前已患有上述疾病的公民暂时不适宜结婚，故根据举重以明轻的原则，婚姻一方在办理结婚登记前若知晓自身患有上述疾病，无论上述传染病、遗传性疾病以及精神病的发病程度是否严重，均视为符合本条规定的重大疾病，患病一方均应将患病信息告知另一方。[1]

在本案中，于某患有艾滋病，属于影响结婚和生育的传染病，但当事人双方在医疗机构和婚姻登记机关向其说明结婚的后果之后，仍坚持结婚，按照民法典的规定应当予以登记。婚姻登记机关对王某与于某不予登记结婚的决定是错误的，应当予以撤销。

【法条指引】

中华人民共和国民法典

第一千零五十三条 一方患有重大疾病的，应当在结婚登记前如实告知另一方；不如实告知的，另一方可以向人民法院请求撤销婚姻。

请求撤销婚姻的，应当自知道或者应当知道撤销事由之日起一年内提出。

6. 结婚时附加一定条件的，婚姻能否撤销？

【维权要点】

结婚前男女一方或双方都可能提出一些结婚的条件，这种附加的结婚条件必须合法，而且另一方必须是自愿接受对方所提的条件，不许任何一方对他方加以强迫或任何第三者加以干涉。如果这种强迫达到"胁迫"的程度，即行为人以给另一方当事人或者其近亲属的生命、身体健康、名誉、财产等造成损害为要挟，迫使另一方当事人违背真实意愿结婚的，则受胁迫而结婚的一方可以向人民法院请求撤销该婚姻。反之，若不构成"胁迫"，则不能以婚姻附带条件为由主张撤销。

---

[1] 最高人民法院民法典贯彻实施工作领导小组主编：《中华人民共和国民法典婚姻家庭编继承编理解与适用》，人民法院出版社2020年版，第100页。

【典型案例】

蓝某（男）与姜某（女）于 2017 年相识并建立恋爱关系。2019 年，蓝某向姜某提出结婚要求。姜某同意与蓝某结婚，但提出：考虑到两人都没有正式工作，为了使婚后的生活有保障，要求蓝某的父母出资为两人开办一家餐馆，由两人共同经营，盈利归两人共同所有。蓝某的父母同意了姜某的要求。2020 年 12 月，蓝某与姜某结婚。婚后，两人共同经营餐馆。蓝某负责采购，姜某负责餐馆的日常经营。经过两人的齐心努力，餐馆的生意比较红火，婚后生活美满。2021 年，蓝某在歌厅结识了孙某。此后，蓝某与孙某频繁往来，最后包养了孙某。2021 年 10 月，孙某怀孕，向蓝某提出：如果想要孩子，就与姜某离婚。蓝某婚后一直无子女，加之夫妻两人均忙于做生意，夫妻感情逐渐淡化，遂同意了孙某的要求。蓝某考虑到餐馆是自己父母出资开办的，现在生意又这么好，但婚前已与姜某约定该餐馆的盈利归夫妻双方共同所有，如果离婚，势必要将该餐馆的财产分一部分给姜某。在向他人咨询之后，蓝某以与姜某的婚姻属于附条件的婚姻，违背其真实意愿为由，要求人民法院撤销两人的婚姻关系。

关于本案有两种不同的意见：一种意见认为，蓝某与姜某的婚姻关系应当予以撤销。民法典第 1046 条明确规定，结婚应当男女双方完全自愿，禁止任何一方对另一方加以强迫，禁止任何组织或者个人加以干涉。本案中，姜某在结婚前强迫蓝某的父母出资开办餐馆，由两人共同经营，盈利归两人共同所有，属于一方对另一方加以强迫的行为，违反了民法典的规定，因此他们的婚姻应当认定为可撤销的婚姻，蓝某的诉讼请求应当得到支持。另一种意见认为，蓝某与姜某的婚姻不属于可撤销的婚姻。因为结婚是一种身份行为，其效力不受协议或约定条件的限制。结婚不得附条件。但是，如果夫妻双方在结婚时约定婚后生活的形式或内容，只要其约定是合法的，法律就应当予以保护。根据民法典第 1052 条第 1 款的规定，因胁迫而结婚的，才属于可撤销的婚姻。姜某在结婚时提出的附加条件具有互利互惠的性质，因而不属于一方获得利益而使另一方受损的胁迫行为。

【法官讲法】

结婚行为与其他民事法律行为一样，在行为发生时有时候也会附有条件。但是，附条件的自愿结婚与附条件的一般民事法律行为有着根本的不同。附条件的一般法律行为，是指法律行为效力的开始或终止取决于将来不确定事实的发生或不发生的民事法律行为。所附条件将决定该民事法律行为效力的开始、变更或终止。而附有条件的自愿结婚，却是当事人在结婚前或结婚时的一种与婚姻有关的附带约定，这种约定不能左右婚姻的效力，不能因为条件达成而强迫对方与自己结婚，或因一方不履行约定或所附条件没有达成而导致婚姻无效或解体。换言之，结婚不能附条件指的是不能以结婚所附的条件决定当事人是否结婚或者已经成立的婚姻关系是否有效，但如果结婚时所附的条件是对夫妻双方婚后生活的形式或内容的约定，只要其约定是合法的，法律就应当予以保护。无论是附条件的一般民事法律行为，还是附条件的自愿结婚，其所附条件都必须合法。如果所附条件违背法律、行政法规的强制性规定或者违背公序良俗，则所附条件无效。

民法典第1046条规定，结婚应当男女双方完全自愿，禁止任何一方对另一方加以强迫，禁止任何组织或者个人加以干涉。根据该条的规定，结婚必须出自男女双方的完全自愿，而不是附条件的勉强同意。强调结婚不应附有任何条件，是为了使婚姻摆脱金钱或其他社会势力的控制与影响，男女双方的结合应以爱情为基础。那种只注重对方钱财、外貌、地位，并无真正爱情的勉强凑合的婚姻，或者将结婚作为达到某种目的的手段的婚姻，实质上未建立真正的自由婚姻，其中孕育着离异的种子。所以，真正的自由婚姻不应当附加条件。[1]

在本案中，姜某在结婚前考虑到两人都没有正式工作，为了使婚后的生活有保障，要求蓝某的父母出资为两人开办一家餐馆，由两人共同经营，盈利归两人共同所有。其主观目的有一定的合理性，在客观上有利于夫妻生活的稳定，具有互利互惠的性质。至于是否接受姜某的条件，蓝某有完全自主的决定权，所以不能以此认为蓝某受了姜某的胁迫，结婚的意思表示不真实。两人的婚姻是出于双方自愿的。民法典第1052条第1、2款规定，因胁迫结婚的，受胁迫的一方可以向人民法院请求撤销婚姻。请求撤销婚姻的，应当自胁迫行为终止之日起一年内提出。根据该条规定，可撤销婚姻的原因为胁迫。《民法典婚姻家庭编司法解释（一）》第18条

---

〔1〕 马原主编：《新婚姻法条文释义》，人民法院出版社2002年版，第65页。

第 1 款规定，行为人以给另一方当事人或者其近亲属的生命、身体、健康、名誉、财产等方面造成损害为要挟，迫使另一方当事人违背真实意愿结婚的，可以认定为民法典第 1052 条所称的"胁迫"。在本案中，姜某的行为显然不属于胁迫，所以不能以此为由主张撤销婚姻。两人在婚前对餐馆的经营和盈利分配的约定应当受到法律的保护。

提示大家注意的是：此次民法典编纂对撤销受胁迫婚姻的受理机关和程序进行了修改。原婚姻法规定因胁迫结婚的，受胁迫的一方可以向婚姻登记机关或人民法院请求撤销婚姻。民法典规定，受胁迫的一方只能向人民法院请求撤销婚姻。

【法条指引】

中华人民共和国民法典

第一千零五十二条 因胁迫结婚的，受胁迫的一方可以向人民法院请求撤销婚姻。

请求撤销婚姻的，应当自胁迫行为终止之日起一年内提出。

被非法限制人身自由的当事人请求撤销婚姻的，应当自恢复人身自由之日起一年内提出。

最高人民法院关于适用《中华人民共和国民法典》婚姻家庭编的解释（一）

第十八条 行为人以给另一方当事人或者其近亲属的生命、身体、健康、名誉、财产等方面造成损害为要挟，迫使另一方当事人违背真实意愿结婚的，可以认定为民法典第一千零五十二条所称的"胁迫"。

因受胁迫而请求撤销婚姻的，只能是受胁迫一方的婚姻关系当事人本人。

7. 解除婚约后，彩礼应否返还？

【维权要点】

赠送彩礼的行为是男女双方订立婚约后，在预想到将来会结婚的基础上所为的赠与。这种赠与是一种附解除条件的赠与。在婚约继续存在或者得到履行——男女双方正式结婚的情况下，赠与行为合法、有效，彩礼归受赠人所有，赠与人不能索回；如果婚约解除，男女双方不能结婚，赠与人赠送彩礼的目的不能达到，该赠与所附的解除条件成立，赠与行为丧失法律效力，当事人之间的权利义务关系解除。受赠人继续占有彩礼没有法律根据，按照不当得利的规定，受赠人应当返还赠与财产。

【典型案例】

2021年6月，李某（女）与孙某（男）相识，并于春节期间建立了恋爱关系。经双方父母同意，李某与孙某在春节期间举行了订婚仪式。订婚时，孙某的父母给予李某现金2万元；孙某为李某购买了价值2万元的订婚戒指和服装等，作为彩礼。订婚后，在双方的交往中，李某发现孙某脾气暴躁，并有赌博的恶习，遂提出解除婚约。孙某同意解除婚约，但要求李某归还订婚期间赠与的财物。李某认为，上述财物是孙某及其父母无偿赠与的，孙某无权索回。孙某多次索要未果，遂向人民法院提起诉讼。

在本案的审理过程中，有两种不同的意见：一种意见认为，订婚后，男女双方或者一方自愿赠送财物并且已经将财物实际交付给对方的，应视为无偿赠与。赠与行为具有法律效力，所赠与的财物归受赠人所有。在婚约解除后，赠与方要求返还的，不予支持。另一种意见认为，婚约在我国不受法律保护，当事人订立婚约后可以自行解除，不需要经对方当事人同意。但男女双方订立婚约后单方赠送或者相互赠送的财物不同于一般的赠与，而是赠与中一种比较特殊的形式——附条件的赠与。婚约解除后，男女双方不能结婚，赠与行为所附解除条件成立，赠与的法律效力解除，赠送的财物应当返还。

【法官讲法】

我国法律对婚约问题未作明确规定，既未明文禁止，也未明确规定其法律效力。通常认为，根据"婚姻自由"原则和民法典"禁止借婚姻索取财物"的规定，可以得出"婚约不受法律保护"的结论。但鉴于婚约是社会上普遍存在的习俗，随着社会的发展，婚约的内涵日益丰富，在实践中与婚约有关的财产纠纷绝非"婚约不受法律保护"这一简单命题所能概括。在现实生活中，伴随婚约的订立，一般情况下还会有财产的转移，即婚约的当事人会向对方赠送一定的财物，俗称"彩礼"。因婚约的解除而产生的财产纠纷多数情况下就是对婚约订立时和订婚之后，当事人单方赠送财物或者互赠财物的归属发生的争议。上述案例即是因婚约解除而产生的财产纠纷中的一例。为正确处理因婚约解除而产生的财产纠纷，就必须认真研究婚约的性质、内容及基于婚约的订立而赠与财产的法律效力。

婚约是男女双方以将来结婚为目的所作的事先约定。订立婚约的行为，称为订婚或者定婚。婚约成立后，男女双方产生未婚夫妻身份[1] 婚约的成立必须具备以下几个方面的条件：（1）婚约的订立必须出于男女双方完全自愿，任何人不得包办或者强制。因为婚约以男女双方将来结婚为目的，是双方当事人对自己人身权利的行使，所以必须是男女双方完全自愿。（2）婚约的当事人必须是具有完全民事行为能力的人。婚约是对婚姻的预约，如果不是达到一定年龄，具有完全民事行为能力的人，就无法正确地理解订婚的意义和后果，不能合理地行使自己的婚姻自主的权利。在我国，必须是完全民事行为能力人才可以订立婚约。（3）婚约的内容必须合法，即作为婚约标的的婚姻必须合法。直系亲属或者三代以内的旁系亲属之间订立的婚约无效；已婚者订立的婚约无效。婚约不是婚姻的契约，如果一方当事人解除婚约，法律不能强制其履行结婚的义务，对方当事人也不能追究其违约责任。所以婚约是一种事实行为，而不是法律行为，它对双方当事人既不产生结婚上的拘束力，也不产生婚姻程序上的拘束力，否则将与"婚姻自由"的原则相违背。我国民法典和《婚姻登记条例》均规定结婚以登记为生效要件，未规定订立婚约是结婚的必经程序。通常认为的"婚约不受法律保护"就是指这方面的内容。

婚约的内容包括两个方面，一方面是人身关系方面的内容，另一方面是财产关系方面的内容。前者不受法律的保护，法律不能强制婚约当事人遵从订立婚约时的意思表示履行结婚的义务；后者则要受民法典等法律规范的调整，作为平等主体之间的财产纠纷处理。笼统地说"婚约不受法律

---

〔1〕 最高人民法院民事审判第一庭编著：《最高人民法院民法典婚姻家庭编司法解释（一）理解与适用》，人民法院出版社 2021 年版，第 72 页。

保护"，只看到了其中的人身关系的内容，而忽略了财产关系的内容，不利于因婚约的解除而产生的财产纠纷的处理。因订婚而赠送财物的行为不要求对方给付对价，具有无偿性；即使对方也给付一定的财物，同样也表现出其单务性，所以是一种纯粹的赠与行为。但这种赠与行为不是单纯地以无偿转移财产为目的，是一种附解除条件的赠与行为。附解除条件的赠与行为指的是已经发生法律效力的赠与行为，在当事人约定的条件不成就时仍保持其原有的效力（赠与行为合法有效存在），当条件成就时，其效力便消灭，解除当事人之间的权利义务关系（赠与行为失去法律效力）。赠送彩礼的行为是男女双方订立婚约后，在预想到将来会结婚的基础上所为的赠与，以婚约的解除为解除条件。在婚约继续存在或者得到履行——男女双方正式结婚的情况下，赠与行为合法、有效，彩礼归受赠人所有，赠与人不能索回；如果婚约解除，男女双方不能结婚，该赠与行为所附条件成就，赠与行为丧失法律效力，当事人之间的权利义务关系解除，赠与财产应当恢复到订立婚约前的状态，赠与财产应当返还给赠与人。赠送彩礼的行为作为一种附条件的赠与不同于民法上规定的附义务的赠与。在附义务的赠与的情况下，受赠人应当按照法律规定履行所附义务，根据这种理解，接受彩礼的一方应当履行婚约，与对方结婚，这种逻辑显然是错误的。

　　婚约解除后，作为彩礼而赠送财物的归属问题可以依照民法上的不当得利制度处理。所谓不当得利是指"没有合法根据使他人受损害而自己获得利益的行为。由于不当得利没有合法根据，所以不受法律保护，不当得利人应将所获得的不当利益返还给受损害的人。这种不当利益返还的权利义务关系就是不当得利之债"[1] 赠送彩礼的行为是在男女双方订立婚约的基础上，基于对双方当事人将来能够结婚的预期而为的赠与。发生赠与的原因是婚约的存在，随着婚约的解除，赠与彩礼的原因归于消灭，受赠人在婚约解除后丧失了继续占有彩礼的法律上的原因。由于婚约解除后，彩礼继续由受赠人占有的法律根据消失，根据民法的公平原则，应当将财产恢复到订立婚约前的状态。因此，受赠人应当将彩礼返还给赠与人，如果受赠人继续占有赠与物，即构成不当得利。按照法律的规定，赠与人有

[1] 黄名述、黄维惠主编：《民法学》，中国检察出版社2002年版，第230页。

权要求受赠人返还受赠的财产，受赠人负有返还自己基于婚约而获得的不当得利的义务。上述第一种意见将赠送彩礼的行为认定为无偿赠与，主张赠与行为具有法律效力，所赠与的财物归受赠人所有。这种观点没有考虑到当事人基于婚约所为的赠与行为的特殊性，实质上侵害了赠与人的合法权利；受赠人基于婚约取得受赠财产，在婚约解除后继续占有受赠财产，没有法律上的根据，构成不当得利。判令受赠人在婚约解除后继续占有受赠物，将不当得利的违法事实合法化，有悖于民法上的公平原则。

《民法典婚姻家庭编司法解释（一）》第5条对当事人请求返还按照习俗给付的彩礼的问题作出了明确规定："当事人请求返还按照习俗给付的彩礼的，如果查明属于以下情形，人民法院应当予以支持：（一）双方未办理结婚登记手续；（二）双方办理结婚登记手续但确未共同生活；（三）婚前给付并导致给付人生活困难。适用前款第二项、第三项的规定，应当以双方离婚为条件。"在本案中，孙某与李某订立婚约后赠送给李某的现金、首饰、衣物等财物，是基于婚约的订立而为的赠与。这种赠与是一种附条件的赠与，它一方面是为了证实男女双方婚约的成立，另一方面也是为了将来正式建立婚姻关系。一旦婚约解除，当事人所期待的法律关系未能发生，男女双方不能结婚，该赠与所附的解除条件成立，受赠人继续占有彩礼没有法律根据，按照民法上不当得利的规定，孙某有权要求李某返还受赠的财物，李某负有返还基于婚约而取得的不当得利的义务。

【法条指引】

最高人民法院关于适用《中华人民共和国民法典》婚姻家庭编的解释（一）

第五条　当事人请求返还按照习俗给付的彩礼的，如果查明属于以下情形，人民法院应当予以支持：

（一）双方未办理结婚登记手续；

（二）双方办理结婚登记手续但确未共同生活；

（三）婚前给付并导致给付人生活困难。

适用前款第二项、第三项的规定，应当以双方离婚为条件。

8. 重婚的前一婚姻关系解除后，后一婚姻关系是否转化为有效婚姻？

【维权要点】

民法典对无效婚姻的几种情形作出了明确规定，重婚属于其中的一种。由于前一婚姻关系的存在，重婚属于无效的婚姻。但如果前一婚姻关系解除后，重婚的事实已经消灭，在后婚姻随着前婚姻的解除自动产生法律上的婚姻效力。

【典型案例】

张某与王某于 2014 年登记结婚，2021 年 12 月，两人因夫妻感情不和，张某向法院起诉要求离婚。王某答辩称，张某在与其结婚前，曾于 2012 年 3 月与胡某登记结婚，后由于张某隐瞒了已婚的事实与其办理了结婚登记，2019 年 6 月，胡某得知张某与王某结婚并同居后，向法院起诉，要求追究张某与王某重婚罪的刑事责任。后胡某撤诉并以离婚纠纷重新起诉，经法院调解离婚。王某认为张某的行为已构成重婚，要求其赔偿精神损害抚慰金。

在本案的审理过程中，有两种不同的意见：一种意见认为，本案属于无效婚姻，应适用民法典相关规定确认该婚姻无效。其理由是，张某与胡某登记结婚之后，隐瞒了其已婚的事实，又与王某登记结婚，张某的行为明显构成重婚。在这种情况下，后婚姻当然无效，自始不产生法律上的婚姻效力。即便张某已与胡某离婚，但不影响该无效婚姻的效力。现张某起诉要求与王某离婚，应当按照民法典有关规定确认该婚姻无效。另一种意见认为，本案应按离婚纠纷处理，适用民法典婚姻家庭编及相关司法解释的规定作出实体判决。其理由是，张某与胡某登记结婚之后，隐瞒了其已婚的事实，又与王某登记结婚，张某的行为明显构成重婚，这是一个不争的事实。但胡某放弃了追究张某刑事责任的权利，并通过诉讼途径与张某解除了婚姻关系。由于前婚姻已经解除，重婚的事实已经消灭，那么后婚姻，即张某与王某之间的婚姻，随着前婚姻的解除就自动产生法律上的婚姻效力。本案应按离婚处理。

【法官讲法】

在本案中，要处理好以下两方面问题：

首先，民法典规定的无效婚姻情形，如果无效情形消失后，能否转化为有效婚姻？这一点可以从《民法典婚姻家庭编司法解释（一）》中找到肯定的答案。该解释第10条规定："当事人依据民法典第一千零五十一条规定向人民法院请求确认婚姻无效，法定的无效婚姻情形在提起诉讼时已经消失的，人民法院不予支持。"本案中，张某起诉与王某离婚时，其与胡某成立的婚姻关系早已解除，法定的无效情形已经消失，从现实的状况来看，张某与王某的婚姻关系处于合法的状态，已不存在民法典第1051条规定的无效情形，因而，张某与王某之间的婚姻已从原来的无效婚姻转化为合法有效的婚姻。

其次，对自始无效如何理解，是当然无效，还是确认无效？民法典第1054条规定："无效的或者被撤销的婚姻自始没有法律约束力……"《民法典婚姻家庭编司法解释（一）》第20条又规定："民法典第一千零五十四条所规定的'自始没有法律约束力'，是指无效婚姻或者可撤销婚姻在依法被确认无效或者被撤销时，才确定该婚姻自始不受法律保护。"由此可以看出，司法解释中对民法典规定的"自始没有法律约束力"采用的是确认无效。对此应理解为对存在无效情形的婚姻，经法定程序被确认无效后，该婚姻才不受法律保护。本案张某与王某之间的婚姻关系，在无效情形存在期间并未有人因此提出确认无效。因而，法院不应主动干预当事人已经成立的婚姻。

综上所述，本案应以离婚处理。

【法条指引】

中华人民共和国民法典

第一千零五十一条　有下列情形之一的，婚姻无效：

（一）重婚；

（二）有禁止结婚的亲属关系；

（三）未到法定婚龄。

第一千零五十四条 无效的或者被撤销的婚姻自始没有法律约束力，当事人不具有夫妻的权利和义务。同居期间所得的财产，由当事人协议处理；协议不成的，由人民法院根据照顾无过错方的原则判决。对重婚导致的无效婚姻的财产处理，不得侵害合法婚姻当事人的财产权益。当事人所生的子女，适用本法关于父母子女的规定。

婚姻无效或者被撤销的，无过错方有权请求损害赔偿。

最高人民法院关于适用《中华人民共和国民法典》婚姻家庭编的解释（一）

第十条 当事人依据民法典第一千零五十一条规定向人民法院请求确认婚姻无效，法定的无效婚姻情形在提起诉讼时已经消失的，人民法院不予支持。

第二十条 民法典第一千零五十四条所规定的"自始没有法律约束力"，是指无效婚姻或者可撤销婚姻在依法被确认无效或者被撤销时，才确定该婚姻自始不受法律保护。

9. 未经当事人申请，人民法院能否直接确认婚姻无效?

【维权要点】

男女双方若违反了民法典的禁止性规定，导致婚姻关系无效的，两人的婚姻关系自始没有法律效力。对于这种没有法律效力的民事行为，人民法院受理离婚案件后，经审查确属无效婚姻的，应当将婚姻无效的情形告知当事人，并依法作出确认婚姻无效的判决，无须当事人另行申请。

【典型案例】

齐某（男）与孙某（女）于2020年10月结婚。结婚时，孙某18岁，不到法定结婚年龄。双方通过伪造出生日期的方式，办理了结婚登记手续。2021年6月，孙某以与齐某感情不和为由，向人民法院提起离婚诉讼。人民法院在审理中查明：孙某未到法定结婚年龄，其与齐某的婚姻属于无效婚姻。

在本案的审理过程中，有三种不同的意见：第一种意见认为，本案不属于人民法院的受案范围，应告知孙某向婚姻登记管理机关申请撤销婚姻登记；有财产纠纷的，可就财产部分诉至人民法院解决；当事人坚持起诉的，应裁定驳回起诉。第二种意见认为，齐某与孙某办理结婚登记时，孙某不满20周岁，未到法定结婚年龄，违反了民法典第1047条关于"结婚年龄，男不得早于二十二周岁，女不得早于二十周岁"的规定，两人的婚姻关系应属无效。本案人民法院应当受理，判决解除齐某与孙某的婚姻关系。第三种意见认为，齐某与孙某在登记结婚时，违反了民法典关于法定结婚年龄的规定，其婚姻关系无效。两人的婚姻关系自始没有法律效力。对于这种没有法律效力的民事行为，只要确认其无效即可，不需要解除婚姻关系。因此，本案人民法院应当判决确认齐某与孙某的婚姻关系无效。

【法官讲法】

民法典第1051条规定："有下列情形之一的，婚姻无效：（一）重婚；（二）有禁止结婚的亲属关系；（三）未到法定婚龄。"孙某在与齐某结婚时，未到法定结婚年龄，其婚姻属于无效婚姻。同时，民法典第153条第1款规定："违反法律、行政法规的强制性规定的民事法律行为无效。但是，该强制性规定不导致该民事法律行为无效的除外。"婚姻是一种民事行为，受民事法律规范的调整。孙某与齐某结婚的民事行为因违反了民法典第1047条关于"结婚年龄，男不得早于二十二周岁，女不得早于二十周岁"的规定，属于无效的民事行为。民法典第1054条第1款规定：无效的婚姻，自始没有法律约束力。孙某与齐某的婚姻因为违反了法律，从一开始就没有法律效力。对这种没有法律效力的民事行为，人民法院只要确认其无效即可。解除婚姻关系，应当以合法的婚姻关系的存在为前提。如果当事人之间的婚姻关系本来就没有法律效力，也就谈不上解除的问题。

在本案中，孙某提起的是离婚诉讼，没有申请确认其与齐某的婚姻关系无效。在这种情况下，人民法院能否不经当事人的申请，直接确认其婚姻关系无效，是上述不同意见争议的焦点和实质。对此，《民法典婚姻家庭编司法解释（一）》第12条已明确规定："人民法院受理离婚案件后，经审理确属无效婚姻的，应当将婚姻无效的情形告知当事人，并依法作出确认婚姻无效的判决。"

另外，还应当注意：民法典第1051条规定的婚姻无效的情形是可能自然消失的。因为婚姻关系相较其他民事关系具有特殊性，为了保持婚姻家庭关系的稳定，在婚姻关系的形式要件已经具备的情况下，其所欠缺的实质要件是可以自然补正的。《民法典婚姻家庭编司法解释（一）》第10条规定："当事人依据民法典第一千零五十一条规定向人民法院请求确认婚姻无效，法定的无效婚姻情形在提起诉讼时已经消失的，人民法院不予支持。"如当事人在结婚登记时，不到法定结婚年龄，结婚后，婚姻当事人或利害关系人申请确认婚姻无效时，该当事人已达到法定结婚年龄的，法定的无效婚姻情形已经消失，相关人员请求确认婚姻无效的主张则不能得到法院的支持。本案中，孙某结婚时年仅18岁，结婚不到一年即提起离婚诉讼，显然还未达到法定结婚年龄，法定的无效婚姻情形尚未消失，对其婚姻关系应当依法确认无效。

【法条指引】

中华人民共和国民法典

第一千零四十七条 结婚年龄，男不得早于二十二周岁，女不得早于二十周岁。

第一千零五十一条 有下列情形之一的，婚姻无效：

（一）重婚；

（二）有禁止结婚的亲属关系；

（三）未到法定婚龄。

最高人民法院关于适用《中华人民共和国民法典》婚姻家庭编的解释（一）

第十二条 人民法院受理离婚案件后，经审理确属无效婚姻的，应当将婚姻无效的情形告知当事人，并依法作出确认婚姻无效的判决。

10. 同居关系纠纷应当如何解除？

【维权要点】

同居关系不受法律保护，当事人任何一方可以随时解除。当事人提起诉讼仅请求解除同居关系的，人民法院不予受理；已经受理的，裁定驳回起诉。但当事人因同居期间财产分割或者子女抚养纠纷提起诉讼的，人民法院应当受理。

【典型案例】

2018 年 10 月，萧某（男）与程某（女）举办婚礼，开始同居生活，并于 2019 年 12 月生一男孩。2021 年 9 月，两人感情恶化，萧某提出与程某分手。可是程某坚决不同意。萧某称自己从未领取过结婚证，与程某无任何法律关系，遂于同年 11 月向法院提出依法解除二人同居关系及非婚生子由其抚养的诉讼请求。

在本案的处理过程中，对萧某请求非婚生子由其抚养的诉讼请求，法院应予以受理并不存在争议，但对于其请求解除双方同居关系的诉讼请求是否应当予以一并受理存在争议。一种意见认为，法院应当对解除同居关系及子女抚养问题一并受理；另一种意见认为，法院应当告知当事人补办结婚登记手续，若当事人不补办结婚登记手续，则只需对子女抚养纠纷进行受理，而无须受理解除同居关系的请求。

【法官讲法】

首先，萧某与程某的关系是同居关系。两人之间的关系是同居关系还是事实婚姻，其法律后果是不同的。同居关系不受法律保护，当事人任何一方可以随时解除；而事实婚姻的一方当事人请求法院解除共同生活关系时，法院则要根据婚姻双方的实际情况而定。现代社会中未经婚姻登记便以夫妻名义共同生活的现象较为普遍，由此引发和产生的问题也逐日上升。随着纠纷的增多，问题的错综复杂，我国法律亦在作相应调整，《民法典婚姻家庭编法解释（一）》对事实婚姻、同居关系的概念进行了区分。该解释第 7 条规定："未依据民法典第一千零四十九条规定办理结婚登记而以夫妻名义共同生活的男女，提起诉讼要求离婚的，应当区别对待：（一）1994 年 2 月 1 日民政部《婚姻登记管理条例》公布实施以前，男女双方已经符合结婚实质要件的，按事实婚姻处理。（二）1994 年 2 月 1 日民政部《婚姻登记管理条例》公布实施以后，男女双方符合结婚实质要件的，人民法院应当告知其补办结婚登记。未补办结婚登记的，依据本解释第三条规定处理。"可见，结婚登记是合法夫妻的必要条件，举行婚礼并不能使男女双方成为合法夫妻。两人开始同居的时间是处理案件的关键所在。本案中，萧某与程某仅仅举行婚礼并未办理结婚登记手续，2018年10月二人举办婚礼，开始同居生活，从同居时间上看，已经远远超过了1994年的界限，萧某与程某之间不属事实婚姻，只是同居关系，这种同居关系法律不予认可。

其次，该同居关系不应立案受理。《民法典婚姻家庭编司法解释（一）》第3条规定："当事人提起诉讼仅请求解除同居关系的，人民法院不予受理；已经受理的，裁定驳回起诉。当事人因同居期间财产分割或者子女抚养纠纷提起诉讼的，人民法院应当受理。"本案中，萧某的诉讼请求中包含请求非婚生子由其抚养的内容，根据上述法律规定，法院应当对此部分予以受理。但在受理的时候是否应和萧某请求解除同居关系的诉讼请求一并受理呢？答案是否定的。在我国，根据《民法典婚姻家庭编司法解释（一）》的立法精神，未办理结婚登记即以夫妻名义同居生活，在法理上应视为婚姻不成立，这种结合不具有婚姻的效力，法院没有受理的必要。综上，本案中，法院只需要对子女抚养纠纷进行受理，而无须受理解除同居关系请求。

【法条指引】

最高人民法院关于适用《中华人民共和国民法典》婚姻家庭编的解释（一）

第三条 当事人提起诉讼仅请求解除同居关系的，人民法院不予受理；已经受理的，裁定驳回起诉。

当事人因同居期间财产分割或者子女抚养纠纷提起诉讼的，人民法院应当受理。

第七条 未依据民法典第一千零四十九条规定办理结婚登记而以夫妻名义共同生活的男女，提起诉讼要求离婚的，应当区别对待：

（一）1994年2月1日民政部《婚姻登记管理条例》公布实施以前，男女双方已经符合结婚实质要件的，按事实婚姻处理。

（二）1994年2月1日民政部《婚姻登记管理条例》公布实施以后，男女双方符合结婚实质要件的，人民法院应当告知其补办结婚登记。未补办结婚登记的，依据本解释第三条规定处理。

第二章　家庭关系

1. 孙子由母亲抚养，祖父母是否享有探望权？

【维权要点】

虽然我国立法没有明确规定祖父母、外祖父母的探视权，但也没有禁止祖父母、外祖父母探望孙子女、外孙子女，否则有违人性和情理。祖父母、外祖父母探视孙子女、外孙子女的权利也不能无限扩大，从有利于孩子身心健康成长出发，应受一定的限制。

【典型案例】

彭某（女）与刘某（男）于 2015 年结婚，于 2016 年生育一子，取名刘某某。后因感情不和，二人于 2017 年离婚，刘某某由彭某抚养，刘某每月付一定的抚养费。刘某的父母常到彭某处看望孙子。2019 年初，彭某再婚。为避免刘某父母的探望行为对其新组成家庭造成不良影响，彭某不同意刘某的父母探望刘某某。但刘某父母仍然经常去刘某某所在幼儿园探望，并带一些食品给孩子吃。彭某认为孩子经常吃零食会导致食欲不稳定，影响其身体健康，而且经常去幼儿园探望也会妨碍孩子的正常学习。2020 年初，刘某父母诉至法院要求判令彭某允许其二人定期探望刘某某。在案件的审理过程中，存在两种不同的意见：一种意见认为，刘某的父母系刘某某的爷爷奶奶，探望孙子是人之常情，因此不能禁止刘某父母探望孙子刘某某；另一种意见认为，民法典明确规定，只有离婚后不直接抚养子女的父亲或母亲，才有探望子女的权利，刘某的父母只是刘某某的爷爷奶奶，没有探视孙子的权利。

【法官讲法】

探望权，是指夫妻离婚后，不直接抚养子女的父或者母，享有按照约定的时间、地点、方式探望、关心未成年人子女或与其短时间共同生活的一种权利。我国民法典第1086条第1款规定："离婚后，不直接抚养子女的父或者母，有探望子女的权利，另一方有协助的义务。"因此探望权是作为父母的一项基本权利，无正当理由是不能被剥夺的。但夫妻离婚后，孩子的爷爷奶奶或外公外婆是否享有探望的权利呢？祖父母探望孙子女符合探望权的伦理价值取向，也符合社会善良风俗，应予尊重，但民法典将探望权的主体仍限定在"不直接抚养子女的父或者母"，祖父母的探望权尚不是法律调整的范围。若已离婚的夫妻双方无异议，在适当的场合，祖父母、外祖父母有条件地探望孙子、外孙是可以的。如果小孩已离异的父亲或母亲，特别是直接抚养孩子的一方再婚的，爷爷奶奶或外公外婆不应过于频繁探视孙子或外孙，以免对小孩新家庭的和谐稳定造成不利影响，进而影响小孩的健康成长。本案中，刘某的父母在被探视人刘某某之母彭某即直接监护人已有异议的情况下，认为探视孙子是无可非议的，不体谅彭某已另组新家的难处，坚持经常性探望孙子，实为不妥，法院难以判决支持原告的诉讼请求。

但在审判实践中，独生子女死亡且对未成年孙子女、外孙子女尽了抚养义务的"失独"老人情况较为特殊，对孙子女、外孙子女的探望是其失去子女后的精神寄托，此种情况支持其探望孙子女的请求已基本形成共识。但法院应当尽量使用调解方式，坚持尊重未成年人意愿，尊重监护人意见，共同协商具体的探望方式、频率，避免因隔代探望的行使扰乱未成年人的正常学习、生活。同时各方协商一致也更加有利于案件的执行，有利于孩子的健康成长。

【法条指引】

中华人民共和国民法典

第一千零八十六条 离婚后，不直接抚养子女的父或者母，有探望子女的权利，另一方有协助的义务。

行使探望权利的方式、时间由当事人协议；协议不成的，由人民法院判决。

父或者母探望子女，不利于子女身心健康的，由人民法院依法中止探望；中止的事由消失后，应当恢复探望。

2. 夫妻一方不履行生育义务的，对方如何维护自己的合法权益？

【维权要点】

夫妻关系中，男方依法享有生育权，女方应当承担生育义务。男方以女方不履行生育义务提起诉讼的，人民法院应当受理。但由于生育是与女性人身密切相关的行为，任何人均不能强制其生育。如果一方认为另一方拒不生育足以造成夫妻关系难以维持，可以提起离婚诉讼，如果夫妻感情确已破裂，经调解和好无效的，人民法院应当准予离婚。

【典型案例】

袁某（男）与陈某（女）于 2015 年结婚。婚后，由于父母抱孙子心切，袁某也很想有自己的孩子，于是向陈某提出生育子女。陈某担心生育后会影响自己的体型，不愿意生孩子。两人因此多次发生争吵，夫妻不和。2019 年 12 月，陈某怀孕，袁某坚持要将孩子生下来，袁某的父母也寄予很大希望。2020 年 3 月，陈某未经袁某同意，到医院堕胎。袁某知道此事后，十分气愤，严厉地责备了陈某。陈某对此拒不接受，仍然不愿生育。2021 年 8 月，袁某向人民法院提起诉讼，主张陈某不履行生育义务，侵犯了自己的生育权，请求人民法院维护自己的合法权益。

在本案的审理过程中，有两种不同的意见：一种意见认为，生育行为与女方的人身密切相关，生育与否是女方的自由，任何人无权强制女方生育。如果夫妻双方在生育问题上不能达成一致，导致夫妻感情破裂，可以提起离婚诉讼，但不能强制生育。在本案中，袁某可以陈某不履行生育义务为由提起离婚诉讼，但袁某要求陈某履行生育义务的诉讼请求不应当被支持。另一种意见认为，根据相关法律规定，我国公民享有生育的权利。夫妻双方彼此要承担生育的义务。陈某不履行生育义务，侵犯了袁某的生育权。人民法院应当判决陈某履行生育义务，如果陈某拒不履行法律义务，要承担法律责任（可判处罚金）。

【法官讲法】

我国人口与计划生育法第 17 条规定："公民有生育的权利。"2018 年妇女权益保障法第51条第1款规定，妇女有按照国家有关规定生育子女的权利，也有不生育的自由。所谓生育权，是指依照法律、法规的规定，凡有生育能力的夫妻双方有生育孩子与不生育孩子的权利以及与生育孩子相关的其他合法权益。[1] 由于夫妻之间生育权的实现需要对方的配合，因此，夫妻之间彼此要承担生育的义务。当夫妻一方依法主张其生育孩子的权利时，另一方应当履行其生育义务，无正当理由不得拒绝配合；当夫妻一方依法主张其不生育孩子的权利时，另一方不得强制其生育。夫妻双方都要承担实行计划生育的义务，主张生育权的诉讼请求是否能够得到支持，关键在于该主张是否有法律根据，是否符合有关计划生育法律法规的规定。

目前，对公民生育权的侵害主要来自以下几个方面：（1）来自父母的干涉和侵害，即夫妻双方协商一致，决定行使不生育孩子或只生育一个孩子的权利时，遭到父母的反对，强迫其生育或超计划生育。（2）来自行政机关或工作单位的干涉或侵害，即夫妻依法决定生育孩子时，遭到行政机关或所在单位的干涉或侵害。（3）来自夫妻一方的干涉或侵害，即夫妻一方依法主张生育孩子的权利，另一方不履行生育义务，或一方依法主张不生育孩子的权利，遭到另一方的反对或强迫。

公民的生育权受到侵害时，可采取下列措施，依法维护自己的合法权益：（1）当夫妻双方主张不生育孩子或只生育一个孩子的权利遭到父母的干涉或侵害时，应当对父母进行说服教育工作，或者请父母所在单位和亲朋好友对其进行教育和劝说，使父母尊重自己的生育权。（2）当夫妻双方依法主张生育孩子的权利遭到计划生育部门或所在单位的干涉或侵害时，可依法申请行政复议或向人民法院起诉，请求排除妨害。（3）当夫妻一方主张生育孩子的权利，另一方不履行生育义务或一方主张不生育孩子权利，另一方强迫生育时，可通过以下方式维护自己的合法权益：①协商解决。依法生育孩子或实行计划生育是夫妻双方的权利，也是夫妻双方应当履行的义务。符合法定生育条件、具有生育能力的夫妻，当一方主张生育孩子的权利时，另一方应当履行生育义务；不符合法定生育条件，或一方

---

[1] 毛顺佳、毛英编著：《公民怎样依法维护婚姻家庭权益》，湖南人民出版社2003年版，第271、272—273页。

有其他正当理由不同意生育时，另一方不得强迫生育。②夫妻双方协商未果的，一方可以对方侵犯了自己的生育权为由，请求有关单位调解或向人民法院起诉，要求对方履行生育义务或排除妨害。③夫妻一方可以生育权被侵犯为由提起离婚诉讼。因为生育权是公民的一项基本权利，生育权被侵犯足以造成夫妻感情破裂。经调解和好无效的，应当准予离婚。[1]

在本案中，袁某依法享有生育权，陈某应当承担生育义务。袁某以陈某不履行生育义务提起诉讼，人民法院应予受理。但由于生育是和女性人身密切相关的行为，任何人均不能强制其生育。袁某如认为女方拒不生育足以造成夫妻关系难以维持，可以提起离婚诉讼，如果夫妻感情确已破裂，经调解和好无效的，应当准予离婚。

【法条指引】

中华人民共和国民法典

第一千零七十九条　夫妻一方要求离婚的，可以由有关组织进行调解或者直接向人民法院提起离婚诉讼。

人民法院审理离婚案件，应当进行调解；如果感情确已破裂，调解无效的，应当准予离婚。

有下列情形之一，调解无效的，应当准予离婚：

（一）重婚或者与他人同居；

（二）实施家庭暴力或者虐待、遗弃家庭成员；

（三）有赌博、吸毒等恶习屡教不改；

（四）因感情不和分居满二年；

（五）其他导致夫妻感情破裂的情形。

一方被宣告失踪，另一方提起离婚诉讼的，应当准予离婚。

经人民法院判决不准离婚后，双方又分居满一年，一方再次提起离婚诉讼的，应当准予离婚。

---

〔1〕　毛顺佳、毛英编著：《公民怎样依法维护婚姻家庭权益》，湖南人民出版社2003年版，第271、272—273页。

最高人民法院关于适用《中华人民共和国民法典》
婚姻家庭编的解释（一）

第二十三条 夫以妻擅自中止妊娠侵犯其生育权为由请求损害赔偿的，人民法院不予支持；夫妻双方因是否生育发生纠纷，致使感情确已破裂，一方请求离婚的，人民法院经调解无效，应依照民法典第一千零七十九条第三款第五项的规定处理。

3. 人工授精所生子女，能否享受婚生子女的权利？

【维权要点】

在夫妻双方一致同意的情况下，通过人工授精所生的子女，应视为夫妻双方的婚生子女，该子女享有婚生子女的权利。即便夫妻离婚后，双方都有抚养教育子女的权利和义务。

【典型案例】

田某（女）与蔡某（男）于 2016 年 10 月结婚。婚后一直无子女。经医院检查后确认，蔡某无生育能力。田某求子心切，经蔡某同意，于 2018 年 12 月接受人工授精，2019 年 10 月产下一名男婴，取名蔡某某。2021 年 2 月，田某与蔡某因感情不和，同意离婚，但双方均主张蔡某某由自己抚养。经协商不成，双方诉至人民法院。

在本案的审理过程中，有三种不同的意见：第一种意见认为，田某接受人工授精所生孩子与蔡某事实上并没有血缘关系，该男婴不属于婚生子女，因此蔡某无权要求孩子的抚养权。第二种意见认为，由于蔡某无生育能力，从人道主义出发，离婚后孩子应当判归蔡某抚养。第三种意见认为，婚姻期间夫妻双方一致同意进行人工授精所生的子女具有与夫妻双方婚生子女同样的法律地位。夫妻双方即便离婚了，对该子女仍有抚养和教育的权利和义务。

【法官讲法】

确定离婚诉讼中人工授精所生子女的抚养关系，首先要确定人工授精所生子女在婚姻关系中的法律地位，即人工授精所生子女是否具有婚生子女的法律地位。对此，要区别人工授精的不同情况，分别加以认定。（1）由夫的精液人工授精所生的子女。在这种情况下，该子女与父母之间有天然的血缘关系，自应视为婚生子女，具有民法典上所规定的父子女之间的权利义务关系。（2）经夫的同意，以他人的精液人工授精所生的子女。本案即属于这种情况。在这种情况下，经人工授精所生的子女应当推定为夫妻双方的婚生子女。对此，《民法典婚姻家庭编司法解释（一）》第40条规定，婚姻关系存续期间，夫妻双方一致同意进行人工授精，所生子女应视为婚生子女，父母子女间的权利义务关系适用民法典的有关规定。上述规定主要针对的就是本案这种情况。因为夫方的同意即是对与自己没有血缘关系的子女法律地位的认可，双方之间发生类似于养父母与养子女之间的拟制血亲关系。（3）未经夫的同意人工授精所生的子女。由于夫方对妻方经人工授精所生的、与自己没有血缘关系的子女的法律地位未予认可，该子女不能取得婚生子女的法律地位。

通过以上分析可见，人工授精所生子女的法律地位取决于夫妻双方的意思表示。这是私法上当事人"意思自治"原则的体现。适用《民法典婚姻家庭编司法解释（一）》第40条的规定，应当具备两个条件：（1）人工授精须在夫妻关系存续期间。在婚姻关系确定之前，即便是经男方同意，女方接受人工授精，之后双方结婚的，所生子女也不具有婚生子女的法律地位。婚姻关系消灭之后，女方接受人工授精所生子女，当然不具有婚生子女的法律地位，包括经其前夫同意的情况，因为双方婚姻关系已经解除，不再是夫妻，即便是双方一致同意接受人工授精，所生子女也不具有婚生子女的法律地位。（2）人工授精须经夫妻双方一致同意。如果夫妻双方在婚姻关系存续期间，一致同意进行人工授精，但在该子女出生前，双方解除了婚姻关系，该子女同样具有婚生子女的法律地位。在本案中，以上述两个标准来衡量，田某与蔡某在婚姻关系存续期间，由于蔡某无生育能力，经双方一致同意，田某接受人工授精，所生子女蔡某某具有婚生子女的法律地位。蔡某某同父母间的权利义务关系按照民法典的规定处理。民法典第1084条第1、2款规定，父母与子女间的关系，不因父母离婚而消除。离婚后，子女无论由父或者母直接抚养，仍是父母双方的子女。离婚后，父母对于子女仍有抚养、教育、保护的权利和义务。因此,蔡某在离婚后,与蔡某某仍然是父子关系,蔡某对蔡某某有抚养教育的权利和义务。但考虑到在本案中蔡某某尚不满两周岁,仍在哺乳期内,从有利于子女的身心健康,保障子女的合法权益出发,按照民法典第1084条第3款的规定,即"离婚后,不满两周岁的子女,以由母亲直接抚养为原则",蔡某某应当随哺乳的母亲共同生活,由田某抚养。蔡某承担子女的部分或全部抚养和教育费用,并享有探望子女的权利。

综上,只要是在婚姻关系存续期间,且夫妻双方一致同意进行人工授精的,所生子女应视为夫妻双方的婚生子女,父母子女之间的权利义务关系适用民法典的有关规定加以确定。为有效保护婚姻双方和人工授精所生子女的合法权益,避免因缺乏法律规定的有效要件而使人工授精所生子女不能享有婚生子女的地位或一方逃避责任,夫妻双方在采取人工授精前一定要慎重,并要保留双方同意的书面证据,以利于在产生纠纷时保护自己和人工授精所生子女的合法权益。

【法条指引】

中华人民共和国民法典

第一千零八十四条 父母与子女间的关系,不因父母离婚而消除。离婚后,子女无论由父或者母直接抚养,仍是父母双方的子女。

离婚后,父母对于子女仍有抚养、教育、保护的权利和义务。

离婚后,不满两周岁的子女,以由母亲直接抚养为原则。已满两周岁的子女,父母双方对抚养问题协议不成的,由人民法院根据双方的具体情况,按照最有利于未成年子女的原则判决。子女已满八周岁的,应当尊重其真实意愿。

最高人民法院关于适用《中华人民共和国民法典》婚姻家庭编的解释(一)

第四十条 婚姻关系存续期间,夫妻双方一致同意进行人工授精,所生子女应视为婚生子女,父母子女间的权利义务关系适用民法典的有关规定。

4. 父母离婚后，不抚养子女的一方是否应对子女造成的侵权损害承担责任？

【维权要点】

父母是未成年子女的监护人。离婚后，父母对子女仍有抚养、教育、保护的权利和义务。无民事行为能力人、限制民事行为能力人造成他人损害的，由监护人承担侵权责任。监护人尽到监护职责的，可以减轻其侵权责任。不抚养子女的一方并没有因为离婚而撤销监护资格，所以应当与抚养子女的一方共同承担子女造成的侵权损害赔偿责任。

【典型案例】

张某（男）与吴某（女）原系夫妻，婚生一女张甲。2019 年张某与吴某经法院调解离婚，张甲（11 岁）由吴某抚养，张某每月付抚养费和教育费 800 元。2021 年 10 月，张甲在放学骑车回家途中，不慎将人撞伤，花去医疗费 5000 余元，对方要求赔偿。吴某因几年来多次下岗收入很少，仅赔偿了 2000 余元，剩余 3000 余元无力支付。于是受害人找到张某，要求其赔偿剩余的 3000 余元医疗费。张某拒绝赔偿，其理由是自己与吴某已离婚多年，女儿由吴某抚养，且自己每月都尽了法律规定的抚养义务，现孩子将人撞伤，是吴某监护不力，自己没有过错，所以应由吴某承担全部责任。吴某则认为，按照调解协议约定，张某应每月付给张甲 800 元的抚养费，但张某支付的现金很少，更多的是衣物和食品。衣物和食品不能计算在抚养费内，所以张某没有尽到抚养的义务；虽然两人已经离婚，但张某对女儿的监护义务不应因离婚而消除，所以张某应当承担赔偿责任。

【法官讲法】

民法典第 27 条第 1 款规定："父母是未成年子女的监护人。"第 1068 条规定："父母有教育、保护未成年子女的权利和义务。未成年子女造成他人损害的，父母应当依法承担民事责任。"本案中，张某与吴某离婚，未成年的女儿张甲由吴某抚养，吴某成为直接抚养和照顾张甲生活的抚养人；张某虽然没有与女儿共同生活，但他作为张甲的生父，对张甲仍负有监护的责任。民法典第1188条规定："无民事行为能力人、限制民事行为能力人造成他人损害的，由监护人承担侵权责任。监护人尽到监护职责的，可以减轻其侵权责任。有财产的无民事行为能力人、限制民事行为能力人造成他人损害的，从本人财产中支付赔偿费用；不足部分，由监护人赔偿。"由于未成年子女在法律上是无行为能力人或限制行为能力人，他们缺乏对事物的正确理解和处理能力，因此法律规定父母是未成年子女的监护人，责成父母对未成年子女负有保护和教育责任，一方面是保障子女的健康和安全，另一方面是为了防止未成年子女损害他人和社会的利益。离婚后，关于父母子女权利义务的规定仍然适用，子女由一方抚养，另一方并不丧失监护权。当子女对他人造成损害时，父母应共同承担赔偿损失的责任，而且这种责任不因父母离婚而消除。监护人承担的这种责任实际上是一种无过错责任，即特殊侵权行为的民事责任。只要他与无行为能力或限制行为能力的损害人之间具有监护关系，这种责任就应当承担。因此，张甲将他人撞伤，造成他人人身损害，其父张某应当同其母吴某共同承担赔偿责任。张某作为父亲也是张甲的监护人，虽然不与张甲共同生活，但同样有义务承担这3000余元的赔偿责任。

那么，张某每月给女儿张甲买的衣物和食品应不应当计算在抚养费当中呢？这涉及对赠与物与抚养费的认定问题。首先，由于离婚后子女与父母之间的关系并未因此而消除，父母对子女仍具有抚养和教育的权利和义务。所以，离婚后，不与子女共同生活的一方有支付该子女一定抚养费的义务。离婚后，父方或母方出于爱或其他原因，赠送子女一定的礼物，子女接受礼物，赠与关系便成立。此时礼物的所有权已转让至子女，而赠与人则丧失了所有权，因而对该礼物就再没有处分权。其次，法律规定抚养费是为了保障离婚以后子女的成长而要求离婚双方必须履行的义务；而赠与礼物则是父方或母方额外自愿给予子女的财物，并非法定的义务。因此，二者性质不同，不能相互代替。另外，赠与礼物一旦给了子女，由于赠与的父方或母方就丧失了对此礼物的处分权，因而无权主张将赠与的礼物作为抚养的费用。所以，父母离婚后，父方或母方必须依照规定给予子女全部的抚养费用，给子女的礼物则不能计算在抚养费之内。本案中，张某应当每月全额支付张甲的抚养费，而不能将其送给张甲的衣物和食品也算作抚养费的一部分。

【法条指引】

中华人民共和国民法典

第二十七条　父母是未成年子女的监护人。

未成年人的父母已经死亡或者没有监护能力的，由下列有监护能力的人按顺序担任监护人：

（一）祖父母、外祖父母；

（二）兄、姐；

（三）其他愿意担任监护人的个人或者组织，但是须经未成年人住所地的居民委员会、村民委员会或者民政部门同意。

第一千零六十八条　父母有教育、保护未成年子女的权利和义务。未成年子女造成他人损害的，父母应当依法承担民事责任。

第一千零八十四条　父母与子女间的关系，不因父母离婚而消除。离婚后，子女无论由父或者母直接抚养，仍是父母双方的子女。

离婚后，父母对于子女仍有抚养、教育、保护的权利和义务。

离婚后，不满两周岁的子女，以由母亲直接抚养为原则。已满两周岁的子女，父母双方对抚养问题协议不成的，由人民法院根据双方的具体情况，按照最有利于未成年子女的原则判决。子女已满八周岁的，应当尊重其真实意愿。

第一千一百八十八条　无民事行为能力人、限制民事行为能力人造成他人损害的，由监护人承担侵权责任。监护人尽到监护职责的，可以减轻其侵权责任。

有财产的无民事行为能力人、限制民事行为能力人造成他人损害的，从本人财产中支付赔偿费用；不足部分，由监护人赔偿。

5. 夫妻感情不和，能否拒绝履行扶养义务？

【维权要点】

广义上的"扶养"，包括尊亲属对卑亲属的"抚养"、平辈亲属之间的"扶养"（狭义）和卑亲属对尊亲属的"赡养"三种具体类型。狭义的"扶养"专指平辈亲属之间依法发生的经济供养和生活扶助的权利义务关系，多发生在夫妻之间，特定条件下，兄姐与弟妹之间也负有法定的扶养义务。夫妻一方不履行对另一方的扶养义务时，需要扶养的一方有要求对方给付扶养费的权利。夫妻感情不和不能成为拒绝履行扶养义务的理由。

【典型案例】

张某（男，72岁）与刘某（女，73岁）结婚，育有一子。由于刘某文化水平低，夫妻之间一直没有共同语言。张某长期居住在单位，很少回家，夫妻感情日渐淡漠，仅维系着表面上的夫妻关系。随着年龄的增长，刘某的身体越来越差，在64岁时患脑血栓瘫痪在床，且没有其他生活来源。为治病，刘某四处求医，开销很大，无力负担，而张某却不愿为重病的妻子提供医疗费用。刘某在无奈之下诉至法院，要求张某为其支付医疗费，承担扶养义务。在诉讼中，张某以与刘某夫妻感情不好为由拒绝扶养妻子。在案件的审理过程中，存在两种不同的意见：一种意见认为，夫妻之间没有互相扶养的义务，刘某与张某感情不好，且长期不在一起生活，张某没有必要负担刘某的医疗费用；另一种意见认为，夫妻之间有互相扶养的义务，刘某与张某的夫妻关系还在存续期间，刘某无钱治病且无生活来源，张某作为丈夫必须扶养妻子。

【法官讲法】

我们在这里一定要区分好抚养、扶养和赡养这几个概念。法律意义上的扶养，一般有广义和狭义之分，广义上的扶养泛指特定亲属之间根据法律的明确规定而存在的经济上相互供养、生活上相互扶助照顾的权利义务关系，包括尊亲属对卑亲属的"抚养"、平辈亲属之间的"扶养"（狭义）和卑亲属对尊亲属的"赡养"三种具体类型。我国刑法中所称的"扶养"属于广义的。狭义的扶养则专指平辈亲属之间依法发生的经济供养和生活扶助的权利义务关系，多发生在夫妻之间，特定条件下，兄、姐对弟、妹也负有法定的扶养义务。婚姻关系中所称的"扶养"属于狭义的概念，按不同主体的相互关系将抚养、扶养、赡养等概念区别开来。因此，我们在法学研究和法律实践中，碰到"扶养"一词时要知道其所指称，不要搞混淆。

扶养，既包括经济上的供养，也包括精神上的扶助。它是一定亲属间伦理关系在民事法律上的表现，对于保障老弱病残者的生活，稳定家庭关系，促进社会安定和文明发展进步具有重要意义。

我国民法典第 1059 条规定："夫妻有相互扶养的义务。需要扶养的一方，在另一方不履行扶养义务时，有要求其给付扶养费的权利。"由此规定我们可以看出，我国有关夫妻间互相扶养的规定具有如下特点：一是夫妻间的扶养义务是基于夫妻双方婚姻的效力而产生的，是夫妻间财产关系的一项重要内容。二是夫妻间的相互扶养既是义务，又是权利。即夫妻都有扶养对方的义务，也都有接受和要求对方扶养的权利。三是夫妻间的相互扶养义务是无条件的，只要一方需要扶养，另一方必须扶养，不必附加任何条件。四是夫妻间相互扶养的义务具有法律的强制性，即扶养义务必须履行，如不履行，则需要扶养的一方有权要求对方承担扶养责任。

关于扶养的方式，一种是共同生活扶养，即被扶养人与扶养义务人同住一起；另一种是定期支付扶养金，或以实物进行扶养，包括定期的体力上的扶助、精神上的慰藉。夫妻之间的扶养金应当包括日常生活起码的生活费、医疗费、护理费等一切费用。

夫妻间的扶养可以因一定法律事实的出现而归于终止，一般来说，夫妻间扶养义务消灭的原因有三：（1）当事人死亡。扶养权利人或扶养义务人一方死亡，扶养义务即消灭。（2）当事人身份改变。夫妻离婚，可导致夫妻扶养义务消灭。（3）扶养要件消灭。扶养权利人放弃扶养请求权、扶养义务人丧失扶养能力等，也可导致夫妻间扶养义务消灭。

总之，夫妻之间的扶养义务是互相的，夫妻双方都应自觉履行这一法律义务，尤其是在一方年老体弱多病或丧失劳动能力、生活困难的情况下，有负担能力的另一方，应该主动履行扶养义务。如果借故不尽扶养义务，就是违法，也极不道德。

此外，若婚姻存续期间，一方负有法定扶养义务的人患重大疾病需要医治，另一方不同意支付相关医疗费用的，夫妻一方可以向人民法院请求分割共同财产。

本案中，刘某与张某虽感情不深，但二人仍是夫妻，双方仍负有互相扶养的法定义务。张某应在刘某生病期间给予刘某生活上的照料及精神上的安慰。刘某要求张某支付治疗期间的医疗费等费用属于夫妻间扶养金的范围，张某应予承担。张某以与刘某感情不和为由拒绝承担扶养义务，得不到法律的支持。

【法条指引】

中华人民共和国民法典

第一千零五十九条 夫妻有相互扶养的义务。

需要扶养的一方，在另一方不履行扶养义务时，有要求其给付扶养费的权利。

第一千零六十六条 婚姻关系存续期间，有下列情形之一的，夫妻一方可以向人民法院请求分割共同财产：

（一）一方有隐藏、转移、变卖、毁损、挥霍夫妻共同财产或者伪造夫妻共同债务等严重损害夫妻共同财产利益的行为；

（二）一方负有法定扶养义务的人患重大疾病需要医治，另一方不同意支付相关医疗费用。

6. 夫妻互不承担扶养义务的约定是否有效？

【维权要点】

我国民法典规定，夫妻可以采用书面形式明确约定婚姻关系存续期间所得的财产以及婚前财产归一方所有或双方共有。但法律同时规定，夫妻有相互扶养的义务。该扶养义务不能因双方约定而解除，换言之，夫妻互不承担扶养义务的约定是无效的。

【典型案例】

乔某（男）与毛某（女）于 2014 年结婚。婚后，因两人性格不合，经常发生矛盾，夫妻关系恶化。自 2018 年起，乔某与毛某分居。分居时，两人口头约定：收入归各自所有，互不承担扶养义务。2019 年，乔某与他人合伙做生意，获利 20 万元。毛某于 2021 年起诉离婚，并要求依法分割包括分居后乔某做生意赚取的 20 万元在内的全部夫妻共同财产。乔某同意离婚，但认为双方在分居时已有财产约定，收入归各自所有，互不承担扶养义务。因此，分居后做生意赚取的 20 万元属于其个人财产，不应当作为夫妻共同财产加以分割。毛某则认为该财产是在婚姻关系存续期间取得的，属于夫妻共同财产，应当依法予以分割。

在本案的审理过程中，有两种不同的意见：一种意见认为，乔某与毛某在分居时口头约定：收入归各自所有，互不承担扶养义务。该约定对分居期间取得的财产的归属、占有、使用等作出了约定，属于夫妻财产约定。按照法律规定和该约定的内容，乔某分居后做生意所得的 20 万元应当归其个人所有，不属于夫妻共同财产。毛某要求分割该财产的诉讼请求不应得到支持。另一种意见认为，乔某与毛某关于分居后互不承担扶养义务的约定，违反了民法典"夫妻有相互扶养的义务"的规定，且双方系口头约定，不符合法律规定形式要件，该约定不能作为夫妻财产约定。乔某分居后做生意所得的 20 万元，是在婚姻关系存续期间取得的经营收益，应当归夫妻共同所有。毛某要求分割该财产的诉讼请求应予支持。

【法官讲法】

我国民法典第 1065 条第 1、2 款规定，男女双方可以约定婚姻关系存续期间所得的财产以及婚前财产归各自所有、共同所有或者部分各自所有、部分共同所有。约定应当采用书面形式。没有约定或者约定不明确的，适用本法第一千零六十二条、第一千零六十三条的规定。夫妻对婚姻关系存续期间所得的财产以及婚前财产的约定，对双方具有法律约束力。该条确立了夫妻约定财产制。所谓夫妻约定财产制，即"婚姻当事人通过协议的方式，对他们婚前、婚后财产的归属、占有、使用、管理、收益和处分等权利加以约定的一种法律制度"[1]。按照民法典的规定，夫妻双方对财产的约定必须同时具备实质要件和形式要件，否则，属于无效。其形式要件之一就是约定必须采用书面形式；其实质要件是对于夫妻双方婚前、婚后财产的归属、占有、使用、管理、收益和处分等权利都必须作出明确的约定。

在本案中，乔某与毛某在婚后分居时约定收入归各自所有，互不承担扶养义务。根据民法典第 1059 条第 1 款的规定，夫妻有相互扶养的义务。该扶养义务不随夫妻分居而解除。在夫妻双方分居后，如果一方患病或生活遇到困难，另一方仍然有予以扶助的义务。按照民法典第 153 条的规定："违反法律、行政法规的强制性规定的民事法律行为无效。但是，该强制

---

[1]　马原主编：《新〈婚姻法〉条文释义》，人民法院出版社 2002 年版，第 138 页。

性规定不导致该民事法律行为无效的除外。违背公序良俗的民事法律行为无效。"乔某与毛某的约定违反了民法典的有关规定，没有法律效力。即使该约定具有法律效力，也不属于民法典所规定的夫妻财产约定。夫妻财产约定的实质要件是对于夫妻双方婚前、婚后财产的归属、占有、使用、管理、收益和处分等权利都必须作出明确的约定。乔某与毛某的约定仅是关于分居期间夫妻之间扶养义务的约定，对夫妻双方婚前、婚后财产的归属、占有、使用、管理、收益和处分等方面没有作出全面和明确的约定，不具备夫妻财产约定的实质要件。根据民法典第1065条的规定，夫妻之间没有财产约定或者约定不明确的，应适用民法典第1062条、第1063条的规定。民法典第1063条是关于归夫或妻一方所有财产的规定。法定归夫或妻一方所有的财产包括：一方的婚前财产；一方因身体受到伤害获得的赔偿或者补偿；遗嘱或赠与合同中确定只归一方的财产；一方专用的生活用品；其他应当归一方所有的财产。在本案中，当事人所争议的财产显然不是法定的个人财产。民法典第1062条规定："夫妻在婚姻关系存续期间所得的下列财产，为夫妻的共同财产，归夫妻共同所有：……（二）生产、经营、投资的收益……"乔某在分居后做生意所赚的钱属于经营收益，应当作为夫妻共同财产加以分割。

【法条指引】

中华人民共和国民法典

第一千零五十九条 夫妻有相互扶养的义务。

需要扶养的一方，在另一方不履行扶养义务时，有要求其给付扶养费的权利。

第一千零六十二条 夫妻在婚姻关系存续期间所得的下列财产，为夫妻的共同财产，归夫妻共同所有：

（一）工资、奖金、劳务报酬；

（二）生产、经营、投资的收益；

（三）知识产权的收益；

（四）继承或者受赠的财产，但是本法第一千零六十三条第三项规定的除外；

（五）其他应当归共同所有的财产。

夫妻对共同财产，有平等的处理权。

第一千零六十三条　下列财产为夫妻一方的个人财产：

（一）一方的婚前财产；

（二）一方因受到人身损害获得的赔偿或者补偿；

（三）遗嘱或者赠与合同中确定只归一方的财产；

（四）一方专用的生活用品；

（五）其他应当归一方的财产。

第一千零六十五条　男女双方可以约定婚姻关系存续期间所得的财产以及婚前财产归各自所有、共同所有或者部分各自所有、部分共同所有。约定应当采用书面形式。没有约定或者约定不明确的，适用本法第一千零六十二条、第一千零六十三条的规定。

夫妻对婚姻关系存续期间所得的财产以及婚前财产的约定，对双方具有法律约束力。

夫妻对婚姻关系存续期间所得的财产约定归各自所有，夫或者妻一方对外所负的债务，相对人知道该约定的，以夫或者妻一方的个人财产清偿。

7. 弟、妹成年后生活不能自理的，兄、姐应否承担扶养义务？

【维权要点】

在特定条件下，兄、姐与弟、妹之间会产生附条件的扶养义务。这些条件包括：（1）父母已经死亡或父母无力扶养未成年子女；（2）兄、姐有负担能力；（3）弟、妹尚未成年。此外，对于虽已成年但生活不能自理的弟、妹，在没有其他监护人的情况下，作为近亲属的兄、姐也应当承担监护责任，履行扶养义务。

【典型案例】

庄某（男）与赵某（女）于 1992 年结婚。婚后，两人生育了两男（庄甲、庄乙）一女（庄丙）。三子女成年后，庄甲和庄乙分别参加了工作，娶妻生子，生活条件较为优裕。庄丙在谈恋爱的过程中，因为失恋，精神遭受了较大的刺激，患上了严重的精神分裂症，生活无法自理，留在父母身边，由父母照顾其生活。2020 年，庄某在交通事故中死亡，不久，赵某因患重病去世。临终前，赵某将庄丙托付给两个哥哥照顾。庄甲和庄乙口头上答应了母亲的要求，但从内心来讲，都不愿背上这个沉重的负担。赵某去世后，两人对庄丙的生活不管不问，而且占据了父母留下的房产，使庄丙流离失所。当地居委会多次找到庄甲和庄乙，要求其对庄丙履行扶养义务。两人态度恶劣，不予接受。2021年，当地居委会为庄丙请求了法律援助，以庄丙的名义向人民法院提起诉讼，要求庄甲和庄乙履行对庄丙的扶养义务。

在本案的审理过程中，有两种不同的意见：一种意见认为，民法典第1075条第1款规定，有负担能力的兄、姐，对于父母已经死亡或者父母无力抚养的未成年弟、妹，有扶养的义务。虽然庄丙已成年，但其生活不能自理，又无配偶和子女，结合民法典的立法精神和第1075条第1款的规定，在庄丙父母双亡的情况下，庄甲和庄乙对庄丙应当承担扶养义务。另一种意见认为，民法典第1075条第1款仅规定，有负担能力的兄、姐，对于父母已经死亡或者父母无力抚养的未成年弟、妹，有扶养的义务。未规定兄、姐对已成年的弟、妹还要承担扶养义务，否则会不合理地加重兄、姐的负担。在这种情况下，庄丙的生活应当由当地民政部门解决，而不是由庄甲和庄乙扶养。对于庄甲和庄乙霸占父母留下的房产，侵犯庄丙继承权的行为，应当依法予以制止，维护精神病患者的合法权益。

【法官讲法】

兄弟姐妹之间是最近的旁系血亲，包括同胞兄弟姐妹、同父异母或同母异父的兄弟姐妹、有抚育关系的继兄弟姐妹和养兄弟姐妹。在一般情况下，兄弟姐妹由他们的父母抚养，而他们相互之间不发生权利义务关系。但是，在特定条件下，兄、姐与弟、妹之间产生了附条件的扶养义务。民法典第1075条规定，有负担能力的兄、姐，对于父母已经死亡或者父母无力抚养的未成年弟、妹，有扶养的义务。由兄、姐扶养长大的有负担能力的弟、妹，对于缺乏劳动能力又缺乏生活来源的兄、姐，有扶养的义务。从以上规定可见，兄、姐对弟、妹承担扶养义务的条件是：（1）父母已经死亡或者父母无力扶养未成年子女。按照民法典第27条第2款的规定，未成年人的父母已经死亡或者没有监护能力的，有监护能力的兄、姐仅次于祖父母、外祖父母，系第二顺位的监护人选；作为监护人，兄、姐应当履行对弟、妹的扶养义务。（2）兄、姐必须有负担能力。负担能力是指能够扶养未成年弟、妹的经济条件和监护能力。如果负有扶养义务的兄、姐死亡或者失去负担能力的，对未成年弟、妹的扶养义务终止。（3）弟、妹尚未成年。需要扶养的弟、妹未满18周岁，没有独立生活能力。如果他们年满16周岁但未满18周岁，以自己的劳动收入为主要生活来源的，按照民法典的规定，视为完全民事行为能力人，能够独立生活，就不应该由兄、姐继续承担扶养责任，但兄、姐自愿提供经济帮助的，法律不作限制[1]。

民法典仅规定有负担能力的兄、姐对未成年的弟、妹承担扶养义务。对于已成年的不能独立生活的弟、妹，兄、姐是否应当承担扶养义务，法律未作明确规定。笔者认为，对于这种情况应当分别处理：在不能独立生活的成年弟、妹有其他扶养人的情况下，如配偶、子女、单位等，兄、姐对其不承担扶养义务；如果没有其他扶养人，兄、姐应当承担扶养义务。另外，民法典第28条规定，无民事行为能力或者限制民事行为能力的成年人，由配偶、父母、子女、其他近亲属以及经被监护人住所地的居民委员会、村民委员会或者民政部门同意的其他愿意担任监护人的个人或者组织担任监护人。对于成年的无民事行为能力人或者限制民事行为能力人，例如精神病人，在没有其他监护人的情况下，作为近亲属的兄、姐应当承担监护责任，履行扶养义务。在本案中，庄丙父母双亡，没有配偶和子女，其生活无人照料，庄甲和庄乙应当对其承担扶养义务。对于民法典第1075条的规定，应当结合立法的基本精神加以全面的理解。像庄丙这样的精神病人，不仅有负担能力的兄、姐应当对其承担扶养义务，已成年的有负担能力的弟、妹也应当承担扶养义务。将其逐出家门，不管不问，于情、于法、于理都不容。庄甲和庄乙霸占父母留下的房产，侵犯了庄丙的继承权，应当予以制止，按照民法典继承编的规定，依法维护精神病人的合法权益。

【法条指引】

中华人民共和国民法典

第二十八条 无民事行为能力或者限制民事行为能力的成年人，由下列有监护能力的人按顺序担任监护人：

---

[1] 马原主编：《新婚姻法条文释义》，人民法院出版社2002年版，第201—202页。

（一）配偶；

（二）父母、子女；

（三）其他近亲属；

（四）其他愿意担任监护人的个人或者组织，但是须经被监护人住所地的居民委员会、村民委员会或者民政部门同意。

第一千零七十五条　有负担能力的兄、姐，对于父母已经死亡或者父母无力抚养的未成年弟、妹，有扶养的义务。

由兄、姐扶养长大的有负担能力的弟、妹，对于缺乏劳动能力又缺乏生活来源的兄、姐，有扶养的义务。

8. 姐姐被人收养后，还有扶养未成年同胞妹妹的义务吗？

【维权要点】

有负担能力的兄、姐，对于父母已经死亡或父母无力抚养的未成年的弟、妹，有扶养的义务。但姐姐被收养后，其与亲兄弟姐妹间的关系也随之解除，互相不再具有法定的权利义务，即姐姐不再有扶养未成年亲妹妹的法定义务。

【典型案例】

董某（女）4岁丧父，2020年14岁时丧母，生活失去了依靠。母亲临终时告诉她还有个姐姐，1岁多就被其他县的赵家收养了，让董某在其死后去找她的姐姐。董某按照母亲嘱托找到了姐姐赵某，希望得到姐姐的经济帮助。赵某此时已经参加工作并已成家，正有孕在身。赵某的养父母都已去世，留有一个亲生女儿，现年10岁。赵某表示自己家庭条件也不宽裕，无力扶助董某，并劝说董某去投奔其他亲属。董某在他人的提示下向法院提起诉讼，要求赵某履行对自己的扶养义务。

【法官讲法】

我国民法典第1075条第1款规定："有负担能力的兄、姐，对于父母已经死亡或者父母无力抚养的未成年弟、妹，有扶养的义务。"赵某与董某是具有自然血亲的姐妹关系，但由于赵某从小就被人收养了，根据民法典第1111条第2款的规定，养子女与生父母以及其他近亲属间的权利义务关系，因收养关系的成立而消除。因此，赵某与董某之间的相互扶养的权利义务关系也便终止，赵某也就不再承担扶养董某的法定义务。当然，如果赵某有能力且自愿扶养董某，给予其经济上的帮助，应予以充分肯定和赞赏。但这种帮助也只是道义上的，而不是法定的义务。本案中，在赵某拒绝扶养的情况下，董某可以要求其他有扶养能力的亲属扶养。如果没有可以扶养的近亲属，可以要求国家救济。

赵某与养父母的亲生女儿虽然原本没有自然血亲关系，但赵某被收养后，其不仅与养父母产生了父母子女的关系，而且也与养父母的亲生女儿产生了养姐妹的关系，随之产生与亲兄弟姐妹相同的权利义务关系。由于赵某的养父母双双去世，他们尚未成年的亲生女儿有权要求赵某承担扶养义务。

【法条指引】

中华人民共和国民法典

第一千零七十五条　有负担能力的兄、姐，对于父母已经死亡或者父母无力抚养的未成年弟、妹，有扶养的义务。

由兄、姐扶养长大的有负担能力的弟、妹，对于缺乏劳动能力又缺乏生活来源的兄、姐，有扶养的义务。

第一千一百一十一条　自收养关系成立之日起，养父母与养子女间的权利义务关系，适用本法关于父母子女关系的规定；养子女与养父母的近亲属间的权利义务关系，适用本法关于子女与父母的近亲属关系的规定。

养子女与生父母以及其他近亲属间的权利义务关系，因收养关系的成立而消除。

9. 母亲被迫与祖父母达成的子女抚养协议能否变更？

【维权要点】

父母是未成年子女第一位的抚养人和监护人，对未成年子女享有无条件的抚养权和监护权。祖父母和外祖父母对孙子女、外孙子女的抚养权、监护权是第二位的，有条件的，只有在父母死亡或者没有抚养、监护能力，不能履行对子女的抚养和监护义务时才能行使，而且祖父母和外祖父母必须有抚养、教育孙子女、外孙子女的能力。母亲被迫与祖父母达成的子女抚养协议，违背了其真实意愿，可以要求变更子女抚养关系。

【典型案例】

彭某（男）与池某（女）于 2013 年结婚。婚后，两人生育一名男孩彭某某。2017 年，彭某患病去世。池某独自抚养儿子，生活压力非常大。2019 年，池某提出带儿子改嫁。彭某的父母只有彭某一个儿子，视彭某某为彭家唯一的血脉，坚决反对池某带彭某某改嫁。经双方多次协商，均未能达成一致。彭某的父母威胁说，如果池某带彭某某改嫁，将不顾一切阻止池某结婚。后双方就彭某某的抚养问题诉至人民法院。在亲友的规劝下，池某被迫与彭某的父母达成协议。池某改嫁后，彭某某由祖父母抚养，池某按月给付一定数额的抚养费，可以定期探望儿子。池某改嫁后未生育子女，家庭生活较为优裕，池某的后夫亦无其他子女。此后，在池某探望子女的过程中，彭某父母以种种理由加以阻挠，使池某长期无法与儿子见面，母子感情逐渐疏远。2021 年 10 月，彭某某的祖父去世，祖母体弱多病，无法在生活和学习上充分地照顾和管教彭某某，致使其学习成绩一落千丈。池某得知后，心急如焚，向彭某某的祖母提出改变彭某某的抚养关系，将彭某某交由其直接抚养。对此，彭某某的祖母坚决不同意。池某的后夫也认为，彭某某的年龄已大，不容易与其建立父子感情，反对池某将彭某某带回抚养。经多次协商未果，池某诉至人民法院，要求法院依法变更彭某某的抚养关系。

在案件的审理过程中，有两种不同的意见：一种意见认为，彭某某的祖父去世，祖母体弱多病，没有抚养和教育彭某某的能力，在客观上也出现了彭某某的学习成绩下降等事实。按照原来的抚养协议，彭某某继续由其祖母抚养不利于其成长和教育。况且，原来的抚养协议是在池某受到对方威胁的情况下被迫达成的，不是其真实的意思表示。彭某改嫁后未生育子女，家庭生活较为优裕，具备抚养和教育彭某某的能力。因此，本案应当判由池某直接抚养彭某某。彭某某的祖母可以定期探望彭某某或将其接回家中小住，以享受天伦之乐。池某的后夫目前不同意抚养孩子，但其与池某未生育子女，又无其他子女，可以通过亲属和有关单位做其思想工作，使其接受孩子。

　　另一种意见认为，池某与彭某的父母在法院主持下达成了抚养协议。该协议不违反法律规定，合法有效。彭某某的抚养问题应当按照该协议履行。同时，池某的后夫不同意将彭某某领回抚养，如果将彭某某判由池某直接抚养，与池某及其后夫共同生活，将会造成家庭矛盾，不利于彭某某的成长和家庭关系的和谐、稳定。彭某某的祖父去世，祖母一人孤苦无依，又无其他子女，彭某某是其唯一的精神慰藉，从维护老年人权益的角度和人道主义的立场出发，彭某某也应当由其祖母抚养。池某及其后夫均有生育能力，可以再生育子女。所以，本案以不变更原来的抚养关系为宜。

【法官讲法】

　　我国民法典规定，父母有教育、保护未成年子女的权利和义务。父母是未成年子女的监护人。由此可见，父母是未成年子女第一位的抚养人和监护人，对未成年子女享有无条件的抚养权和监护权。民法典第27条第2款规定，未成年人的父母已经死亡或者没有监护能力的，由下列有监护能力的人按顺序担任监护人，其中未成年人的祖父母和外祖父母排在第一顺序。第1074条第1款同时规定，有负担能力的祖父母、外祖父母，对于父母已经死亡或者父母无力抚养的未成年孙子女、外孙子女，有抚养的义务。所以，祖父母和外祖父母对孙子女、外孙子女的抚养权、监护权是第二位的，有条件的。所谓"第二位的"是指祖父母和外祖父母的抚养权和监护权次于父母的上述权利，只有在父母死亡或者没有抚养、监护能力，不能履行对子女的抚养和监护义务时才能行使；所谓"有条件的"是指祖父母和外祖父母必须有抚养、教育孙子女、外孙子女的能力。

　　在本案中，彭某某的生父死亡，但生母尚在。作为彭某某的生母，池某对彭某某享有第一位的抚养权。只有在池某没有抚养能力的情况下，并且其本人又愿意将子女交由他人抚养，彭某某的祖父母才能主张对其享有抚养权。池某在改嫁后，生活条件较为优裕，具备抚养、教育子女的能力，本人又强烈要求自己抚养子女，而彭某某的祖父去世，祖母体弱多病，不具备抚养、教育孙子女的能力，因此，人民法院应当依法维护池某的合法权利，将彭某某判由池某抚养。

　　2019年，池某与彭某某的祖父母达成的抚养协议是池某委曲求全的结果，该协议是彭某某的祖父母受传宗接代的传统思想的支配，阻挠池某带子女再婚，池某再婚权利受到威胁的情况下达成的，池某不得已将子女交由其祖父母抚养。同时，池某再婚时，彭某某的年龄尚小，容易与池某的后夫建立起父子感情。池某的后夫无其他子女，也比较容易接受彭某某。因此，可以参照《民法典婚姻家庭编司法解释（一）》第55条、第56条的规定，变更彭某某的抚养关系。池某也要从有利于未成年人成长和维护家庭关系和谐稳定的立场出发，注意做好池某后夫的思想工作，使其正确认识继父的责任，与池某一起共同抚养和教育好彭某某。池某还要注意采取正确的方法，从生活上、学习上对彭某某加强关心、照顾，逐步恢复与彭某某的母子感情。

彭某某的祖父去世后，其祖母孤身一人，又无其他子女，希望有孙子女的陪伴，使自己的晚年生活有所寄托的愿望也应当得到重视。法院应当维护其定期探望孙子女的权利，在条件允许的情况下，可以由其将彭某某接至家中小住，在其行动不便的情况下，也可由池某夫妇将彭某某送至其祖母处，使其得享天伦之乐。法院和有关单位应当教育池某尽弃前嫌，与老人和睦相处，共同履行对彭某某的抚养和教育义务。两代人建立起和谐融洽的关系，有利于下一代人身心的健康成长。在本案中，只有全面地考虑各方当事人的愿望和需要，才能正确地处理错综复杂的家庭关系，达到变更抚养关系的目的。

【法条指引】

中华人民共和国民法典

第二十七条 父母是未成年子女的监护人。

未成年人的父母已经死亡或者没有监护能力的，由下列有监护能力的人按顺序担任监护人：

（一）祖父母、外祖父母；

（二）兄、姐；

（三）其他愿意担任监护人的个人或者组织，但是须经未成年人住所地的居民委员会、村民委员会或者民政部门同意。

第一千零七十四条 有负担能力的祖父母、外祖父母，对于父母已经死亡或者父母无力抚养的未成年孙子女、外孙子女，有抚养的义务。

有负担能力的孙子女、外孙子女，对于子女已经死亡或者子女无力赡养的祖父母、外祖父母，有赡养的义务。

最高人民法院关于适用《中华人民共和国民法典》婚姻家庭编的解释（一）

第五十五条　离婚后，父母一方要求变更子女抚养关系的，或者子女要求增加抚养费的，应当另行提起诉讼。

第五十六条　具有下列情形之一，父母一方要求变更子女抚养关系的，人民法院应予支持：

（一）与子女共同生活的一方因患严重疾病或者因伤残无力继续抚养子女；

（二）与子女共同生活的一方不尽抚养义务或有虐待子女行为，或者其与子女共同生活对子女身心健康确有不利影响；

（三）已满八周岁的子女，愿随另一方生活，该方又有抚养能力；

（四）有其他正当理由需要变更。

10. 单身母亲要求解除非婚生子抚养权，应当如何受理？

【维权要点】

我国民法典中所称的"抚养"，专指长辈亲属对晚辈亲属（主要是未成年人）的保护和教养，如父母对子女、祖对孙。父母对子女的抚养义务具有法定性和强制性，不管是对婚生子女还是非婚生子女，都不能逃避责任或加以歧视。

【典型案例】

黄某（女）与同居民楼内已有家室的徐某（男）发生婚外性行为，并生下非婚生子黄甲。2019 年 12 月，双方因黄甲抚养问题产生分歧，黄某诉至法院，经法院调解，黄甲归母亲黄某抚养，黄甲父亲徐某每月补贴抚育费 600 元，直至黄甲 18 周岁为止。2021 年 2 月，黄某以自己是文盲，身体欠佳，无经济能力，无稳定居所等不利于黄甲成长为由，再次起诉到法院，要求解除自己对黄甲的抚养关系。

【法官讲法】

本案中，黄甲系黄某与徐某的非婚生子女。所谓非婚生子女是指没有婚姻关系的男女所生的子女。包括未婚男女所生子女或已婚男女与第三方所生子女。我国法律规定非婚生子女与婚生子女的法律地位是相同的，父母子女间的权利义务同样适用于非婚生子女。父母与子女之间的关系是因血亲而形成的，所以无论父母方是合法夫妻，还是非法两性关系所生子女，所生育的孩子在权利义务上都同样受到法律的保护。非婚生子女无论由父或母任何一方直接抚养，仍是父母双方的子女。

但在现实生活中，因非婚生子女出生的特殊性，大部分都是在单亲家庭中生活，无论孩子归哪一方抚养，都会或多或少地给孩子带来不利影响，加之社会上仍不同程度存在对非婚生子女的现实歧视等问题，尤其是在一些偏僻保守的地方，对于非婚生子女的歧视非常严重。这些负面影响对非婚生子女的伤害，更多的则需要社会道德领域进行调整与解决，完全依靠、运用法律是难以消除的。法律在确定非婚生子女的抚养权时，只能从有利于子女身心健康、保障子女合法权益的原则出发，结合父母双方的文化水平、经济状况、家庭环境、父母与子女之间的感情等因素确定子女归父方或母方抚养。同时还有一条原则：婚生子女与非婚生子女之间的权利是相同的，即不能因为照顾某一方利益而损害另一方的利益。

本案中，黄某不愿意抚养孩子是没有法律依据的，根据民法典第1068条的规定，父母有教育、保护未成年子女的权利和义务。未成年子女造成他人损害的，父母应当依法承担民事责任。第1071条规定，非婚生子女享有与婚生子女同等的权利，任何组织或者个人不得加以危害和歧视。不直接抚养非婚生子女的生父或者生母，应当负担未成年子女或者不能独立生活的成年子女的抚养费。据此，黄某对黄甲的抚养责任不可推卸。

【法条指引】

中华人民共和国民法典

第一千零六十八条 父母有教育、保护未成年子女的权利和义务。未成年子女造成他人损害的，父母应当依法承担民事责任。

第一千零七十一条　非婚生子女享有与婚生子女同等的权利，任何组织或者个人不得加以危害和歧视。

不直接抚养非婚生子女的生父或者生母，应当负担未成年子女或者不能独立生活的成年子女的抚养费。

11. 离婚后起诉要求变更子女抚养权，能否获得支持？

【维权要点】

离婚后为变更抚养权而再上法庭的案件并不少见，为了孩子的利益着想，变更抚养权在某些情况下是必需的。那么，什么情况下可以变更抚养权呢？根据我国相关法律的规定，夫妻离婚后的任何时间内，一方或双方的情况或抚养能力发生较大变化，均可提出变更子女抚养权的要求。变更子女抚养权一般先由双方协商确定，如协议不成，可通过诉讼请求人民法院判决变更。

【典型案例】

刘某（男）与王某（女）因感情不和，经法院判决离婚，当时 12 岁的女儿刘某某被判决随刘某生活，王某每月探视一次。由于刘某常年在外地工作，刘某某一直与刘某的父母生活，作为中学老师的王某也按判决承担了相应的抚育费。王某见刘某不能与女儿共同生活，产生了将女儿的抚养权变更为自己的想法，刘某及刘某某的爷爷奶奶则坚决不同意变更。在协商不成的情况下，王某向法院起诉。在法院庭审过程中，刘某某表示愿意同妈妈王某一起生活。在案件的审理过程中，存在两种不同的意见：一种意见认为，刘某尽管在外地工作，虽不能一直与刘某某在一起，但这只是工作所需，也是生活所迫，刘某的父母自愿为刘某尽心照顾刘某某，这种照顾对她的身心健康并无不利之处，刘某已经尽到了抚养教育的义务，所以王某并无正当理由诉请变更抚养关系。另一种意见认为，父母是抚养教育未成年子女的权利人和义务人，祖父母不能替代父母行使抚养教育的义务。刘某在具备与刘某某共同生活的条件下不与女儿共同生活，其未充分尽到抚养教育的义务，而王某则有条件与刘某某共同生活，对她的身心健康更为有利，所以对王某的变更抚养关系的请求应当支持。

【法官讲法】

《民法典婚姻家庭编司法解释（一）》第55条规定："离婚后，父母一方要求变更子女抚养关系的，或者子女要求增加抚养费的，应当另行提起诉讼。"因此，王某与刘某离婚后就孩子变更抚养关系问题协商不成，有权起诉至法院。那么法院是否会支持王某变更孩子抚养关系的请求呢？《民法典婚姻家庭编司法解释（一）》第56条明确规定，具有下列情形之一，父母一方要求变更子女抚养关系的，人民法院应予支持：（1）与子女共同生活的一方因患严重疾病或者因伤残无力继续抚养子女；（2）与子女共同生活的一方不尽抚养义务或有虐待子女行为，或者其与子女共同生活对子女身心健康确有不利影响；（3）已满八周岁的子女，愿随另一方生活，该方又有抚养能力；（4）有其他正当理由需要变更。结合本案可以从三个方面进行分析：

第一，刘某某已满8周岁，应当尊重其个人意愿。依据《民法典婚姻家庭编司法解释（一）》第56条第3项规定，"已满八周岁的子女，愿随另一方生活，该方又有抚养能力"的父母要求变更子女抚养关系的，人民法院应予支持。本案中刘某某有与母亲王某共同生活的愿望。作为一个成长发育的女孩，随母亲共同生活对其成长会更有利，更为方便。原告王某有稳定的工作和收入，有足以给女儿接受良好教育的经济基础；王某身为中学教师，具有教学育人的经验，能够科学地教育培养女儿，不会产生祖父母隔代抚养可能存在的不利因素；同时，王某每天有时间和女儿在一起交流，能给女儿完整的母爱。

第二，法律规定对未成年人承担抚养、教育义务第一位的主体是未成年人的父母，而不是第三人（包括祖父母）。父母对子女有抚养教育的义务；父母有管教和保护未成年子女的权利和义务。我国民法典第1084条第1款、第2款规定："父母与子女间的关系，不因父母离婚而消除。离婚后，子女无论由父或者母直接抚养，仍是父母双方的子女。离婚后，父母对于子女仍有抚养、教育、保护的权利和义务。"按此规定，父母虽解除婚姻关系，但抚养、教育子女仍是父母应尽的义务，又是子女应当享有的权利。抚养是指父母从物质上、生活上对子女的养育和照顾，如负担子女的生活费、教育费、医疗费及其他必要的费用，并在生活上给予精心的照料和力所能及的帮助；教育是指父母在思想、品德等方面对子女的全面培养，帮助子女树立正确的人生观，培养良好的品德，使子女沿着正确的方向健康成长。而且父母对未成年子女的抚养教育是无条件的，任何时候都不能免除，除非法律另有规定。所以本案中，作为母亲的王某，对刘某某有抚养教育的义务；作为女儿的刘某某，也应依法享受法律赋予的母亲抚养教育的权利。这种权利义务任何人都不能非法干涉。

民法典第 1068 条规定，"父母有教育、保护未成年子女的权利和义务。未成年子女造成他人损害的，父母应当依法承担民事责任"。所以，父母对未成年子女的管教和保护，既是权利，也是义务。父母是孩子的法定监护人，其有保护、教育子女的权利和义务。父母对子女的保护是指父母有保护子女身心健康和其他合法权益不受侵害的权利和责任，以防止和排除来自自然界的损害和来自他人的侵害。当子女受到伤害、侮辱、拐骗时，有请求损害赔偿权和要求归还子女权。父母对子女的管教是指父母对未成年子女的管理教育。主要是指父母对子女的日常生活加以必要的约束和规范，使子女的行为符合法律和道德的要求，使子女树立正确的人生观，努力学习科学文化知识，成为对国家、对人民有用的人。父母没有管教好子女，子女造成他人损害的，由父母依法承担赔偿责任。凡未成年人造成他人损害的，其父母都有义务对受损害方给予赔偿。离婚后，子女无论由父亲还是由母亲抚养，仍是父母双方的子女。所以，本案中对刘某某的抚养、教育和保护的权利义务始终在父母，法律并没有赋予第三人享有同样的权利和义务。

第三，被告刘某作为共同生活的一方未尽到完全抚养与教育的义务。抚养、教育和保护并不仅仅指物质、经济上的给予，更多的是身心的培育和引导。孩子来到世界上，父母有责任让其健康地成长，这是作为父母对社会的责任及应尽的义务。作为孩子，她也有权利得到父亲、母亲双方的关爱与教育。在她的成长过程中，只能得到母亲一方或父亲一方的爱和教育，得不到另一方的爱和教育，对小孩的身心健康都是不利的和有缺陷的。本案中，刘某常年在外地工作，即使女儿有生病或学习上的紧急情况，刘某也无法给予及时的关爱。而刘某的父母帮忙性质的抚养不能替代刘某给予刘某某的父爱，更不能替代母爱。如果刘某的父母坚持由自己抚养教育刘某某，不仅是对王某抚养和教育女儿权利的侵犯，更是对刘某某接受父母双方抚养教育权利的剥夺。

通过以上分析，我们认为根据民法典及司法解释的规定，本案中酌情将刘某某变更为由王某抚养，刘某承担相应的抚养费用更为妥当。

【法条指引】

最高人民法院关于适用《中华人民共和国民法典》婚姻家庭编的解释（一）

第五十五条 离婚后，父母一方要求变更子女抚养关系的，或者子女要求增加抚养费的，应当另行提起诉讼。

第五十六条 具有下列情形之一，父母一方要求变更子女抚养关系的，人民法院应予支持：

（一）与子女共同生活的一方因患严重疾病或者因伤残无力继续抚养子女；

（二）与子女共同生活的一方不尽抚养义务或有虐待子女行为，或者其与子女共同生活对子女身心健康确有不利影响；

（三）已满八周岁的子女，愿随另一方生活，该方又有抚养能力；

（四）有其他正当理由需要变更。

第五十七条 父母双方协议变更子女抚养关系的，人民法院应予支持。

12. 成年子女因经济困难起诉未共同生活的父亲垫付学费的，能否得到支持？

【维权要点】

已满18周岁的成年子女属于完全民事行为能力人，父母没有经济能力或父母不愿意支付子女高等教育学费的，子女非因丧失、部分丧失劳动能力等原因而无法维持正常生活的，成年子女便无权利要求父母必须支付。

【典型案例】

华某2001年5月出生，父母因感情不和于2018年离婚，华某与母亲共同生活。2020 年 7 月，华某考入某大学，每年学费 6000 元。2021 年新学年开始，华某向法院提起诉讼，认为母亲收入较少，依靠母亲难以完全满足自己上学所需的生活费及教育费。故要求其父华某某每月垫付生活费 500 元，并垫付每年学费 6000 元。华某某每月收入 2000 余元。在案件的审理过程中，存在两种不同的意见：一种意见认为，父母抚养子女是法定的义务，华某目前尚在学校就读，因此他的父亲当然有义务支付他的教育费用以及生活费用；另一种意见认为，华某已经年满 18 周岁，属于成年人，作为成年人的父母已经无须承担教育费用，但可以适当给予生活费用。

【法官讲法】

我国民法典第 1067 条第 1 款规定："父母不履行抚养义务的，未成年子女或者不能独立生活的成年子女，有要求父母给付抚养费的权利。"第 17 条规定："十八周岁以上的自然人为成年人。不满十八周岁的自然人为未成年人。"因此，抚养费一般给付至子女 18 周岁为止。18 周岁以上的公民是成年人，具有完全民事行为能力，可以独立进行民事活动，是完全民事行为能力人。16 周岁以上不满 18 周岁的公民，以自己的劳动收入为主要生活来源的，也视为完全民事行为能力人。

那么如何理解"不能独立生活的子女"呢？《民法典婚姻家庭编司法解释（一）》第 41 条规定："尚在校接受高中及其以下学历教育，或者丧失、部分丧失劳动能力等非因主观原因而无法维持正常生活的成年子女，可以认定为民法典第一千零六十七条规定的'不能独立生活的成年子女'。"该条款对以往"不能独立生活的成年子女"进一步予以了明确，是指尚在校接受高中及其以下学历教育的学生。高中以上属于高等教育，如大学生、研究生、博士生等，虽然从提高国民素质的角度出发，国家提倡和鼓励子女接受高等教育，但父母不具有必须给付的法定义务。

我国高等教育的经费是以财政拨款为主，其他渠道筹措为辅的体制，这种情况下，高等学府就会向接受高等教育的学生收取一定的学费。18 周岁以上的成年子女，属于完全民事行为能力人，其与父母处于同等的民事主体地位。在父母有经济能力的情况下，父母自愿给付的，法律不加以限制，但父母没有经济能力或父母不愿意支付其高等教育的学费，已满 18 周岁的成年子女便无权要求父母必须支付。

本案中，华某现已年满 18 周岁，且不存在丧失、部分丧失劳动能力等情况，故无论从生理还是心理角度出发，其已基本具备了独立生活的能力和条件，应以自己的劳动收入来维持生活和继续学业，送子女上大学并非父母的法定义务。因此，法院对华某的诉讼请求不予支持。但华某某作为父亲可以适当给付华某一定的生活费用。

【法条指引】

中华人民共和国民法典

第十七条　十八周岁以上的自然人为成年人。不满十八周岁的自然人为未成年人。

第一千零六十七条　父母不履行抚养义务的，未成年子女或者不能独立生活的成年子女，有要求父母给付抚养费的权利。

成年子女不履行赡养义务的，缺乏劳动能力或者生活困难的父母，有要求成年子女给付赡养费的权利。

最高人民法院关于适用《中华人民共和国民法典》婚姻家庭编的解释（一）

第四十一条　尚在校接受高中及其以下学历教育，或者丧失、部分丧失劳动能力等非因主观原因而无法维持正常生活的成年子女，可以认定为民法典第一千零六十七条规定的"不能独立生活的成年子女"。

13. 生父死亡后，继母能否要求生母抚养继子女？

【维权要点】

生父母对生子女的权利义务关系是基于血缘关系而产生的一种法律关系，这种基础决定了生父母对生子女是第一位的亲等、亲权关系，当其他等级的关系与第一位的关系发生冲突时，第一位关系具有法律上的优势地位。而继父母与继子女是基于姻亲关系而发生的一种事实上的抚养关系，继父母对继子女没有第一位的抚养权，相应地也没有第一位的抚养义务。该义务应当由对继子女处于第一位的法律关系，拥有第一位的抚养权的生父母承担。因此，生父（母）死亡后，继母（父）可以提起领回之诉，要求孩子的生母（父）将孩子领回抚养。

【典型案例】

雷某（男）与王某（女）于2019年结婚。雷某某（雷某与前妻所生之子）与两人共同生活。婚后，雷某与王某未生育子女。在生活和学习上，王某对雷某某悉心照顾，家庭关系比较融洽。2021年10月，雷某因患急病突然去世。王某经再三考虑，觉得抚养雷某某，自己的生活和再婚都会受到影响，遂向雷某某的生母张某提出由其将雷某某领回抚养。张某认为，王某与雷某结婚之后，与雷某某形成了继父母子女间的抚养关系。该抚养关系不随雷某的死亡而解除。同时，自己也已再婚，并生育了子女，生活条件较为困难，无力再抚养雷某某。双方未达成一致，王某向人民法院提起诉讼。

在本案的审理过程中，有两种不同的意见：一种意见认为，雷某与张某离婚之后，雷某某与生父雷某和继母王某共同生活。在长期的共同生活中，双方形成了事实上的抚养关系。根据民法典的规定，继父或者继母和受其抚养教育的继子女间的权利义务关系，适用民法典关于父母子女关系的规定。王某与雷某某的继母子关系不随雷某的死亡而终止。同时，张某也已再婚并且生育了子女，生活条件较为困难，无力再抚养雷某某。综合考虑各方面的客观情况，从有利于未成年人成长出发，不应当变更雷某某的抚养关系。雷某某应当继续由王某抚养。另一种意见认为，雷某某与王某没有血缘关系，两人是基于姻亲关系而形成的继母子关系。在雷某死亡后，该关系随之消灭，雷某某应当由其生母张某抚养。因为张某与雷某某是基于血缘关系而形成的母子关系，该关系不因张某与雷某离婚而解除。作为第一位的亲人，张某对雷某某有第一位的抚养义务。所以，王某的诉讼请求应当予以支持。

【法官讲法】

民法典第1072条规定："继父母与继子女间，不得虐待或者歧视。继父或者继母和受其抚养教育的继子女间的权利义务关系，适用本法关于父母子女关系的规定。"此条规定的是继父母与继子女之间的权利义务关系，而不是继父或继母与继子女的生母或生父之间的关系。继父母与继子女之间的这种权利义务关系与生父母与生子女之间的权利义务关系仅仅是同种类的关系，不发生替代、混同的问题。因此，不可能基于该规定而赋予继父母向继子女的生父或生母提起变更抚养关系的诉权。

在本案中，张某作为生母，以自己的抚养条件不如继母王某，抗辩王某依血亲关系提起的主张，就出现了抗辩不当的矛盾，张某的这种抗辩只能是对子女的生父提起的。从法律上看，生父母对生子女的权利义务关系是基于血缘关系而产生的一种法律关系，这种基础决定了生父母对生子女是第一位的亲等、亲权关系，当其他等级的关系与第一位的关系发生冲突时，第一位关系具有法律上的优势地位，从而应获得法律的支持。这就是生父母在与公婆、岳父母或其他亲属争夺子女时，总能胜诉的根本原因。而继父母与继子女是基于姻亲关系而发生的一种事实上的抚养关系，当姻亲关系与血缘关系、事实关系与法律关系发生冲突时，当然是后者更应当得到法律强有力的保护。审判实践中，对一些因重大误解错将他人子女当作自己子女抚养、子女要求确认生父等纠纷的处理，也都是本着血缘关系第一的原则，来纠正错误和确认生父母应当承担对子女的抚养义务。从另一个角度考虑，如果在本案中生母张某作为原告，要求从继母王某处领回自己的儿子，王某有何种理由能够拒绝？如果是雷某某也要求回到生母身边生活，王某又有何种理由予以阻拦？继母与生母之间不存在抚养关系，继母也不能向生母主张抚养权。

由上可见，民法典第1072条第2款规定的"继父或者继母和受其抚养教育的继子女间的权利义务关系"，是继子女随继父或继母共同生活期间，继父或继母对继子女"不得虐待或歧视"和应予抚养教育的义务；继父或继母因对继子女履行了抚养教育的义务，在继子女成年后，自己丧失劳动能力需要扶养时，可要求该继子女予以扶养。这里贯彻的是权利义务相一致的原则。从该条规定中解释不出继父母对继子女有如同生父母的抚养权，从而使继父母处于与生父母对生子女相同的法律地位。依据权利义务相一致的原则，既然继父母对继子女没有第一位的抚养权，也就没有第一位的抚养义务。该义务应当由对继子女处于第一位的法律关系、拥有第一位抚养权的生父母承担。所以，在本案中，王某以亲权关系的领回之诉，于法有据，应当予以支持。雷某某应当由其生母领回抚养。

【法条指引】

最高人民法院关于适用《中华人民共和国民法典》婚姻家庭编的解释（一）

第五十四条　生父与继母离婚或者生母与继父离婚时，对曾受其抚养教育的继子女，继父或者继母不同意继续抚养的，仍应由生父或者生母抚养。

14. 经济困难的，离婚协议约定的抚养费能否暂缓给付?

【维权要点】

离婚后，父母对子女的抚养费包括生活费、教育费、医疗费等费用。一方经济困难暂时无力支付的，可由双方当事人协商暂缓或减少其分担的份额。如果另一方坚持平等分担该项费用或要求立即给付的，可视情况准许经济困难方承担适当的份额或以财物冲抵。

【典型案例】

覃某（男）与孙某（女）于 2013 年结婚。婚后，育有一子覃某某。由于覃某与孙某的个性都较强，两人经常因生活琐事发生争吵，最后发展到动手厮打。2016 年 5 月，覃某与孙某协议离婚。在离婚协议中，双方约定：覃某某由孙某抚养。覃某每月给付 800 元抚养费。离婚后，覃某并未按约定给付抚养费。2021 年 8 月，覃某某因急性肺炎住院治疗，先后花去医药费 7000 余元。孙某无力独自负担，要求覃某分担一部分医疗费用。覃某以自己刚刚下岗，没有经济来源为由，拒绝负担。孙某向人民法院提起诉讼，要求覃某按约定给付覃某某抚养费并分担覃某某住院治疗的费用。

在本案的审理过程中，有三种不同的意见：第一种意见认为，覃某与孙某离婚时，就子女今后抚养费的负担问题达成了协议。该协议是当事人双方自愿达成的，双方应当按照协议履行自己的义务。因此，子女的抚养费应依离婚协议中的约定给付。根据离婚协议中的约定，覃某每月给付覃某某 800 元生活费。除此之外的其他费用，孙某无权要求覃某给付。第二种意见认为，覃某目前处于下岗状态，没有经济来源，无力承担覃某某的抚养费。根据有关司法解释的规定，离婚后，父母对子女的生活费和教育费的负担，可以根据子女的实际需要、父母的负担能力和当地的生活水平确定。所以，在本案中，覃某某的抚养费应当暂缓给付或者予以减免。第三种意见认为，根据民法典的规定，父母有抚养和教育子女的义务。离婚后，一方抚养子女的，另一方应负担部分或者全部抚养费。在本案中，覃某应当按照离婚协议的约定，承担覃某某的抚养费。根据《民法典婚姻家庭编司法解释（一）》第42条规定，抚养费包括子女的生活费、教育费、医疗费等费用。由于医疗费的支出是无法预见的，当事人在离婚协议中虽然没有约定，但不能就此而免除其给付的义务。对覃某某的医疗费，覃某应当分担。考虑到覃某刚刚下岗，没有经济收入，上述费用可以暂缓给付或者先给付一部分。

【法官讲法】

民法典第1084条规定，离婚后，父母对于子女仍有抚养、教育、保护的权利和义务。一方抚养子女的，另一方应当负担部分或者全部抚养费。负担费用的多少和期限的长短，由双方协议；协议不成的，由人民法院判决。《民法典婚姻家庭编司法解释（一）》第49条规定，抚养费的数额，可以根据子女的实际需要、父母双方的负担能力和当地的实际生活水平确定。有固定收入的，抚养费一般可以按其月总收入的百分之二十至三十的比例给付。负担两个以上子女抚养费的，比例可以适当提高，但一般不得超过月总收入的百分之五十。无固定收入的，抚养费的数额可以依据当年总收入或者同行业平均收入，参照上述比例确定。有特殊情况的，可以适当提高或者降低上述比例。如父母收入较低的，可适当降低上述比例；子女伤、残或因其他原因开支较大的，可适当提高上述比例。抚养费的给付方式包括：定期给付、一次性给付、以财物折抵（一方无经济收入或下落不明的情况下）。父母双方也可以约定子女随一方生活并由抚养方负担全部抚养费。抚养费给付的期限，一般至子女18周岁为止。16周岁以上不满18周岁，以其劳动收入为主要生活来源，并能维持当地一般生活水平的，父母可停止给付抚养费。父母一方无经济收入或者下落不明的，可以用其财物折抵抚养费。民法典第1067

条第1款规定，父母不履行抚养义务的，未成年子女或者不能独立生活的成年子女，有要求父母给付抚养费的权利。通过上述规定可以看出，即便子女已满18周岁，但不能独立生活，该成年子女仍有要求父母给付抚养费的权利。《民法典婚姻家庭编司法解释（一）》第41条对"不能独立生活的成年子女"进行了明确，是指"尚在校接受高中及其以下学历教育，或者丧失、部分丧失劳动能力等非因主观原因而无法维持正常生活的成年子女"。

在本案中，覃某与孙某离婚时，就子女抚养费的承担问题达成了协议，约定由覃某每月给付覃某某的生活费800元。覃某应当按照协议履行。由于其刚刚下岗，没有经济收入，经对方同意可以暂缓给付或重新商定抚养费的数额。如果抚养方坚持覃某按协议履行抚养子女义务的，可以覃某的其他财产折价补偿。至于覃某某住院治疗的医药费，按照《民法典婚姻家庭编司法解释（一）》第42条的规定，抚养费包括生活费、教育费、医疗费等费用。在覃某和孙某的离婚协议中，虽未就医疗费的分担问题进行约定，但支付医疗费是覃某应当承担的抚养子女义务的一部分。只要当事人双方未明确约定免除一方的相应义务，或虽有约定但承担义务的一方确实无力承担，对方就应当分担该义务。在本案中，覃某某的医疗费应当由覃某与孙某分担。如果覃某暂时无力支付，可由当事人协商暂缓或减少其分担的份额。如果孙某坚持平等分担该项费用或要求覃某立即给付的，可视情况准许覃某承担适当的份额或以财物冲抵。

【法条指引】

中华人民共和国民法典

第一千零六十七条　父母不履行抚养义务的，未成年子女或者不能独立生活的成年子女，有要求父母给付抚养费的权利。

......

第一千零八十五条　离婚后，子女由一方直接抚养的，另一方应当负担部分或者全部抚养费。负担费用的多少和期限的长短，由双方协议；协议不成的，由人民法院判决。

......

最高人民法院关于适用《中华人民共和国民法典》
婚姻家庭编的解释（一）

第四十一条 尚在校接受高中及其以下学历教育，或者丧失、部分丧失劳动能力等非因主观原因而无法维持正常生活的成年子女，可以认定为民法典第一千零六十七条规定的"不能独立生活的成年子女"。

第四十二条 民法典第一千零六十七条所称"抚养费"，包括子女生活费、教育费、医疗费等费用。

第四十九条 抚养费的数额，可以根据子女的实际需要、父母双方的负担能力和当地的实际生活水平确定。

有固定收入的，抚养费一般可以按其月总收入的百分之二十至三十的比例给付。负担两个以上子女抚养费的，比例可以适当提高，但一般不得超过月总收入的百分之五十。

无固定收入的，抚养费的数额可以依据当年总收入或者同行业平均收入，参照上述比例确定。

有特殊情况的，可以适当提高或者降低上述比例。

第五十条 抚养费应当定期给付，有条件的可以一次性给付。

第五十一条 父母一方无经济收入或者下落不明的，可以用其财物折抵抚养费。

第五十二条 父母双方可以协议由一方直接抚养子女并由直接抚养方负担子女全部抚养费。但是，直接抚养方的抚养能力明显不能保障子女所需费用，影响子女健康成长的，人民法院不予支持。

第五十三条 抚养费的给付期限，一般至子女十八周岁为止。

十六周岁以上不满十八周岁，以其劳动收入为主要生活来源，并能维持当地一般生活水平的，父母可以停止给付抚养费。

15. 离婚后一方带着孩子生活，可否因孩子生病要求增加抚养费？

【维权要点】

即便男女双方在离婚协议中约定了子女抚养费的分担数额，但如果因子女患病、上学，实际需要已超过原定数额的，抚养孩子的一方可以向人民法院提起诉讼，要求对方增加抚养费。人民法院应根据原告起诉的理由，调查了解双方经济情况有无变化，子女的抚养费是否确有增加的必要，从而作出变更或维持原协议的判决。

【典型案例】

2016 年 10 月，凌某同高某因感情破裂，向婚姻登记部门申请离婚并领取了离婚证。双方约定，6 岁的女儿凌某某归高某抚养，并由凌某每月支付 500 元的生活费。高某离婚后没有再婚，同女儿仅靠每月 1000 元的收入维持生活，随着物价上涨，凌某某的生活费、教育费日益增加，高某生活非常拮据，已经很难保障凌某某所需的费用，而且雪上加霜的是凌某某还患上了慢性支气管炎，需要到医院进行治疗。无奈之下，高某便向凌某请求帮助，但是凌某认为，当初已经约定好了每月给付 500 元，自己已经尽到了义务，其余的应该由高某想办法。为此，高某于 2021 年 3 月以凌某某法定代理人的身份起诉至法院，要求凌某增加抚养费。

在本案的审理过程中，有两种不同的意见：一种意见认为，离婚后，高某取得了孩子的直接抚养权，自然也应该承担更大的义务。凌某已按离婚协议每月支付了 500 元的生活费，除非其自愿，否则不应再承担额外的费用。另一种意见认为，离婚后，父和母都有抚养和教育孩子的权利和义务。抚养费包括生活费、教育费和医疗费等费用。本案中，凌某每月支付的 500 元仅是生活费，对孩子的现实需求特别是治疗疾病而言明显是不足的。凌某应该增加对凌某某的抚养费，并且应当承担一部分医药费。

【法官讲法】

我国民法典第 1084 条第 1 款、第 2 款规定："父母与子女间的关系，不因父母离婚而消除。离婚后，子女无论由父或者母直接抚养，仍是父母双方的子女。离婚后，父母对于子女仍有抚养、教育、保护的权利和义务。"因此，父母双方离婚后，无论子女跟随哪一方生活，仍然是父母双方的子女，除非经过父母双方同意，子女被他人收养，否则父母之间的权利义务关系不会自然消除。

支付子女抚养费是父母对未成年子女履行抚养义务的一种方式，父母对未成年子女的抚养是法定的、无条件的，父母必须履行。我国民法典第 1085 条第 1 款规定："离婚后，子女由一方直接抚养的，另一方应当负担部分或者全部抚养费。负担费用的多少和期限的长短，由双方协议；协议不成的，由人民法院判决。"通常只有当父母完全丧失劳动能力而又没有其他生活来源时，才能免除父母的抚养义务，其他任何理由均不构成不负担子女抚养费的法定事由。

离婚协议规定一方不负担子女抚养费的，经过一段时间后，抚养孩子的一方有权向人民法院提起诉讼，请求另一方支付抚养费。《民法典婚姻家庭编司法解释（一）》第58条关于抚养费变更问题作出规定：（1）原定抚养费数额不足以维持当地实际生活水平；（2）因子女患病、上学，实际需要已超过原定数额；（3）有其他正当理由应当增加。具有上述情形之一，子女要求有负担能力的父或者母增加抚养费的，人民法院应予支持。在本案中，高某及凌某某的生活状况较高某同凌某离婚时发生了很大的变化，高某一个月仅有1000元的收入，凌某某的生活费、教育费和医疗费没有保障。高某和凌某虽然已经离婚，但是凌某同凌某某的父女关系并没有消除，凌某仍然有抚养凌某某的法定义务。凌某借口说抚养费已经约定好了，自己没有义务增加，这是没有法律依据的，因此法院应当判决凌某适当增加凌某某的抚养费。

父母对自己孩子的抚养义务是法定的，是无条件的，不因夫妻身份关系的变化而变化。孩子的生活费、教育费和医疗费等必须由父母双方承担，无论承担的比例和方式如何，孩子的生活和教育必须得到保障。在本案中，作为父亲的凌某应该增加对凌某某的生活费，并且应当承担一部分医药费，考虑到诉讼的时间比较长，高某在起诉的同时还可以申请法院裁定先予执行。我国民事诉讼法第109条第1项明确规定，对追索抚养费、医疗费用的，可以申请法院裁定先予执行。

【法条指引】

中华人民共和国民法典

第一千零八十五条 离婚后，子女由一方直接抚养的，另一方应当负担部分或者全部抚养费。负担费用的多少和期限的长短，由双方协议；协议不成的，由人民法院判决。

前款规定的协议或者判决，不妨碍子女在必要时向父母任何一方提出超过协议或者判决原定数额的合理要求。

最高人民法院关于适用《中华人民共和国民法典》 婚姻家庭编的解释（一）

第五十八条 具有下列情形之一，子女要求有负担能力的父或者母增加抚养费的，人民法院应予支持：

（一）原定抚养费数额不足以维持当地实际生活水平；

（二）因子女患病、上学，实际需要已超过原定数额；

（三）有其他正当理由应当增加。

中华人民共和国民事诉讼法

第一百零九条 人民法院对下列案件，根据当事人的申请，可以裁定先予执行：

（一）追索赡养费、扶养费、抚养费、抚恤金、医疗费用的；

（二）追索劳动报酬的；

（三）因情况紧急需要先予执行的。

16. 未成年人的母亲尚健在，村委会可以指定其他近亲属作为监护人吗?

【维权要点】

只有在未成年人的父母死亡或丧失监护能力，或者父母因实施严重损害被监护人身心健康的行为、怠于履行监护职责导致子女处于危困状态等行为，经人民法院依法撤销了监护人资格，才能由未成年人父母以外有监护能力的个人或组织按照法定顺序担任监护人。对监护人的确定有争议的，才能由监护人住所地的居民委员会、村民委员会或者民政部门指定监护人。因此，未成年人的母亲健在且无上述情况出现的，村委会指定其他监护人的行为是没有法律效力的。

【典型案例】

2020 年 4 月，章某（9 岁）的父亲在车祸中丧生。在父亲死后，章某和母亲安某相依为命。2020 年 9 月，出于生计，安某外出打工，将章某交给祖父母章甲夫妇照顾。安某在外出打工期间结识了谭某并同居。章甲夫妇在得知这一情况后，便不再让安某接触章某。安某只好经常到章某的学校探望章某，并给其购买衣物。2021 年 5 月，章甲夫妇和安某就章某的监护问题发生纠纷，双方都请求章某住所地的村民委员会指定自己为章某的监护人。同年 6 月，村民委员会指定章甲夫妇为章某的监护人。安某得知此情况后，遂起诉至人民法院，请求法院依法撤销村民委员会的指定。

【法官讲法】

民法典第 27 条规定："父母是未成年子女的监护人。未成年人的父母已经死亡或者没有监护能力的，由下列有监护能力的人按顺序担任监护人：（一）祖父母、外祖父母；（二）兄、姐；（三）其他愿意担任监护人的个人或者组织，但是须经未成年人住所地的居民委员会、村民委员会或者民政部门同意。"第 31 条规定："对监护人的确定有争议的，由被监护人住所地的居民委员会、村民委员会或者民政部门指定监护人，有关当事人对指定不服的，可以向人民法院申请指定监护人；有关当事人也可以直接向人民法院申请指定监护人。居民委员会、村民委员会、民政部门或者人民法院应当尊重被监护人的真实意愿，按照最有利于被监护人的原则在依法具有监护资格的人中指定监护人。依据本条第一款规定指定监护人前，被监护人的人身权利、财产权利以及其他合法权益处于无人保护状态的，由被监护人住所地的居民委员会、村民委员会、法律规定的有关组织或者民政部门担任临时监护人。监护人被指定后，不得擅自变更；擅自变更的，不免除被指定的监护人的责任。"从以上法律规定来看，未成年人的法定监护人首先是父母。在本案中，安某作为章某的亲生母亲，享有当然的法定监护权，这是不容置疑的。那么，在章某的父亲死亡后，安某与他人同居的情况下，安某的法定监护权是否丧失呢？民法典第 36 条第 1 款规定："监护人有下列情形之一的，人民法院根据有关个人或者组织的申请，撤销其监护人资格，安排必要的临时监护措施，并按照最有利于被监护人的原则依法指定监护人：（一）实施严重损害被监护人身心健康的行为；（二）怠于履行监护职责，或者无法履行监护职责且拒绝将监护职责部分或者全部委托给他人，导致被监护人处于危困状态；（三）实施严重侵害被监护人合法权益的其他行为。"第 39 条规定："有下列情形之一的，监护关系终止：（一）被监护人取得或者恢复完全民事行为能力；（二）监护人丧失监护能力；（三）被监护人或者监护人死亡；（四）人民法院认定监护关系终止的其他情形。监护关系终止后，被监护人仍然需要监护的，应当依法另行确定监护人。"就本案而言，作为章某母亲的安某，并无上述需要撤销监护资格和监护关系终止的情形。章某的父亲死亡后，其母亲安某和章某相依为命共同生活，并承担着抚养、教育、保护章某人身财产合法权益不受侵犯的监督和保护的义务。后为了生活出外打工，让章某与章甲夫妇共同生活，应视为监护权的委托，并且为了生计外出打工是监护权委托他人行使的正当理由。受委托人代理监护人履行监护职责，安某作为监护人的地位并未改变。安某外出打工与他人同居，并不存在对章某担任监护人明显不利的情形，且在章甲夫妇阻挠安某履行监护职责时，安某仍然积极主动地到章某所在学校探望章某，为其购买衣物。可见，安某一直在积极正当地履行监护职责，也没有明确表示放弃监护权。

同时，父母对未成年人的监护权也是法律所不允许放弃的。民法典第1068条规定："父母有教育、保护未成年子女的权利和义务。未成年子女造成他人损害的，父母应当依法承担民事责任。"第1042条第3款规定："禁止家庭暴力。禁止家庭成员间的虐待和遗弃。"从以上法律规定可以看出，法律禁止遗弃家庭成员，本案中安某没有放弃对章某的监护权，也不能自行放弃监护权。因此，安某的监护权并没有丧失，安某仍是章某的合法监护人。因此，村委会指定监护人的法定条件并没有发生，村委会指定章甲夫妇作为章某监护人的行为无法律效力。

【法条指引】

中华人民共和国民法典

第二十七条　父母是未成年子女的监护人。

未成年人的父母已经死亡或者没有监护能力的，由下列有监护能力的人按顺序担任监护人：

（一）祖父母、外祖父母；

（二）兄、姐；

（三）其他愿意担任监护人的个人或者组织，但是须经未成年人住所地的居民委员会、村民委员会或者民政部门同意。

第三十一条 对监护人的确定有争议的，由被监护人住所地的居民委员会、村民委员会或者民政部门指定监护人，有关当事人对指定不服的，可以向人民法院申请指定监护人；有关当事人也可以直接向人民法院申请指定监护人。

居民委员会、村民委员会、民政部门或者人民法院应当尊重被监护人的真实意愿，按照最有利于被监护人的原则在依法具有监护资格的人中指定监护人。

依据本条第一款规定指定监护人前，被监护人的人身权利、财产权利以及其他合法权益处于无人保护状态的，由被监护人住所地的居民委员会、村民委员会、法律规定的有关组织或者民政部门担任临时监护人。

监护人被指定后，不得擅自变更；擅自变更的，不免除被指定的监护人的责任。

第三十六条 监护人有下列情形之一的，人民法院根据有关个人或者组织的申请，撤销其监护人资格，安排必要的临时监护措施，并按照最有利于被监护人的原则依法指定监护人：

（一）实施严重损害被监护人身心健康的行为；

（二）怠于履行监护职责，或者无法履行监护职责且拒绝将监护职责部分或者全部委托给他人，导致被监护人处于危困状态；

（三）实施严重侵害被监护人合法权益的其他行为。

……

第三十九条 有下列情形之一的，监护关系终止：

（一）被监护人取得或者恢复完全民事行为能力；

（二）监护人丧失监护能力；

（三）被监护人或者监护人死亡；

（四）人民法院认定监护关系终止的其他情形。

监护关系终止后，被监护人仍然需要监护的，应当依法另行确定监护人。

第一千零四十二条 禁止包办、买卖婚姻和其他干涉婚姻自由的行为。禁止借婚姻索取财物。

禁止重婚。禁止有配偶者与他人同居。

禁止家庭暴力。禁止家庭成员间的虐待和遗弃。

17. 老人是否可以索要儿子离婚前抚养孙子女的一切费用?

【维权要点】

在小孩的父母尚健在且有抚养能力的情况下,祖父母与孙子女不具有法定抚养义务关系,祖父母为儿子、儿媳带养小孩的行为,是默认的无偿行为,属于双方约定中的默示条款。祖父母向儿子儿媳索要带养小孩所支付的生活费,其行为是对其自愿、无偿带养孙子女初衷的反悔,违背了合同约定和法律规定,不能得到法院支持。

【典型案例】

高某是一名农村妇女,其长子杨某于 2014 年与章某结婚,并于 2015 年生育一女名杨某某。2017 年 6 月,高某征得杨某夫妇的同意,带孙女杨某某随自己居住生活,直至 2021 年 6 月。其间,高某多次带杨某某回长子家中,而儿子、儿媳也多次前往高某住处探望杨某某。2021 年 11 月,杨某与章某离婚。从 2021 年 12 月起,杨某某开始跟随母亲生活。2022 年 4 月,高某向法院起诉,要求杨某、章某承担从 2017 年 6 月至 2021 年 11 月间自己抚养杨某某所支付的生活费。

在案件的审理过程中,存在两种不同的意见:一种意见认为,高某是杨某某的祖母,其在杨某某之父母尚健在且有抚养能力的情况下,对杨某某不具有法定的抚养义务,杨某某的法定抚养人是其父母杨某、章某,因而高某看护杨某某所支付的生活费应由其法定抚养人承担。另一种意见认为,虽然高某对其孙女杨某某不具有法定抚养义务,但是其对杨某某的抚养照料,是现实生活中家庭成员之间基于血缘、亲情关系所实施的相互帮助行为,这种行为是经双方协商同意的,对高某来说是自愿的,且是默认的无偿行为。现高某因杨某某之父母离异而起诉,是对其当初自愿、无偿行为的反悔,该反悔并无溯力,不能因为杨某某父母离异而改变当初自愿、无偿照料杨某某的初衷,因而高某的诉讼请求不应得到支持。

【法官讲法】

本案中,高某的诉讼请求是一种给付之诉,该请求的权利基础是债权债务关系。依照我国民法典的有关规定及其原理，债是按照合同的约定或者依照法律的规定，在当事人之间产生的以给付和接受给付为特定内容的权利、义务关系，可因合同行为、侵权行为、不当得利和无因管理4种法律事实而产生。其中，合同之债，是指当事人在平等基础上通过合同设定的债权债务关系；侵权行为之债，是指不法侵害他人的合法权益而产生的赔偿义务；无因管理之债，是指没有法定或者约定的义务，为了避免他人利益受损失而对他人的事务进行管理或者服务的，受益一方有向实施管理或服务行为的一方补偿相关费用的义务；不当得利之债，是指没有合法根据而获利并使他人受损，获利一方有向受损方返还所获利益的义务。

在本案中，对于高某为儿子、儿媳带养小孩的行为，由于双方并未约定要支付带养小孩的生活费，因而不构成合同之债；双方之间也不存在侵权行为，故不构成侵权之债；由于双方是经过协商同意由高某带养杨某某的，因而也不构成无因管理和不当得利之债。为此，高某的诉讼请求不具有请求权的基础，对其诉讼请求应予驳回。

高某为儿子、儿媳带养小孩的行为，是经双方协商同意的，实际上是一种合同约定的行为。根据我国家庭成员之间的亲情和伦理关系，对高某带养孙女杨某某的行为只能认定为默认的无偿行为，属于双方合同中的默示条款。现高某因儿子、儿媳离异，而向杨某某之父母索要带养杨某某所支付的生活费，此行为是对其当初自愿、无偿带养孙女初衷的反悔，也是对双方已经实际履行完毕的合同的任意否定，是违背合同约定和法律规定的，对该行为依法不应支持。综上所述，高某的实体请求既无法律规定的根据，也无双方约定的依据，依法不应得到支持。

【法条指引】

中华人民共和国民法典

第一千零七十四条 有负担能力的祖父母、外祖父母，对于父母已经死亡或者父母无力抚养的未成年孙子女、外孙子女，有抚养的义务。

有负担能力的孙子女、外孙子女，对于子女已经死亡或者子女无力赡养的祖父母、外祖父母，有赡养的义务。

18. 未经允许将他人子女带回家中照顾，能否要求劳动报酬？

【维权要点】

未经他人同意或临时委托，擅自将他人子女带回家中照顾，客观上侵犯了他人对子女的监护权，因此无权就其侵权行为索取劳动报酬。但如果行为人主观上只是为了代孩子父母履行抚养子女的义务，使孩子免受损害，则可以要求孩子父母补偿其为抚养孩子所支出的必要的生活费用。

【典型案例】

朱某（男）与许某（女）于 2014 年结婚。婚后，育有一女朱某某。2020 年，许某因病去世。许某去世后，朱某因工作原因经常出差，无法自己抚养子女，遂请许某的姐姐许某某（无业）到家中照顾孩子。朱某每月付给许某某 2000 元的报酬。此后，朱某与许某某因生活琐事多次发生争吵。2021 年 10 月，许某某趁朱某出差之机，将朱某某带回自己家中。朱某发现后，多次上门找许某某要求接回孩子。许某某均予拒绝。后经亲友调解，许某某同意将孩子还给朱某，但提出要朱某给付自己将孩子接回家中抚养支出的生活费和自己的劳务费。朱某认为许某某未经自己同意，擅自将孩子带走，侵犯了自己对子女的监护权，无权向自己索取劳动报酬。双方经协商，未能达成一致。朱某向人民法院提起诉讼，认为许某某侵犯了自己对子女的监护权。许某某反诉，认为朱某不具有抚养子女的能力，朱某某随其生活对其成长不利，请求人民法院判决朱某某归自己抚养，由朱某支付必要的生活费和劳务费。

在本案的审理过程中，有两种不同的意见：一种意见认为，朱某重男轻女，有遗弃子女的倾向，与照顾子女的许某某经常因琐事发生争吵，是导致此次纠纷发生的主要原因。由朱某继续抚养该子女对未成年人的成长不利，且朱某经常出差，无暇照顾朱某某，不具有抚养子女的能力。朱某某长期与许某某共同生活，由许某某照顾，双方已建立起深厚感情，朱某某随许某某生活对其成长更为有利。所以，朱某某应当继续由许某某抚养。许某某代朱某履行抚养子女的义务，朱某应当给付必要的生活费和劳务费，其中包括此前朱某某在许某某家中生活期间的生活费和相应的劳务费。另一种意见认为，朱某是朱某某的生父，依法是朱某某的法定监护人。根据民法典的规定，朱某有抚养、教育自己子女的权利和义务。因此，朱某的诉讼请求应当予以支持。许某某未经朱某同意，擅自将孩子带走，侵犯了朱某对子女的监护权，无权就其侵权行为索取劳动报酬。许某某为抚养朱某某支出的必要的生活费，是代朱某履行抚养子女的义务，朱某应当予以补偿。

【法官讲法】

我国民法典规定，父母对未成年子女负有抚养、教育和保护的义务。父母是未成年子女的监护人。朱某是未成年人朱某某的生父，是其法定监护人，依法享有对朱某某的监护权，受法律的保护。许某某称朱某不具有抚养子女的能力，朱某某随其生活对其成长不利，请求人民法院判决朱某某归自己抚养，与事实不符，缺乏法律依据。朱某虽然经常出差，无暇照顾朱某某，但并未丧失抚养子女的能力。朱某与照顾子女的许某某经常因琐事发生争吵，但并没有遗弃子女的主观意图和事实。朱某某长期与许某某共同生活，由许某某照顾，双方已建立起一定的感情，但并不能因此而取得对朱某某的监护权。按照民法典第27条第2款的规定，在未成年人的父母已经死亡或者没有监护能力时，其他人才能取得对未成年人的监护权。除非有法定理由，其他任何人是无权和未成年人的父母争夺监护人资格的。将本案定性为侵犯监护权的纠纷，不仅在于生父的监护资格是当然取得的，无须设置，还在于许某某的监护人资格未依法得到任何方面的确认。许某某未得到朱某的同意或临时委托，就擅自将朱某某带走并不予归还，不能不说是侵犯了朱某的监护权。因此，应当直接判决许某某侵犯了朱某的监护权，并立即将朱某某交还朱某。

从侵权的民事责任看，侵权人要承担一定的民事责任，并不能取得因侵权所产生的民事利益。就本案而言，许某某所应承担的民事责任是将朱某某交还给朱某，并不应取得侵权所产生的民事利益，表现为不能因此而取得对朱某某的监护权。至于许某某要求朱某支付其为抚养朱某某而支付的生活费和自己的劳务费，作为未成年人的父母，依法应当承担支付未成年人的生活费用的义务。这种义务不论是自己履行还是他人代为履行，都是存在的。如果他人代为履行了抚养未成年人的义务，就有权向未成年人的父母追索这笔费用。许某某未经朱某同意带走朱某某，虽然侵犯了朱某的监护权，同时又为朱某实际抚养了朱某某。这种行为在性质上类似于无因管理。无因管理是指"没有法定或者约定的义务，为避免他人利益受损害，自愿管理他人事务或为他人提供服务的行为"。管理他人事务或为他人提供服务的人，称管理人；被他人管理事务的人，称本人或受益人。无因管理的构成要件包括：（1）须有管理他人事务的行为。（2）有管理他人事务的意思。（3）无法定的或约定的义务。在无因管理情况下，管理人要承担以下义务：适当管理的义务；通知义务；转移权益的义务。本人要承担以下义务：偿还管理人因管理事务而支付的必要费用的义务；管理人为本人负担必要债务时，本人应清偿债务；管理人因管理事务而遭受直接经济损失时，本人应负责赔偿。[1] 朱某因此而成为受益人，无因管理人许某某有权要求受益人偿付自己因此而支出的必要费用。这笔费用是已经为朱某某的生活实际支出的费用，不是许某某的劳动报酬。即便朱某某由朱某自己抚养，也是要支出这些费用的。所以，这些费用的支出是必然性的要求，朱某有义务支出这些费用，不能说这是许某某因其侵权行为取得的民事利益。许某某无权就自己的无因管理行为要求朱某支付劳务费。在无因管理情况下，无因管理人是没有劳动报酬请求权的。

【法条指引】

中华人民共和国民法典

第二十七条　父母是未成年子女的监护人。

未成年人的父母已经死亡或者没有监护能力的，由下列有监护能力的人按顺序担任监护人：

（一）祖父母、外祖父母；

（二）兄、姐；

（三）其他愿意担任监护人的个人或者组织，但是须经未成年人住所地的居民委员会、村民委员会或者民政部门同意。

---

[1]　黄名述、黄维惠主编：《民法学》，中国检察出版社 2002 年版，第 233—235 页。

19. 亲子鉴定结论能否作为认定亲子关系的依据?

【维权要点】

对亲子关系有异议且有正当理由的,父或者母可以向人民法院提起诉讼,请求确认或者否认亲子关系。所谓亲子鉴定,是应用现代医学和生物学的有关理论和技术,判断父母子女是否亲生关系的技术。亲子鉴定被应用到司法领域,使一些疑难的婚姻家庭纠纷得到科学解决。但亲子鉴定涉及婚姻、家庭、子女人身权利和财产权益,在诉讼中适用应贯彻稳定、谨慎的精神,严格掌握其适用原则。

【典型案例】

钟某(男)与陈某(女)于 2017 年结婚。婚后,生育一子钟某某。结婚后不久,钟某发现妻子与学校的男老师交往频繁,而且表现亲密,经常和同事一起外出游玩,跟自己反倒没有多少共同语言。钟某开始怀疑妻子与他人有不正常男女关系,夫妻之间产生裂痕,经常为此而发生争吵。陈某感到丈夫对自己缺乏信任,干涉自己的社会生活,而且由于钟某文化程度较低,双方没有共同语言。2020 年 6 月,陈某向人民法院起诉离婚。经人民法院调解,双方达成离婚协议,协议约定:婚生子钟某某由陈某抚养,钟某一次性付给陈某 10 万元抚养费。调解协议经双方当事人签字,产生了法律效力。但钟某迟迟没有按照协议的约定支付抚养费。当陈某向钟某索要抚养费时,钟某竟然出言不逊,否认孩子为自己亲生子女。钟某的态度让陈某感到十分气愤,为了维护钟某某的合法权益,陈某于 2021 年 4 月再次向人民法院提起诉讼,请求确认钟某与钟某某之间的亲子关系,责令钟某履行离婚协议约定的抚养义务。在案件的审理过程中,经双方当事人商定,到某研究所对钟某和钟某某进行了亲子鉴定。经血型鉴定,结果表明:钟某的血型具备做钟某某父亲的条件,二者之间存在亲子关系的概率为 99.9%。研究所据此作出鉴定结论:可以认定钟某与钟某某之间存在亲子血缘关系。

在本案的审理过程中,有两种不同的意见:一种意见认为,本案的鉴定结论虽然证明钟某与钟某某之间有亲子关系,但由于没有其他证据相互印证,仅凭鉴定结论尚不足以认定亲子关系存在的事实;另一种意见认为，在本案中，鉴定机构作出了明确的亲子鉴定结论。对于该鉴定结论，被告没有提出证据进行反驳。钟某怀疑钟某某不是自己的亲生子女，完全没有根据。因此，从保护妇女儿童合法权益的角度出发，本案可以认定亲子关系存在的事实。

【法官讲法】

随着经济的发展，利益关系的不平衡，婚姻、家庭关系也日益受到冲击，特别是近年来，婚生子女的否认、亲子关系的确认案件越来越多。男女双方在婚姻关系存续期间或非法同居期间所生子女的生父不承认所生子女是自己的亲生子女，从而引起一方或双方要求确认亲子关系。此类案件关系到维护广大妇女儿童的合法权益，能否运用亲子鉴定来确认父母子女关系呢？

所谓亲子关系即父母子女关系，是家庭关系的主要组成部分，它因出生的事实而发生，在血缘关系上是最近的直系血亲关系。[1] 根据我国民法典的规定，父母子女关系可以分为两类：一是自然血亲的父母子女关系，包括父母与婚生子女，父母与非婚生子女；二是法律拟制的父母子女关系，包括养父母与养子女，继父母与有抚养关系的继子女。亲子关系的确认针对的是可能有自然血亲关系的父母子女。所谓亲子鉴定，是应用现代医学和生物学的有关理论和技术，判断父母子女是否亲生关系的技术。[2] 亲子鉴定的遗传理论基础是1900年被重新发现的孟德尔定律。根据该理论，DNA（脱氧核糖核酸）是人体细胞的原子物质，每个原子有46个染色体。因男性精子细胞和女性卵子细胞由于减数分裂各有23条染色体，称为单倍体，它们只带有亲代一半的遗传因子。当精子与卵子结合的时候，每个人便从生父和生母处各继承一半的分子物质。通过测试子女与父母的DNA模式是否吻合来确认亲子关系。利用DNA进行亲子鉴定，非亲子关系的排除率为100%，亲子关系的确认率为99.9%。根据国外立法规定，否认婚生子女，首先要有婚生子女推定为前提。《日本民法典》第772条规定：自婚姻成立之日起于婚姻中怀胎的子女，推定为夫的子女。自婚姻

---

〔1〕 参见王丽萍等主编：《成长的权利》，山东人民出版社2002年版，第47页。
〔2〕 参见王丽萍等主编：《成长的权利》，山东人民出版社2002年版，第48页。

成立之日起200日后或自婚姻解除或撤销之日起300日以内所生子女，推定为婚姻中怀孕的子女。否认婚生子女关系，父或母要举证证明，即举证证明真正客观事实与法律上婚生子女的推定相反。并且这种证明效力要达到相当严格的标准。举证的客观事实包括很多种，如夫无生殖能力、双方无同居事实等。但是，通过亲子鉴定来否认亲子关系是最重要、最有说服力的证据，当前在各国实践中被广泛采用。

对要求做亲子关系鉴定的案件，应从保护妇女、儿童的合法权益，有利于增进团结和防止矛盾激化出发，区别情况，慎重对待。《民法典婚姻家庭编司法解释（一）》第39条对拒绝做亲自鉴定如何处理亦进行了明确规定，即"父或者母向人民法院起诉请求否认亲子关系，并已提供必要证据予以证明，另一方没有相反证据又拒绝做亲子鉴定的，人民法院可以认定否认亲子关系一方的主张成立。父或者母以及成年子女起诉请求确认亲子关系，并提供必要证据予以证明，另一方没有相反证据又拒绝做亲子鉴定的，人民法院可以认定确认亲子关系一方的主张成立"。

本案中，当事人双方经协商同意进行亲子鉴定，鉴定结论显示，钟某与钟某某亲子关系的概率为99.9%，而且没有其他证据与此相矛盾。从保护妇女儿童的合法权益出发，根据亲子鉴定结论确认钟某与钟某某之间存在亲生父子关系是完全正确的。钟某无端怀疑妻子与他人有不正常男女关系，进而怀疑婚生子不是自己亲生，拒不支付子女抚养费的做法是错误的。

【法条指引】

中华人民共和国民法典

第一千零七十三条 对亲子关系有异议且有正当理由的，父或者母可以向人民法院提起诉讼，请求确认或者否认亲子关系。

对亲子关系有异议且有正当理由的，成年子女可以向人民法院提起诉讼，请求确认亲子关系。

最高人民法院关于适用《中华人民共和国民法典》婚姻家庭编的解释（一）

第三十九条 父或者母向人民法院起诉请求否认亲子关系，并已提供必要证据予以证明，另一方没有相反证据又拒绝做亲子鉴定的，人民法院可以认定否认亲子关系一方的主张成立。

父或者母以及成年子女起诉请求确认亲子关系，并提供必要证据予以证明，另一方没有相反证据又拒绝做亲子鉴定的，人民法院可以认定确认亲子关系一方的主张成立。

第三章　离　　婚

1. 男女双方是否必须亲自办理离婚登记?

【维权要点】

男女双方协议离婚的,应当具备实质要件和形式要件,才发生法律效力。实质要件是指离婚的当事人双方必须是自愿的,并且应当对子女和财产问题作出适当处理。形式要件是指男女双方必须亲自到婚姻登记机关办理离婚登记。因为离婚是处分人身权的法律行为,与特定的人身紧密相连,不能代理,必须由当事人亲自实施。

【典型案例】

葛某(男)与李某(女)于2021年10月协议离婚。两人在离婚协议中,就子女抚养和财产分割等问题达成了一致意见。在办理离婚登记手续的前一日,葛某因车祸受重伤住院,无法到婚姻登记机关办理有关手续,遂委托其亲属代为办理,并签署了授权委托书。当李某与葛某的代理人到婚姻登记机关办理手续时,工作人员告知其离婚登记必须本人亲自办理,不能由他人代理。李某向工作人员说明了有关情况,但仍未获准许。由于葛某短期内不能出院,李某找到了主管民政部门反映情况,要求办理离婚登记。

在本案的处理过程中,有两种不同的意见:一种意见认为,应当不予登记。按照民法典和《婚姻登记条例》的规定,协议离婚的男女双方必须亲自到婚姻登记机关申请离婚登记。上述规定属于强制性规定,不能变通适用。本案只能等到葛某痊愈后,由两人共同到一方当事人常住户口所在地的婚姻登记机关办理离婚手续。另一种意见认为,本案的情况比较特殊。当事人双方已经达成了离婚协议,并就子女抚养和财产分割问题作出了适当处理。葛某本人虽不能到婚姻登记机关办理有关手续,但其签订了授权委托书,离婚的意思表示真实。如果不予办理离婚登记,使当事人不能及时解除已经死亡的婚姻关系，违背了婚姻自由的原则，于情于理均不合适。法律毕竟不能囊括全部丰富多样的社会生活，对法律的有关规定应当灵活掌握，而不能僵化地执行。

【法官讲法】

我国民法典第1076条第1款规定，夫妻双方自愿离婚的，应当签订书面离婚协议，并亲自到婚姻登记机关申请离婚登记。《婚姻登记条例》也规定：当事人自愿离婚的，男女双方应当共同到一方当事人常住户口所在地的婚姻登记机关办理离婚登记；办理离婚登记的内地居民应当出具本人的户口簿、身份证、双方当事人共同签署的离婚协议书和结婚证等证件和证明材料；离婚协议书应当载明双方当事人自愿离婚的意思表示和对子女抚养、财产以及债务处理等事项协商一致的意见；婚姻登记机关应当对离婚登记当事人出具的证件、证明材料进行审查并询问相关情况。

根据法律、法规的上述规定，自愿离婚应当具备实质要件和形式要件，才发生法律效力。实质要件是指：（1）离婚的当事人双方必须是自愿的。一方面，办理离婚登记的当事人必须具备行为能力，无行为能力或限制行为能力的精神病人不能办理离婚登记，只能通过诉讼程序离婚；另一方面，男女双方离婚的意思表示必须真实、一致。一方欺骗或胁迫他方以及在办理离婚登记时弄虚作假的，不予办理离婚登记。（2）当事人自愿离婚的，应当对子女和财产问题作出适当处理，包括：子女由哪方抚养、子女生活费和教育费的负担、夫妻共同财产的分割、债务的清偿以及对生活困难一方的经济帮助等。离婚协议的内容必须是当事人真实的意思表示，不能违反法律规定，损害社会公共利益和显失公平，否则无效。形式要件是指：男女双方必须亲自到一方当事人常住户口所在地的婚姻登记机关办理离婚登记。离婚是处分人身权的法律行为，与特定的人身紧密相连，不能代理，必须由当事人亲自实施。

在本案中，葛某与李某就离婚问题达成了协议并对子女、财产问题作了适当的处理，符合离婚登记的实质要件。但由于葛某发生车祸，不能亲自到婚姻登记机关办理离婚登记，委托亲属代为办理。虽然葛某签署了授权委托书，离婚和委托行为都是其真实的意思表示，但不符合离婚登记的形式要件，违反了法律的强制性规定，应当不予办理。

应该指出的是，国务院于 2021 年 4 月 30 日作出《关于同意在部分地区开展内地居民婚姻登记"跨省通办"试点的批复》，同意在部分省实施结婚登记和离婚登记"跨省通办"试点，在试点地区双方均非本地户籍的婚姻登记当事人可以凭一方居住证和双方户口簿、身份证，在居住证发放地婚姻登记机关申请办理婚姻登记，或者自行选择在一方常住户口所在地办理婚姻登记。2021 年 5 月 17 日，民政部办公厅发布《关于开展婚姻登记"跨省通办"试点工作的通知》对具体事项作出规定。相信试点结束后，有关部门将进一步总结和推广试点有益经验，不久的将来办理结婚登记或者离婚登记，将有可能实现"跨省通办"，更加便利人民群众办理登记。

【法条指引】

中华人民共和国民法典

第一千零七十六条 夫妻双方自愿离婚的，应当签订书面离婚协议，并亲自到婚姻登记机关申请离婚登记。

离婚协议应当载明双方自愿离婚的意思表示和对子女抚养、财产以及债务处理等事项协商一致的意见。

婚姻登记条例

第十条 内地居民自愿离婚的，男女双方应当共同到一方当事人常住户口所在地的婚姻登记机关办理离婚登记。

......

第十一条 办理离婚登记的内地居民应当出具下列证件和证明材料：

（一）本人的户口簿、身份证；

（二）本人的结婚证；

（三）双方当事人共同签署的离婚协议书。

......

国务院关于同意在部分地区开展内地居民婚姻登记"跨省通办"试点的批复

为加快推进政务服务"跨省通办"，满足群众在非户籍地办理婚姻登记的需求，推进婚姻登记制度改革，增强人民群众获得感、幸福感，同意在辽宁省、山东省、广东省、重庆市、四川省实施结婚登记和离婚登记"跨省通办"试点，在江苏省、河南省、湖北省武汉市、陕西省西安市实施结婚登记"跨省通办"试点。在试点地区，相应暂时调整实施《婚姻登记条例》第四条第一款、第十条第一款的有关规定（目录附后）。调整后，双方均非本地户籍的婚姻登记当事人可以凭一方居住证和双方户口簿、身份证，在居住证发放地婚姻登记机关申请办理婚姻登记，或者自行选择在一方常住户口所在地办理婚姻登记。试点期限为 2 年，自 2021 年 6 月 1 日起至 2023 年 5 月 31 日止。

2. 男女双方自愿离婚的，婚姻登记机关是否应在收到离婚申请当天发给离婚证？

【维权要点】

双方协议离婚的，自婚姻登记机关收到离婚登记申请之日起 30 日内，任何一方不愿意离婚的，可以向婚姻登记机关撤回离婚登记申请。上述规定的期限届满后 30 日内，双方应当亲自到婚姻登记机关申请发给离婚证；未申请的，视为撤回离婚登记申请。

【典型案例】

原告吴某（女）与被告李某（男）于 2010 年 3 月 5 日登记结婚，婚后育有一女李某某，2012 年出生，现随母亲吴某共同生活。吴某与李某因性格不合于 2014 年协议离婚，后双方于 2019 年 5 月 26 日复婚。2021 年 2 月 7 日，双方又因性格不合到婚姻登记机关协议离婚，在一个月离婚冷静期内，李某反悔。现吴某以夫妻感情确已破裂、无和好可能为由向法院起诉离婚，并要求婚生女李某某由自己抚养，对夫妻共同财产依法进行分割。

在本案的处理过程中，有两种不同的意见：一种意见认为，人民法院审理离婚案件判断是否准予离婚，应以夫妻双方感情是否破裂为标准。吴某与李某因性格不合于 2014 年办理离婚登记手续。双方于 2019 年复婚后，于 2021 年 2 月 7 日再次协议离婚，因李某反悔导致吴某向法院提起离婚诉讼。可见，夫妻双方感情确已破裂，无和好可能，应判决准许吴某离婚的请求，并对子女抚养及夫妻共同财产依法进行处理。另一种意见认为，双方感情虽有波折，但通过复婚以及李某在离婚冷静期内反悔的事实，可以看出双方感情并未真正破裂，还有和好的可能，应再给双方一次机会，不予准许吴某主张离婚的诉讼请求。

【法官讲法】

本次民法典编纂过程中，对于离婚纠纷增加了"离婚冷静期"的规定。离婚冷静期，是指立法在坚持婚姻自由原则下，为避免夫妻当事人轻率离婚，而在离婚程序中设置的夫妻任何一方都可在婚姻登记机关收到离婚申请后一定时间内撤回申请，终结登记离婚程序的冷静思考时间。[1] 民法典第 1077 条规定："自婚姻登记机关收到离婚登记申请之日起三十日内，任何一方不愿意离婚的，可以向婚姻登记机关撤回离婚登记申请。前款规定期限届满后三十日内，双方应当亲自到婚姻登记机关申请发给离婚证；未申请的，视为撤回离婚登记申请。"为适应民法典关于离婚冷静期的规定，民政部于 2020 年 11 月 24 日发布《民政部关于贯彻落实〈中华人民共和国民法典〉中有关婚姻登记规定的通知》，对离婚登记程序进行调整。调整后的离婚登记程序为：一是申请。夫妻双方自愿离婚的，应当签订书面离婚协议，共同到有管辖权的婚姻登记机关提出申请，并提供必要的证件和证明材料。二是受理。婚姻登记员按照《婚姻登记工作规范》有关规定对当事人提交的上述材料进行初审。三是冷静期。自婚姻登记机关受理之日起 30 日内，任何一方不愿意离婚的，可以向受理离婚登记申请的婚姻登记机关撤回离婚登记申请；自离婚冷静期届满后 30 内，双方未共同到婚姻登记机关申请发给离婚证的，视为撤回离婚登记申请。四是审查。自离婚冷静期届满后 30 日内，双方当事人持相关材料，共同到婚姻登记机关申请发给离婚证。五是登记（发证）。婚姻登记机关按照《婚姻登记工作规范》规定，予以登记，发给离婚证。

民法典之所以增设离婚冷静期的规定，是因为我国以往离婚登记手续较为简单，很多夫妻因为一时冲动便前往婚姻登记机关办理离婚登记手续，轻率离婚的现象较多，不利于家庭关系的稳定。离婚自由应坚持适度

---

[1] 最高人民法院民法典贯彻实施工作领导小组主编：《中华人民共和国民法典婚姻家庭编继承编理解与适用》，人民法院出版社 2020 年版，第 244 页。

原则，在不损害当事人离婚自由的前提下，制度安排应有利于维护家庭和谐稳定，有利于保护未成年人、妇女、老年人的合法权益。民法典本条即为确认双方离婚真实意思，减少轻率离婚，切实维护家庭和谐与社会稳定[1]。

民法典第 1079 条规定："夫妻一方要求离婚的，可以由有关组织进行调解或者直接向人民法院提起离婚诉讼。人民法院审理离婚案件，应当进行调解；如果感情确已破裂，调解无效的，应当准予离婚。有下列情形之一，调解无效的，应当准予离婚：（一）重婚或者与他人同居；（二）实施家庭暴力或者虐待、遗弃家庭成员；（三）有赌博、吸毒等恶习屡教不改；（四）因感情不和分居满二年；（五）其他导致夫妻感情破裂的情形。一方被宣告失踪，另一方提起离婚诉讼的，应当准予离婚。经人民法院判决不准离婚后，双方又分居满一年，一方再次提起离婚诉讼的，应当准予离婚。"可见，人民法院审理离婚案件是否准予离婚，应以双方感情是否破裂为标准。本案中，双方结婚不久即离婚，后虽短暂复婚，但未生活多久，就再次发生矛盾并协议离婚。在婚姻登记机关给予的 30 日的冷静期内，李某虽然反悔，但吴某态度坚决，认为双方经过多年相处和磨合，始终无法和谐相处，遂向法院起诉离婚。通过本案的事实，可以认定双方的感情确已破裂，应准许吴某的离婚请求，并对子女抚养、共同财产等事项进行处理。

【法条指引】

中华人民共和国民法典

第一千零七十七条　自婚姻登记机关收到离婚登记申请之日起三十日内，任何一方不愿意离婚的，可以向婚姻登记机关撤回离婚登记申请。

前款规定期限届满后三十日内，双方应当亲自到婚姻登记机关申请发给离婚证；未申请的，视为撤回离婚登记申请。

第一千零七十九条　夫妻一方要求离婚的，可以由有关组织进行调解或者直接向人民法院提起离婚诉讼。

人民法院审理离婚案件，应当进行调解；如果感情确已破裂，调解无效的，应当准予离婚。

有下列情形之一，调解无效的，应当准予离婚：

（一）重婚或者与他人同居；

（二）实施家庭暴力或者虐待、遗弃家庭成员；

（三）有赌博、吸毒等恶习屡教不改；

（四）因感情不和分居满二年；

（五）其他导致夫妻感情破裂的情形。

一方被宣告失踪，另一方提起离婚诉讼的，应当准予离婚。

经人民法院判决不准离婚后，双方又分居满一年，一方再次提起离婚诉讼的，应当准予离婚。

民政部关于贯彻落实《中华人民共和国民法典》中有关婚姻登记规定的通知

二、调整离婚登记程序

根据《民法典》第一千零七十六条、第一千零七十七条和第一千零七十八条规定，离婚登记按如下程序办理：

（一）申请。夫妻双方自愿离婚的，应当签订书面离婚协议，共同到有管辖权的婚姻登记机关提出申请，并提供以下证件和证明材料：

1. 内地婚姻登记机关或者中国驻外使（领）馆颁发的结婚证；

2. 符合《婚姻登记工作规范》第二十九条至第三十五条规定的有效身份证件；

3. 在婚姻登记机关现场填写的《离婚登记申请书》。

（二）受理。婚姻登记员按照《婚姻登记工作规范》有关规定对当事人提交的上述材料进行初审。

……

（三）冷静期。自婚姻登记机关收到离婚登记申请并向当事人发放《离婚登记申请受理回执单》之日起三十日内（自婚姻登记机关收到离婚登记申请之日的次日开始计算期间，期间的最后一日是法定休假日的，以法定休假日结束的次日为期间的最后一天），任何一方不愿意离婚的，可以持本人有效身份证件和《离婚登记申请受理回执单》（遗失的可不提供，但需书面说明情况），向受理离婚登记申请的婚姻登记机关撤回离婚登记申请，并亲自填写《撤回离婚登记申请书》。经婚姻登记机关核实无误后，发给《撤回离婚登记申请确认单》，并将《离婚登记申请书》、《撤回离婚登记申请书》与《撤回离婚登记申请确认单（存根联）》一并存档。

自离婚冷静期届满后三十日内（自冷静期届满日的次日开始计算期间，期间的最后一日是法定休假日的，以法定休假日结束的次日为期间的最后一日），双方未共同到婚姻登记机关申请发给离婚证的，视为撤回离婚登记申请。

（四）审查。自离婚冷静期届满后三十日内（自冷静期届满日的次日开始计算期间，期间的最后一日是法定休假日的，以法定休假日结束的次日为期间的最后一日），双方当事人应当持《婚姻登记工作规范》第五十五条第（四）至（七）项规定的证件和材料，共同到婚姻登记机关申请发给离婚证。

……

（五）登记（发证）。婚姻登记机关按照《婚姻登记工作规范》第五十八条至六十条规定，予以登记，发给离婚证。

……

3. 男方将婴儿送养的，能否在女方分娩后一年内起诉离婚？

【维权要点】

我国民法典规定"女方在怀孕期间、分娩后一年内或者终止妊娠后六个月内，男方不得提出离婚"，一方面是为了使在哺乳期的婴儿获得正常的哺育，保证其健康成长；另一方面也是为了保护女方的合法权益，使处在特殊时期、身心都比较脆弱的女方的身心健康得到照顾。因此，女方在分娩后，即使婴儿被送养，女方不再承担哺育婴儿的责任，男方也不得提起离婚诉讼。

【典型案例】

于某（男）与李某（女）于2017年由双方父母包办结婚。婚后，由于双方缺乏感情基础，夫妻关系淡漠，加之李某长期未生育，受到于某和其父母的歧视。2020年11月，李某产下一名女婴。于某及其父母受"传宗接代"传统思想的影响，对李某态度恶劣，并将该女婴送养。李某虽然割舍不下骨肉亲情，但迫于丈夫和公婆的压力，不得不同意。2021年4月，于某在父母的挑唆下，向人民法院起诉离婚。李某不同意离婚。

在本案的审理过程中，有两种不同的意见：一种意见认为，于某和李某是包办婚姻。双方缺乏感情基础，婚后未建立夫妻感情，婚姻生活并不幸福。李某由于长期未生育，受到于某及其父母的歧视，并在产下女婴后，被迫将婴儿送养。从以上事实可以看出，夫妻双方感情确已破裂，应当准予离婚。解除这种违反婚姻自由原则、建立在封建包办基础上的已经死亡的婚姻，符合双方当事人，特别是女方的利益，事实上是对李某合法权益的保护。于某提起离婚诉讼虽然在李某分娩后1年内，但由于婴儿已被送养，不会影响母亲对婴儿的哺育。所以，本案不受民法典第1082条"女方在怀孕期间、分娩后一年内或者终止妊娠后六个月内，男方不得提出离婚"规定的限制，男方的离婚请求应当予以受理。另一种意见认为，民法典第1082条规定：女方分娩后1年内，男方不得提出离婚。该条规定属于强制性规定，不能因为婴儿已被送养而失去其强制性效力，不应允许男方提起离婚诉讼。因此，对于某的离婚起诉应当予以驳回。

【法官讲法】

民法典第1082条规定："女方在怀孕期间、分娩后一年内或者终止妊娠后六个月内，男方不得提出离婚；但是，女方提出离婚或者人民法院认为确有必要受理男方离婚请求的除外。"准确理解上述法律规定，应当注意把握以下几点。

第一，在女方怀孕期间、分娩后1年内或者终止妊娠后6个月内，男方的离婚起诉权是受到法律限制的。民事诉讼法第127条第6项规定："依照法律规定，在一定期限内不得起诉的案件，在不得起诉的期限内起诉的，不予受理。"男方在上述期间内提起离婚诉讼，因违反了法律的强制性规定，人民法院对其离婚起诉将不予受理。2020年11月，李某分娩产下一名女婴，于某于2021年4月提起离婚起诉，显然在女方分娩后1年内，违反了法律的强制性规定，因此，人民法院应当驳回其离婚起诉，对其离婚请求不予受理。

第二，在上述法律规定的期间内，女方的离婚起诉权不受限制。女方提起离婚诉讼的，人民法院应当予以受理，根据双方婚姻关系的实际情况和有关法律规定作出判决。本案不是由女方提起的离婚诉讼，况且女方不同意离婚，所以应当驳回于某的起诉。

第三，在特殊情况下，即"人民法院认为确有必要受理男方离婚请求的"，男方的离婚起诉权不受限制，对男方的离婚请求人民法院应当予以受理。根据司法实践和最高人民法院有关司法解释，人民法院认为确有必要受理男方离婚请求的情况一般是指女方因通奸而怀孕的情况。在这种情况下，对男方的离婚请求不予受理，显失公平，而且可能导致矛盾的激化，酿成更为严重的后果。所以，如果男方在女方因通奸怀孕期间、分娩后1年内或终止妊娠后6个月内提起离婚诉讼，人民法院应当受理，及早地解除因通奸怀孕而破裂的婚姻关系，保护男方的合法权益。在本案中，不存在女方因通奸而怀孕的情况，所以不属于"人民法院认为确有必要受理男方离婚请求的"的范围。

在本案中，李某在分娩后，婴儿即被送养，女方不再承担哺育婴儿的责任，男方的离婚起诉不会影响母亲对婴儿的哺育，人民法院是否可以受理男方的离婚起诉呢？对此，应当看到民法典第1082条的规定，一方面是为了使在哺乳期的婴儿获得正常的哺育，保证其健康成长；另一方面也是为了保护女方的合法权益，使在怀孕期间、分娩后1年内或者终止妊娠后6个月内，身心都比较脆弱的女方的身心健康得到照顾，不会因为婚姻关系的变故而受到伤害。因此，在本案中，婴儿虽然已被送养，但女方尚处于分娩后1年内的事实没有改变，根据法律规定，男方仍然不能提起离婚诉讼。对于某的离婚起诉应予驳回。

【法条指引】

中华人民共和国民法典

第一千零八十二条　女方在怀孕期间、分娩后一年内或者终止妊娠后六个月内，男方不得提出离婚；但是，女方提出离婚或者人民法院认为确有必要受理男方离婚请求的除外。

中华人民共和国民事诉讼法

第一百二十七条　人民法院对下列起诉，分别情形，予以处理：

......

（六）依照法律规定，在一定期限内不得起诉的案件，在不得起诉的期限内起诉的，不予受理；

......

4. 一再阻挠配偶外出工作并经法院调解后仍不思悔改的，应否准予离婚？

【维权要点】

夫妻双方都有参加生产、工作、学习和社会活动的自由，一方不得对他方加以限制或干涉。夫妻一方违法侵犯另一方的工作自由权利，如果严重损害夫妻感情，导致夫妻感情确已破裂，应当准予离婚。

【典型案例】

史某（男）与周某（女）于 2016 年结婚。婚后，史某在某外资公司上班；周某在家料理家务。时间一长，周某对在家当全职太太产生了厌倦情绪，遂与史某商量出去工作。史某坚决不同意，认为自己挣的钱足够花了，周某不用出去工作。两人因此事多次发生争论。直到最后，周某才弄清楚史某不让其外出工作的真实原因。原来，史某担心自己在社会上认识其他男人，背叛自己。周某感到自尊心受到了极大伤害，认为史某对自己缺乏起码的信任。夫妻感情因此而恶化。此后的一段时间，周某与史某又多次因工作之事发生争吵，双方始终未能达成一致。2017 年 6 月，周某未征求史某的意见，独自到外面找了一份工作。史某知道后，到周某的工作单位大闹并威胁单位辞退了周某。周某先后又找了两份工作，均被史某以同样方式破坏。夫妻二人之间也因此而争吵不断。2019 年 10 月，周某忍无可忍，向人民法院提起诉讼，要求离婚。经人民法院调解后，史某表示悔改。但回到家中，史某依然如故，继续阻止周某出去工作，并让自己的亲属监视周某。一旦发现周某外出找工作，史某便前往阻止。周某感到彻底绝望，2021 年 3 月再次提起离婚诉讼。

在本案的审理过程中，有两种不同的意见：一种意见认为，史某与周某虽然因工作问题导致夫妻感情恶化，但史某阻止周某出去工作，是基于对周某的爱，只是表达的方式不正确。这说明两人的婚姻是有一定的感情基础的。对史某干涉周某工作自由的自私做法，应当予以批评教育，责令其改正。两人的夫妻感情并未达到破裂的程度，不应当准予离婚。另一种意见认为，民法典规定，夫妻双方都有参加生产、工作、学习和社会活动的自由，一方不得对另一方加以限制或者干涉。史某的做法侵犯了法律赋予周某的工作自由权利，是违法行为。史某的出发点是自私的，将妻子当成了自己的私有财产；情节是恶劣的，造成了不良的社会影响，严重破坏了夫妻感情。经人民法院调解后，史某依然如故，周某在彻底绝望的情况下，再次提起离婚诉讼。鉴于两人夫妻感情确已破裂，应当准予离婚。

【法官讲法】

我国宪法规定，中华人民共和国妇女在政治的、经济的、文化的、社会的和家庭的生活等各方面享有同男子平等的权利。妇女权益保障法也作了同样的规定。上述法律规定体现了国家对妇女的特殊保护。这是由历史上妇女的地位低下、合法权益得不到保障的客观情况决定的。民法典第1057条规定："夫妻双方都有参加生产、工作、学习和社会活动的自由，一方不得对另一方加以限制或者干涉。"其侧重点在于对妇女权益的保障上。尽管法律对保障妇女权益作了反复的规定，但在现实生活中，侵犯妇女合法权益的情况还是屡屡发生。在婚姻关系中，对妇女合法权益，包括工作自由权利的侵犯主要来自丈夫一方。本案即属于此类情况。

第一种意见认为，史某的做法是出于对周某的爱，只是表达的方式不正确。该意见仅仅看到了表面现象，没有深究史某行为的实质。史某的做法是极其自私的，把妻子看成了自己的私有财产。真正的爱情是以夫妻之间的宽容和信任为前提的，缺乏信任的爱情不是真正的爱情，只是以占有欲为实质的爱情；缺乏信任的婚姻也不会是幸福的婚姻，只能是名存实亡的婚姻。史某的做法缺乏对妻子起码的信任，不尊重妻子的人格尊严，严重损害了夫妻感情。在调解和好后，史某不思悔改，一如既往地干涉妻子参加工作的自由权利，导致夫妻感情破裂。周某再次提起离婚诉讼，说明两人的婚姻关系确实无法再维系下去，应当予以解除。只有解除史某与周某的婚姻关系，才能保护周某的合法权益，也才能真正地教育史某，促使其改变传统思想，避免类似的悲剧再度发生。

【法条指引】

中华人民共和国宪法

第四十八条 中华人民共和国妇女在政治的、经济的、文化的、社会的和家庭的生活等各方面享有同男子平等的权利。

……

中华人民共和国民法典

第一千零五十七条 夫妻双方都有参加生产、工作、学习和社会活动的自由，一方不得对另一方加以限制或者干涉。

5. 以侮辱、谩骂方式长期进行精神虐待的，能否以家庭暴力为由起诉离婚？

【维权要点】

家庭暴力主要是指家庭成员之间实施的肉体上和精神上的摧残，既包括捆绑、殴打、禁闭、冻饿、残害、强迫超体力劳动、限制自由等身体暴力，也包括侮辱、谩骂、讽刺、不说话、虐待对方等精神暴力。如果家庭暴力导致夫妻感情确已破裂，经调解无效，可准予离婚。无过错的一方有权在离婚诉讼中请求损害赔偿。

【典型案例】

胡某（男）与李某（女）于 2018 年结婚。结婚后，双方因感情不和，经常发生争吵。胡某的父母、兄弟姐妹同胡某一起对李某进行围攻，当场侮辱、谩骂和讽刺李某，并在邻里间散布谣言、挑拨是非，孤立李某。最后发展到李某周围的人一律不和李某说话，见面即以冷眼相对。胡某及其家人的做法给李某的精神造成了巨大伤害，使李某长期精神压抑，情绪低落，性格变得内向、孤僻，注意力不集中，一度出现不同程度的心理障碍。2021 年 11 月，李某提出离婚。胡某不同意，并与其家人对李某采取限制外出、跟踪盯梢等手段。李某忍受不了胡某及其家人的长期精神虐待，向人民法院提起诉讼。李某在起诉书中称，胡某及其家人在长达 3 年的时间里，以侮辱、谩骂、冷嘲热讽和不说话等方式对其进行虐待，给自己造成了巨大的精神伤害，请求人民法院判决准予离婚，并要求精神损害赔偿。

在本案的审理过程中，有两种不同的意见：一种意见认为，胡某及其家人在长达 3 年的时间里，以侮辱、谩骂、冷嘲热讽和不说话等方式对李某进行精神虐待，给李某造成了巨大的精神伤害。按照民法典的规定，实施家庭暴力，如果感情确已破裂，经调解无效，应准予离婚。无过错方有权请求损害赔偿。另一种意见认为，把夫妻和家庭成员之间的侮辱、谩骂、冷嘲热讽和不说话等精神伤害纳入家庭暴力的范围，会导致家庭暴力的泛化，使由家庭暴力导致的离婚和损害赔偿诉讼激增。在本案中，胡某及其家人对李某不构成家庭暴力，可对其进行调解，如夫妻感情确已破裂，无和好的可能，可以存在"其他导致夫妻感情破裂的情形"为由判决离婚。对李某损害赔偿的诉讼请求不予支持。

【法官讲法】

家庭暴力问题已经引起了社会的普遍关注。民法典婚姻家庭编一般规定、离婚等章节均对家庭暴力问题作了规定，严格禁止夫妻之间和其他家庭成员之间的家庭暴力。对因家庭暴力提起离婚诉讼的，经调解无效，可判决准予离婚，无过错方有权请求损害赔偿。持续性、经常性的家庭暴力，构成虐待。构成虐待罪的，可依刑法第 260 条的规定，追究其刑事责任。实施家庭暴力，情节恶劣，后果严重的，可依照刑法的相关规定追究其刑事责任。由此可见，对于家庭暴力是法律严格禁止的。但对于家庭暴力的范围，即哪些行为可以构成家庭暴力，目前还存在不同的意见。

反家庭暴力法第 2 条规定，家庭暴力是指家庭成员之间以殴打、捆绑、残害、限制人身自由以及经常性谩骂、恐吓等方式实施的身体、精神等侵害行为。《最高人民法院关于办理人身安全保护令案件适用法律若干问题的规定》第 3 条规定，家庭成员之间以冻饿或者经常性侮辱、诽谤、威胁、跟踪、骚扰等方式实施的身体或者精神侵害行为，应当认定为反家庭暴力法第 2 条规定的"家庭暴力"。《民法典婚姻家庭编司法解释（一）》第 1 条规定，持续性、经常性的家庭暴力，可以认定为民法典第 1042 条、第 1079 条、第 1091 条所称的"虐待"。从上述法律规定可以看出："家庭暴力主要是指家庭成员之间实施的殴打、体罚以及辱骂等肉体上和精神上的摧残。""以给被（受）害人造成的损害（后果）看，包括单纯造成精神损害的家庭暴力、单纯造成身体损害的家庭暴力和造成两个方面损害的家庭暴力。"[1] 所以，家庭暴力既包括捆绑、殴打、禁闭、冻饿、残害、强迫超体力劳动、限制人身自由等身体暴力，也包括侮辱、谩骂、讽刺、不说话、虐待对方等精神暴力。不论行为人是以"殴打、捆绑、残害、强行限制人身自由"的方式，还是以其他手段实施家庭暴力，只要给受害人的身体、精神等方面造成了一定的伤害后果，就是家庭暴力。从司法实践看，目前引起诉讼的主要是身体暴力。但从家庭暴力的现状看，现实生活中家庭成员之间的精神暴力（又称家庭冷暴力）是大量存在的，并给受害人的身心健康造成了巨大的损害。如果法律将这一部分家庭暴力行为排除在外，将使受害人，主要是妇女、老人、儿童的合法权益得不到保护。因此，家庭冷暴力也应当被纳入家庭暴力的范围。

在本案中，胡某及其家人在长达 3 年的时间里，以侮辱、谩骂、冷嘲热讽和不说话，挑拨邻里关系，孤立李某等方式，给李某造成了巨大的精神伤害，使李某长期精神压抑，情绪低落，性格变得内向、孤僻，注意力不集中，一度出现不同程度的心理问题。胡某及其家人的行为给李某造成了伤害后果，可认定构成家庭暴力，如夫妻感情确已破裂，经调解无效，可准予离婚。李某作为无过错方，有权在离婚诉讼中请求损害赔偿。

【法条指引】

中华人民共和国民法典

第一千零四十二条第三款　禁止家庭暴力。禁止家庭成员间的虐待和遗弃。

第一千零九十一条　有下列情形之一，导致离婚的，无过错方有权请求损害赔偿：

（一）重婚；

（二）与他人同居；

（三）实施家庭暴力；

---

[1]　巫昌祯主编：《中华人民共和国婚姻法讲话》，中央文献出版社 2001 年版，第 162、193 页。

（四）虐待、遗弃家庭成员；

（五）有其他重大过错。

中华人民共和国反家庭暴力法

第二条　本法所称家庭暴力，是指家庭成员之间以殴打、捆绑、残害、限制人身自由以及经常性谩骂、恐吓等方式实施的身体、精神等侵害行为。

最高人民法院关于办理人身安全保护令案件适用法律若干问题的规定

第三条　家庭成员之间以冻饿或者经常性侮辱、诽谤、威胁、跟踪、骚扰等方式实施的身体或者精神侵害行为，应当认定为反家庭暴力法第二条规定的"家庭暴力"。

6. 离婚后一方能否更改子女姓氏并拒绝另一方进行探望？

【维权要点】

父母离婚后，父母任何一方都不可以单方面更改未成年子女的姓氏。不直接抚养子女的父或母，有探望子女的权利，另一方有协助的义务，不能拒绝和阻拦。

【典型案例】

孙某与张某由于感情破裂于 2018 年离婚，婚生子孙某某（9 岁）随母亲张某生活，孙某一次性支付孙某某的生活费、教育费 10 万元。离婚后，孙某从事个体工商经营活动，常常东奔西走；张某则再婚，孙某某随母亲张某和继父刘某生活，相处融洽。2020 年 4 月，张某将孙某某的姓氏改为刘姓。张某对孙某某的活动控制很严，外出进行护送护接，严禁孙某某接近孙某。由于孙某看望儿子受到张某的阻止，为此双方多次发生争执。2021 年 2 月，孙某书面向张某提出，从 2 月的第二个星期六下午开始，每隔一星期，他与孙某某共度周末 1 次。对孙某的书面要求，张某不予理睬，继续阻止孙某的探望。孙某于是向法院提起诉讼，要求法院判定将孙某某的姓氏恢复为原姓，同时保护其探望孙某某的权利。

在本案的审理过程中，有两种不同的意见：一种意见认为，本案中，张某对孙某某有直接抚养权，将孙某某改为刘姓，是为了让孙某某与继父刘某更好相处，对孩子的成长是有利的，并不违背法律。另一种意见认为，子女可以随父姓，也可以随母姓。但父母离婚后，任何一方都不能单独将子女的姓氏随意更改。不直接抚养子女的父或母，有探望子女的权利，另一方有协助的义务。

【法官讲法】

本案主要涉及未成年子女父母离婚后，父母任何一方变更子女姓氏问题、不与子女共同生活一方的探望问题。我们应当明确的是：首先，张某擅自将孙某某的姓氏改为刘姓存在不当。第一，根据民法典第1015条第1款规定，自然人应当随父姓或者母姓。法律未规定父母任何一方可以将子女的姓氏随意更改。因此，张某将儿子的姓氏改为其再婚丈夫的姓氏是没有法律依据的。第二，父母双方离婚时，子女年幼不能表达自己意志的，父母双方可以协商改变子女原用姓氏；父母离婚后，父母任何一方未经对方许可，单方面将子女的姓氏变更是不当的，如果生父或生母提出异议，另一方应恢复子女原来的姓氏。对此，《民法典婚姻家庭编司法解释（一）》第59条规定，父母不得因子女变更姓氏而拒付子女抚养费。父或者母擅自将子女姓氏改为继母或继父姓氏而引起纠纷的，应当责令恢复原姓氏。在本案中，孙某与张某离婚后，在未取得孙某同意的情况下，张某单方将孙某某的姓氏改为其再婚丈夫的姓氏，使子女既非随父姓，也非随母姓，而是随继父姓，显然与相关的法律规定相违背。其次，我国民法典第1068条规定："父母有教育、保护未成年子女的权利和义务。"第1084条第1款、第2款规定："父母与子女间的关系，不因父母离婚而消除。离婚后，子女无论由父或者母直接抚养，仍是父母双方的子女。离婚后，父母对于子女仍有抚养、教育、保护的权利和义务。"第1086条规定："离婚后，不直接抚养子女的父或者母，有探望子女的权利，另一方有协助的义务。行使探望权利的方式、时间由当事人协议；协议不成的，由人民法院判决。父或者母探望子女，不利于子女身心健康的，由人民法院依法中止探望；中止的事由消失后，应当恢复探望。"本案中，孙某提出每隔一星期、其与儿子孙某某共度周末1次，即是行使探望权。孙某某与孙某短期生活，不会给孙某某的身心健康造成不良的影响，相反，会增进父子感情，对孙某某的身心健康发展都会有很大的好处。张某拒绝和阻止孙某探望孙某某，严禁孙某接近孙某某，这种行为实际上既侵犯了作为父亲对于子女的探望权，同时也剥夺了未成年子女接受另一方抚养和教育的合法权益。综上，孙某的诉讼请求应依法予以支持。

【法条指引】

中华人民共和国民法典

第一千零一十五条 自然人应当随父姓或者母姓，但是有下列情形之一的，可以在父姓和母姓之外选取姓氏：

（一）选取其他直系长辈血亲的姓氏；

（二）因由法定扶养人以外的人扶养而选取扶养人姓氏；

（三）有不违背公序良俗的其他正当理由。

少数民族自然人的姓氏可以遵从本民族的文化传统和风俗习惯。

第一千零八十六条 离婚后，不直接抚养子女的父或者母，有探望子女的权利，另一方有协助的义务。

行使探望权利的方式、时间由当事人协议；协议不成的，由人民法院判决。

父或者母探望子女，不利于子女身心健康的，由人民法院依法中止探望；中止的事由消失后，应当恢复探望。

最高人民法院关于适用《中华人民共和国民法典》 婚姻家庭编的解释（一）

第五十九条 父母不得因子女变更姓氏而拒付子女抚养费。父或者母擅自将子女姓氏改为继母或继父姓氏而引起纠纷的，应当责令恢复原姓氏。

7. 直接抚养子女的一方阻挠对方探望子女的，应否给予精神损害赔偿？

【维权要点】

离婚后，不直接抚养子女的父或母，有探望子女的权利，另一方有协助的义务。这一权利被称为子女探望权。直接抚养子女的一方阻碍另一方探望子女，会给另一方造成心灵伤害和情感上的痛苦。子女探望权受损的一方有权要求精神损害赔偿。

【典型案例】

王某（男）与仇某（女）于 2019 年经人民法院判决准予离婚。婚生子王某某由王某抚养，仇某按月支付抚养费并享有定期探望王某某的权利。但离婚后，王某为仇某探望王某某设置了重重障碍。每次仇某探望王某某时，王某只让他们隔窗相见，并当着孩子的面侮辱仇某，挑拨母子关系。由于仇某与王某某之间缺乏情感交流，母子关系逐渐疏远，加之王某的挑唆，每次仇某探望王某某时，王某某总是躲着不敢与其见面，使仇某心灵上极为痛苦。2022 年 1 月，仇某向人民法院提起探望权诉讼，请求依法保护自己探望子女的合法权利并主张王某的侵权行为给自己造成了巨大的精神痛苦，要求精神损害赔偿金 1 万元。

本案的审理过程中，有两种不同的意见：一种意见认为，仇某探望子女的合法权利应当予以保护。对王某侵犯当事人探望权的行为应当追究其法律责任，并督促其履行协助仇某探望子女的法律义务。但仇某主张王某侵犯其探望权的行为，给自己造成了巨大的精神伤害，应当给予精神损害赔偿的诉讼请求于法无据，不应支持。另一种意见认为，仇某探望子女的合法权利应当予以保护。王某阻碍仇某探望子女，使仇某与王某某长期缺乏情感交流，母子感情疏远，给仇某造成的心灵伤害是客观存在的，使母子感情受到了无法弥补的损害。根据有关司法解释的规定，对仇某要求精神损害赔偿的诉讼请求应当予以支持。

【法官讲法】

在现实生活中，绝大多数离婚后的父母能够自觉履行给付子女抚养费的法定义务，尽量给予子女精神上和物质上的抚慰和帮助，但有一些离婚当事人对民法典规定的探望权比较陌生，有的离婚当事人把子女看成与他方无关，是归其个人所有的"私产"，不允许对方看望、探望子女，引起了大量的纠纷，既损害了探望权人的合法权益，导致双方关系进一步恶化，也不利于未成年人的健康成长。

民法典第 1086 条第 1 款规定："离婚后，不直接抚养子女的父或者母，有探望子女的权利，另一方有协助的义务。"这一权利被称为子女探望权。探望权在法律上是一项权利，又是一项义务，与亲权性质一致。即未直接抚养子女一方享有探望子女的权利，另一方阻碍探望就是侵权；若不探望子女，不尽父母责任，同样违法。子女探望权纠纷绝大部分是因当事人对探望子女的方式、时间、地点和一些限制条件等各执一词，甚至相互间设置人为障碍、阻挠、刁难，导致探望权无法行使而引发的。探望权被侵害，后果是权利人精神上痛苦；阻碍探望会受到法律制裁。因为子女探望权有其特点，最突出的一点就是探望权的内容具有一定的抽象性，是一种探望的行为，核心是精神上的享受和情感上的交流。若该权利受侵害，后果是权利人情感上的痛苦。

《最高人民法院关于确定民事侵权精神损害赔偿责任若干问题的解释》第2条规定："非法使被监护人脱离监护，导致亲子关系或者近亲属间的亲属关系遭受严重损害，监护人向人民法院起诉请求赔偿精神损害的，人民法院应当依法予以受理。"第5条规定："精神损害的赔偿数额根据以下因素确定：（一）侵权人的过错程度，但是法律另有规定的除外；（二）侵权行为的目的、方式、场合等具体情节；（三）侵权行为所造成的后果；（四）侵权人的获利情况；（五）侵权人承担责任的经济能力；（六）受理诉讼法院所在地的平均生活水平。"本案中，王某不履行协助探望的法律义务，为仇某探望王某某设置种种障碍，并挑拨母子关系，使仇某与王某某的亲子关系受到损害，给仇某造成了巨大精神痛苦。按照上述司法解释的规定，仇某有权要求精神损害赔偿。具体的赔偿数额应当结合侵权人的过错程度、侵权行为的目的、方式、场合等具体情节，侵权行为所造成的后果、侵权人承担责任的经济能力、受理诉讼法院所在地的平均生活水平等情况，合理确定。

仇某探望子女的权利应当依法得到保护。按照民法典和有关司法解释的规定，拒不履行协助探望的法律义务的，可以强制执行。对不履行法律义务的当事人可以采取拘留罚款等强制措施，督促其履行法律义务。但不能对子女的人身自由和探望行为进行强制。

【法条指引】

中华人民共和国民法典

第一千零八十六条　离婚后，不直接抚养子女的父或者母，有探望子女的权利，另一方有协助的义务。

行使探望权利的方式、时间由当事人协议；协议不成的，由人民法院判决。

父或者母探望子女，不利于子女身心健康的，由人民法院依法中止探望；中止的事由消失后，应当恢复探望。

最高人民法院关于确定民事侵权精神损害
赔偿责任若干问题的解释

第二条 非法使被监护人脱离监护，导致亲子关系或者近亲属间的亲属关系遭受严重损害，监护人向人民法院起诉请求赔偿精神损害的，人民法院应当依法予以受理。

第五条 精神损害的赔偿数额根据以下因素确定：

（一）侵权人的过错程度，但是法律另有规定的除外；

（二）侵权行为的目的、方式、场合等具体情节；

（三）侵权行为所造成的后果；

（四）侵权人的获利情况；

（五）侵权人承担责任的经济能力；

（六）受理诉讼法院所在地的平均生活水平。

8. 离婚后男方探望孩子时引诱孩子抽烟喝酒，女方能否要求剥夺男方的探望权？

【维权要点】

父母离婚后，不直接抚养孩子的一方，有探望子女的权利。但不应干扰子女的正常生活，不利于子女的身体健康。否则，人民法院可以依法中止其探望权。被中止探望权的父或母仍必须承担对子女的抚养义务，同时探望权只是中止并不是永久的剥夺，待父或母一方不再违反法律的规定，对子女健康成长不利的事由消失后，应该恢复其探望子女的权利。

【典型案例】

关某（男）和费某（女）经过自由恋爱后结婚，婚后生有一子关某某。后费某发现关某平时不思进取，整日混迹于歌厅酒吧之中，家庭生活非常困难。在关某某9岁的时候两人协议离婚，离婚后关某某跟着费某生活。两人在离婚协议中明确约定，关某每月可以来探望关某某一次。开始的时候执行得较好，费某对关某前来探望也给予协助。但是到了后来，关某经常到学校去找关某某，并带着孩子出入各种娱乐场所玩耍，致使关某某小小年纪就染上了吸烟喝酒的不良嗜好。费某曾多次劝说关某不要把孩子给带坏了，但是关某不听劝告，并认为关某某也是自己的亲生骨肉，自己有看望探望的权利，并称男人就应该会抽烟喝酒，否则日后在社会上很难混。在屡次劝说无效的情况下，费某忍无可忍，只好将关某诉至法院要求剥夺关某的探望权。

在本案的审理过程中，有两种不同的意见：一种意见认为，虽然关某探望孩子的方式欠妥，但子女探望权是父和母的法定权利，不能随意被剥夺。另一种意见认为，关某带着孩子出入各种娱乐场所玩耍，致使关某某小小年纪就染上了吸烟喝酒的不良嗜好，显然不利于孩子的身心健康，应由人民法院依法中止探望的权利；等中止的事由消失后，再恢复其探望的权利。

【法官讲法】

我国民法典第1086条明确规定：离婚后，不直接抚养子女的父或者母，有探望子女的权利，另一方有协助的义务。行使探望权利的方式、时间由当事人协议；协议不成的，由人民法院判决。父或者母探望子女，不利于子女身心健康的，由人民法院依法中止探望；中止的事由消失后，应当恢复探望。所谓不利于子女身心健康的事由，在实践中一般是这样认定的：父母一方患有精神疾病、传染性疾病，有酗酒、吸毒等行为或者有暴力行为、骚扰子女的行为、绑架子女的企图等。根据预防未成年人犯罪法第28条规定，本法所称不良行为，是指未成年人实施的不利于其健康成长的下列行为：吸烟、饮酒；多次旷课、逃学；无故夜不归宿、离家出走；沉迷网络；与社会上具有不良习性的人交往，组织或者参加实施不良行为的团伙；进入法律法规规定未成年人不宜进入的场所；参与赌博、变相赌博，或者参加封建迷信、邪教等活动；阅览、观看或者收听宣扬淫秽、色情、暴力、恐怖、极端等内容的读物、音像制品或者网络信息等；其他不利于未成年人身心健康成长的不良行为。当一方以探望子女为由，教唆、胁迫、引诱未成年子女实施以上不良行为或者为未成年人实施以上不良行为提供条件，则足以构成不利于子女身心健康的要件，经过人民法院判决可以中止其探望权。在本案中，关某的行为显然对关某某的健康成长不利，关某某还是未成年人，就经常出入各种不适宜未成年人的娱乐场所，耳濡目染学会了抽烟喝酒，长此以往，关某某的世界观和人生观就会发生扭曲，成为有害于社会的人。因此综合本案的情况，法院应当判决中止关某的探望权。

父母离婚后，不直接抚养孩子的一方，有探望子女的权利。但不应干扰子女的正常生活，不利于子女的身心健康。中止探望权并不是取消孩子同父或母的父母子女的关系，父母子女关系不因探望权的中止而自然终止，被中止探望权的父或母还必须承担对子女的抚养义务，同时探望权只是中止并不是永久的剥夺，待父或母一方不再违反法律的规定，对子女健康成长不利的事由消失后，应该恢复其探望子女的权利。

【法条指引】

中华人民共和国民法典

第一千零八十六条 离婚后，不直接抚养子女的父或者母，有探望子女的权利，另一方有协助的义务。

行使探望权利的方式、时间由当事人协议；协议不成的，由人民法院判决。

父或者母探望子女，不利于子女身心健康的，由人民法院依法中止探望；中止的事由消失后，应当恢复探望。

中华人民共和国预防未成年人犯罪法

第二十八条 本法所称不良行为，是指未成年人实施的不利于其健康成长的下列行为：

（一）吸烟、饮酒；

（二）多次旷课、逃学；

（三）无故夜不归宿、离家出走；

（四）沉迷网络；

（五）与社会上具有不良习性的人交往，组织或者参加实施不良行为的团伙；

（六）进入法律法规规定未成年人不宜进入的场所；

（七）参与赌博、变相赌博，或者参加封建迷信、邪教等活动；

（八）阅览、观看或者收听宣扬淫秽、色情、暴力、恐怖、极端等内容的读物、音像制品或者网络信息等；

（九）其他不利于未成年人身心健康成长的不良行为。

最高人民法院关于适用《中华人民共和国民法典》婚姻家庭编的解释（一）

第六十六条　当事人在履行生效判决、裁定或者调解书的过程中，一方请求中止探望的，人民法院在征询双方当事人意见后，认为需要中止探望的，依法作出裁定；中止探望的情形消失后，人民法院应当根据当事人的请求书面通知其恢复探望。

第六十七条　未成年子女、直接抚养子女的父或者母以及其他对未成年子女负担抚养、教育、保护义务的法定监护人，有权向人民法院提出中止探望的请求。

9. 债权人不知情的，债务由一方承担的离婚协议是否有效？

【维权要点】

男女双方在离婚协议中对共同债务承担问题作出的约定，如果没有征得债权人同意，对债权人是不发生效力的。两人对共同债务仍要承担共同责任，不因夫妻关系解除而免除。但这种约定在协议离婚的男女双方之间是有约束力的，属于两人之间的内部约定，依该协议不应承担债务的一方在归还了该债务后，可依该协议对债务的约定向另一方追偿。

【典型案例】

张某（女）与王某（男）系夫妻，为维持生活经营小卖部。从2019年起张某经常去李某处提货，有时付现钱，有时赊账，截止到2020年12月1日，累计欠款2万元，张某给李某出具了欠条一张。2021年12月11日，在李某不知情的情况下，张某与王某协议离婚，并约定：外债由王某归还。之后，李某多次向张某与王某催要欠款，但王某说不知道这事，现在我与张某已离婚，谁打欠条你跟谁要。张某说，我与王某已协议离婚，约定一切外债由王某归还，外债问题与我一概不相关，所以你的欠款应由王某偿还。因张某与王某互相推诿，李某便将两人起诉至人民法院。

在本案的审理过程中，有三种不同的意见：第一种意见认为，该协议对共同债务的约定无效，虽然该协议是经婚姻登记机关审查并认可的，但是该协议漠视并损害了第三人的财产利益，甚至会使债权人利益落空，因此该协议对共同债务的约定无效，两被告应共同向原告偿还该笔债务。第二种意见认为，该协议对共同债务的约定有效，因为对此问题我国民法典并无禁止性规定，同时也符合当事人自由约定原则，该约定并不必然损害债权人利益，所以本案应由被告王某偿还对原告的债务。第三种意见认为，该协议对共同债务的约定有效，但该协议的效力仅在张某与王某之间有效，其效力不能及于本案原告李某。《民法典婚姻家庭编司法解释（一）》第35条规定："当事人的离婚协议或者人民法院生效判决、裁定、调解书已经对夫妻财产分割问题作出处理的，债权人仍有权就夫妻共同债务向男女双方主张权利。一方就夫妻共同债务承担清偿责任后，主张由另一方按照离婚协议或者人民法院的法律文书承担相应债务的，人民法院应予支持。"本案所涉离婚协议对共同债务的约定，事先未取得债权人李某的同意，故对李某不发生效力，所以本案应由两被告共同向李某偿还债务。

【法官讲法】

本案涉及债务系两被告间的共同债务是显而易见的，此债务的形成是在两被告婚姻关系存续期间，且为家庭共同生活所欠。民法典第1089条规定："离婚时，夫妻共同债务应当共同偿还。共同财产不足清偿或者财产归各自所有的，由双方协议清偿；协议不成的，由人民法院判决。"从该条规定上，我们可以看出，夫妻对共同债务应当共同偿还。对夫妻共同债务的偿还，应首先是以夫妻共同财产来偿还，共同财产不足时，或没有可供执行的共同财产的，夫妻双方任何一方均负有对夫妻共同债务足额清偿的义务。具体到本案，两被告协议离婚，并对共同债务作出了约定，婚姻登记机关对当事人的离婚协议作了形式审查后，根据相关规定进行了离婚登记，所以该离婚协议有效。但因该协议中涉及共同债务承担的约定，由于没有征得债权人的同意，故不对债权人发生效力，仅在两被告间产生约束力，是其内部约定，所以两被告离婚后该共同债务不因夫妻关系解除而免除。夫妻对共同债务的共同偿还责任一经形成，与夫妻关系是否还继续存在没有关系。本案债务系买卖合同之债，债权的主体是特定的，即债权是对人权，其请求权主体是特定的，义务主体也是特定的，而身份关系的变化对特定的主体即人而言是一个与债权债务无关的法律事实。在本案中，两被告仍为此共同债务的主体，由于离婚而引起的身份关系的解除并不影响当事人在此共同债务关系中的地位。该案离婚协议中有关共同债务承担的约定，缩小了义务人的范围，增大了对债权人权利的限制，并可能会加大债权人实现债权的风险，所以事先未经债权人同意的此项约定对债权人不产生任何拘束力。虽然两被告离婚后任何一方的共同债务不因离婚协议而免除，但依该离婚协议不应承担债务的一方在归还债务后，可依该协议对债务的约定向另一方追偿。

【法条指引】

中华人民共和国民法典

第一千零八十九条 离婚时，夫妻共同债务应当共同偿还。共同财产不足清偿或者财产归各自所有的，由双方协议清偿；协议不成的，由人民法院判决。

最高人民法院关于适用《中华人民共和国民法典》
婚姻家庭编的解释（一）

第三十五条 当事人的离婚协议或者人民法院生效判决、裁定、调解书已经对夫妻财产分割问题作出处理的，债权人仍有权就夫妻共同债务向男女双方主张权利。

一方就夫妻共同债务承担清偿责任后，主张由另一方按照离婚协议或者人民法院的法律文书承担相应债务的，人民法院应予支持。

10. 婚姻关系无效的，同居财产如何分割？

【维权要点】

婚姻关系无效是自始无效，当事人不具有夫妻的权利和义务关系。无效婚姻情形下，当事人同居生活期间所得的财产应当区分两种情况，分别处理：（1）没有证据证明该同居生活期间所得的财产为一方当事人所有的，按照当事人双方共同共有处理。（2）有证据证明该财产为一方当事人所有的，归其本人所有。

【典型案例】

郑某（男）与李某（女）于 2019 年相识。两人于 2020 年 12 月通过提供假身份证和出具假证明的方式，在婚姻登记机关骗取了结婚登记。结婚时，郑某 20 岁，李某 18 岁。婚后，郑某在某工厂打工，李某在某商店当营业员，两人未生育子女。共同生活期间，两人共同购置了家具、电器和衣物等生活用品。工厂发给郑某的农业银行存折上有其工资累计的存款 4 万元。2021 年 10 月，郑某在工作中因事故死亡。郑某的父母和李某因财产问题发生争议。李某主张两人在婚姻关系存续期间购置的财产和郑某的存款 4 万元，是夫妻共有财产。郑某死后，对该财产应当按照夫妻共有财产加以分割，对郑某的部分由李某和郑某的父母按照民法典继承编的规定继承。郑某的父母则认为，郑某与李某结婚时，两人均未到法定结婚年龄，两人的婚姻为无效婚姻。郑某与李某不具有夫妻间的权利和义务。对两人同居期间所得的财产，4 万元存款是郑某的工资收入形成的个人财产，应当由郑某的父母继承；购置的生活用品，应当按照谁出资谁所有的原则处理。郑某出资购置的部分由郑某的父母继承；李某出资购置的部分归李某所有。双方未能达成一致意见。郑某的父母向人民法院提起诉讼，申请确认郑某与李某的婚姻无效，并主张对郑某生前所有财产的继承权。

在本案的审理过程中，有两种不同的意见：一种意见认为，郑某与李某未到法定结婚年龄，通过弄虚作假的方式骗取结婚登记。两人的婚姻关系无效。被确认无效的婚姻，当事人同居生活期间所得的财产，按共同共有处理。因此，郑某的工资收入形成的存款 4 万元和同居生活期间购置的生活用品，应当按照共同共有关系加以分割。郑某所有的部分由郑某的父母继承；李某的部分归其本人所有。另一种意见认为，郑某与李某的婚姻关系无效，当事人不具有夫妻间的权利义务。两人同居期间所得的财产，有证据证明归一方当事人所有的，作为其个人财产。郑某所在工厂发给郑某的农业银行存折上由郑某的工资收入累计的存款 4 万元，应当认定为郑某的个人财产，由郑某的父母继承；两人同居期间购置的生活用品，归谁所有难以认定的，应当按照共同共有处理。按财产的价值等额分割后，郑某所有的部分由郑某的父母继承；李某的部分归其本人所有。

【法官讲法】

民法典第 1047 条规定："结婚年龄，男不得早于二十二周岁，女不得早于二十周岁。"第 1051 条规定："有下列情形之一的，婚姻无效：……（三）未到法定婚龄。"郑某与李某未到法定结婚年龄，两人通过提供假身份证和出具假证明的方式，在婚姻登记机关骗取了结婚登记。按照民法典的规定，其婚姻关系无效。民法典第 1054 条第 1 款规定，无效的婚姻，自始没有法律约束力，当事人不具有夫妻的权利和义务。同居期间所得的财产，由当事人协议处理；协议不成时，由人民法院根据照顾无过错方的原则判决。《民法典婚姻家庭编司法解释（一）》第 22 条规定："被确认无效或者被撤销的婚姻，当事人同居期间所得的财产，除有证据证明为当事人一方所有的以外，按共同共有处理。"对司法解释的规定应当全面地理解。在无效婚姻的情形下，当事人同居生活期间所得的财产应当区分两种情况，分别处理：（1）没有证据证明该同居生活期间所得的财产为一方当事人所有的，按照当事人双方共同共有处理。（2）有证据证明该财产为一方当事人所有的，归其本人所有。

上述规定体现了法律在调整合法的婚姻关系和非法的婚姻关系时的区别。法律对两种不同性质的婚姻关系的保护程度是有重大差异的。在合法的婚姻关系下，夫妻双方在婚姻关系存续期间所得的财产一般归夫妻共同所有，即共同共有。"共同共有是两个以上民事主体对共有财产都平等地享有权利和承担义务。共同共有一般是以血缘关系和共同生活、共同劳动为基础而形成的。典型的共同共有是夫妻财产共有和家庭财产共有……共同共有的特征：（1）共同共有是不分份额的共有。各共有人在共有关系存续期间对共有财产没有份额权。他们共同享有共有财产的各种利益，共同负担由共有财产产生的各种义务。（2）各共有人对全部共有财产享有平等的所有权。就是说，各共有人对共有财产既平等地享受权利，又平等地承担义务。在对外民事关系中，各共有人对整个债务承担连带责任。（3）各共有人之间一般是特定的共同关系，这种关系主要表现为夫妻关系和家庭关系，其次还有合伙关系、联营关系等。（4）共同共有的共有人只有在共有关系终止时才能协商确定自己的财产份额。因此，在共有关系存续期间，不存在分出或转让自己份额的问题。"[1] 这反映了夫妻双方利益一致、休戚与共的关系，是对婚姻关系物质基础的保护。而在无效婚姻的情形下，婚姻关系不受法律保护，当事人之间不具有夫妻间的权利和义务。同居生活期间所得的财产，如有证据证明归当事人一方所有的，则不作为共同共有的财产处理。

在本案中，郑某与李某的婚姻关系无效。在同居生活期间，郑某的工资收入形成的存款4万元应当视为"有证据证明为当事人一方所有的"财产。对该笔财产，按照继承相关法律规定，应当由郑某的法定继承人继承。由于郑某与李某的婚姻关系无效，李某不是郑某的配偶，两人在同居生活期间又未生育子女，因此，郑某的第一顺序继承人中只有郑某的父母。该笔财产应当由郑某的父母继承。郑某与李某同居生活期间，两人均有工资收入，并共同购买了家具、电器和衣物等生活用品。这些财产具体归谁所有难以认定，应当按照共同共有处理：按财产的价值等额分割后，郑某所有的部分由郑某的父母继承；李某的部分归其本人所有。

【法条指引】

中华人民共和国民法典

第一千零四十七条 结婚年龄，男不得早于二十二周岁，女不得早于二十周岁。

第一千零五十一条 有下列情形之一的，婚姻无效：

（一）重婚；

（二）有禁止结婚的亲属关系；

（三）未到法定婚龄。

第一千零五十四条 无效的或者被撤销的婚姻自始没有法律约束力，当事人不具有夫妻的权利和义务。同居期间所得的财产，由当事人协议处理；协议不成的，由人民法院根据照顾无过错方的原则判决。对重婚导致的无效婚姻的财产处理，不得侵害合法婚姻当事人的财产权益。当事人所

---

[1] 黄名述、黄维惠主编：《民法学》，中国检察出版社2002年版，第204—205页。

生的子女，适用本法关于父母子女的规定。

婚姻无效或者被撤销的，无过错方有权请求损害赔偿。

最高人民法院关于适用《中华人民共和国民法典》婚姻家庭编的解释（一）

第二十二条 被确认无效或者被撤销的婚姻，当事人同居期间所得的财产，除有证据证明为当事人一方所有的以外，按共同共有处理。

11. 婚前继承的财产婚后取得的，能否作为夫妻共同财产分割？

【维权要点】

夫妻一方在结婚前已经获得的财产或明确将要获得的财产，但在结婚后才实际占有的，该财产应当视为夫妻一方的个人财产。但是夫妻另一方在实现该财产的实际占有过程中，付出劳动的，应当给予适当补偿。

【典型案例】

段某（男）与孔某（女）于 2019 年结婚。婚前，孔某和弟弟共同继承了父母留下的一笔存款 8 万元。由于该笔存款是定期存款，当时未予分割。2020 年，该笔存款到期，经分割后，孔某获得 4 万元。2022 年，段某与孔某因性格不合，协议离婚。段某主张孔某在婚后继承所得的 4 万元，应当作为夫妻共同财产予以分割。孔某认为，该笔财产是其婚前继承的个人财产，不同意作为夫妻共同财产加以分割。双方诉至人民法院。

在本案的审理过程中，有两种不同的意见：一种意见认为，该笔财产虽然是孔某在婚前继承的，但财产的取得毕竟是在婚后。根据民法典第 1062 条第 1 款的规定，夫妻在婚姻关系存续期间继承或者受赠的财产，除遗嘱或者赠与合同中确定只归一方的财产外，归夫妻共同所有。孔某继承所得的财产是在婚姻关系存续期间取得的，应当作为夫妻共同财产加以分割。另一种意见认为，该笔财产取得的时间是在婚前。按照民法上所有权取得的原理，财产的取得应当以所有权的取得为标准，而不是财产的实际取得。因此，在本案中，当事人双方争议的财产属于孔某婚前的个人财产，不是婚姻关系存续期间取得的财产，不应当作为夫妻共同财产加以分割。

【法官讲法】

按照民法典第 1062 条第 1 款的规定，夫妻在婚姻关系存续期间所得的下列财产，为夫妻的共同财产，归夫妻共同所有：工资、奖金、劳务报酬；生产、经营、投资的收益；知识产权的收益；继承或者受赠的财产，但是本法第 1063 条第 3 项规定的除外；其他应当归共同所有的财产。民法典第 1063 条规定，下列财产为夫妻一方的个人财产：一方的婚前财产；一方因受到人身损害获得的赔偿或者补偿；遗嘱或者赠与合同中确定只归一方的财产；一方专用的生活用品；其他应当归一方的财产。同时，民法典还规定，夫妻可以对婚前财产和婚姻关系存续期间所得财产的归属进行约定。

在本案中，段某与孔某没有对夫妻双方或一方的婚前财产和婚姻关系存续期间取得的财产进行约定。两人的个人财产和夫妻共同财产应当按照法定财产制进行处理。当事人和上述不同意见争议的实质是对民法典第 1062 条中"在婚姻关系存续期间所得的"财产的不同理解。财产的取得是指所有权的取得，还是财产的实际取得？按照民法的所有权取得原理，财产的取得以所有权的取得为标准。因为财产的所有权取得之后，财产的实际取得只是时间问题。如果将夫妻一方在婚前已经取得所有权，只是在婚后才实际占有的财产认定为夫妻在婚姻关系存续期间取得的财产，归夫妻共同所有，对享有所有权的一方显失公平，也违背了民法的基本原理。当然，如果夫妻关系中的另一方对该财产的实际取得，付出了较大的劳动，发挥了重要作用，在分割该财产时应当予以适当的照顾。根据以上分析，孔某在婚前继承，婚后才实际取得的财产，应当认定为孔某婚前的个人财产。婚后，在该财产的实际取得过程中，段某没有付出劳动，对该财产的实际取得没有贡献力量，所以也没有获得适当补偿的权利。

【法条指引】

中华人民共和国民法典

第一千零六十二条 夫妻在婚姻关系存续期间所得的下列财产，为夫妻的共同财产，归夫妻共同所有：

（一）工资、奖金、劳务报酬；

（二）生产、经营、投资的收益；

（三）知识产权的收益；

（四）继承或者受赠的财产，但是本法第一千零六十三条第三项规定的除外；

（五）其他应当归共同所有的财产。

夫妻对共同财产，有平等的处理权。

第一千零六十三条　下列财产为夫妻一方的个人财产：

（一）一方的婚前财产；

（二）一方因受到人身损害获得的赔偿或者补偿；

（三）遗嘱或者赠与合同中确定只归一方的财产；

（四）一方专用的生活用品；

（五）其他应当归一方的财产。

12. 专用生活用品能否作为夫妻共同财产分割？

【维权要点】

如果夫妻共同财产用于购置夫妻一方专用的生活用品，该物品不作为夫妻共同财产，而是夫妻一方，即专用该物品的一方的个人财产。但如果专用的生活用品价值较大或在家庭财产中所占比重较大时，就不能简单地作为个人财产处理，在离婚分割其他共同财产时应当对另一方的份额或比例予以适当考虑，这样对双方都公平。

【典型案例】

陶某（男）与李某（女）于 2019 年结婚。婚后，两人的收入由李某掌管。李某讲究穿着打扮，虚荣心较强，经常用两人的积蓄购买高档衣物和化妆品等。两人因此经常发生矛盾。2021 年 11 月，李某以与陶某感情不和为由提起离婚诉讼。陶某同意离婚，但要求依法分割夫妻共同财产。对于李某以两人婚后积蓄购买的高档衣物和化妆品等，陶某主张该物品是以夫妻共同财产购置的，应当作为夫妻共同财产加以分割。实物可归李某所有，对应当分给其本人的部分由李某折价补偿。李某则认为，自己购买的衣物和化妆品等属于自己专用的生活用品，是自己的个人财产，不能作为夫妻共同财产加以分割。

在本案的审理过程中，有两种不同的意见：一种意见认为，当事人双方争议的财产是由两人在婚后的积蓄购置的，属于夫妻共同财产，离婚时应当作为夫妻共同财产加以分割。在不损害物品价值的情况下，实物可归李某所有，陶某应得的部分由李某折价补偿。另一种意见认为，按照民法典第1063条第4项的规定，一方专用的生活用品属于夫妻一方的个人财产。在本案中，当事人双方争议的衣物和化妆品等属于李某专用的生活用品，是李某的个人财产，不能作为夫妻共同财产加以分割。

【法官讲法】

民法典第1062条规定，夫妻在婚姻关系存续期间所得的工资、奖金、劳动报酬，生产、经营、投资的收益等财产，为夫妻的共同财产，归夫妻共同所有。夫妻对共同财产，有平等的处理权。夫妻任何一方都可以根据日常生活需要和自己的想法、喜好等使用夫妻共同财产。非因日常生活需要对夫妻共同财产作重要处理决定，夫妻双方应当平等协商，取得一致意见。在本案中，由夫妻双方婚后的收入形成的积蓄属于夫妻共同财产。李某以该财产购买衣物、化妆品等生活用品以满足自己的日常生活需要，是行使自己对夫妻共同财产合法的处理权。但李某在行使自己的权利时，没有顾及对方的不同意见，引起夫妻矛盾，属于行使权利的方式不当。

以夫妻共同财产购置的物品不一定都归夫妻共同所有。按照民法典第1063条第4项的规定，如果夫妻共同财产用于购置夫妻一方专用的生活用品，该物品不作为夫妻共同财产，而是夫妻一方，即专用该物品的一方的个人财产。法律的上述规定是基于夫妻一方专用的生活用品在人身上的专属性和使用上的特殊性，作为夫妻共同财产加以分割，不仅对使用方会造成生活上的不便，对另一方也没有实际意义，强行分割可能造成该物品在价值上的损害。但如果将夫妻一方以共同财产购置的所有专用的生活用品，简单地归使用方所有，对另一方显然是不公平的，特别是在该专用的生活用品价值较大或在家庭财产中所占比重较大的时候。

在本案中，如果李某以夫妻共同财产购置的衣物、化妆品，价值不高、在家庭财产中所占比重不大的，可以认定为李某的个人财产，离婚时不和其他夫妻共同财产一起分割；如果该物品价值较高、在家庭财产中所占的比重较大，就不能简单地作为李某的个人财产处理，在离婚分割其他共同财产时应当对另一方的份额或比例予以适当考虑。在具体分割时，可以采取实物归一方所有，由该方给对方适当补偿的办法，既不损害物品的价值，也符合了双方的需要。

【法条指引】

中华人民共和国民法典

第一千零六十二条　夫妻在婚姻关系存续期间所得的下列财产，为夫妻的共同财产，归夫妻共同所有：

（一）工资、奖金、劳务报酬；

（二）生产、经营、投资的收益；

（三）知识产权的收益；

（四）继承或者受赠的财产，但是本法第一千零六十三条第三项规定的除外；

（五）其他应当归共同所有的财产。

夫妻对共同财产，有平等的处理权。

第一千零六十三条　下列财产为夫妻一方的个人财产：

（一）一方的婚前财产；

（二）一方因受到人身损害获得的赔偿或者补偿；

（三）遗嘱或者赠与合同中确定只归一方的财产；

（四）一方专用的生活用品；

（五）其他应当归一方的财产。

13. 结婚后，一方个人所有房屋取得的拆迁安置房是否属于夫妻共同财产？

【维权要点】

夫妻一方因个人所有房屋拆迁取得的拆迁安置房，是以原有的婚前个人房产的拆迁为前提，是其原被拆迁房屋所有权的权利延伸。该类拆迁安置房应属被拆房屋的所有权人个人所有，不属于夫妻共同财产。

【典型案例】

张某与刘某经人介绍认识恋爱后于 2019 年 10 月自愿登记结婚。婚后因夫妻感情不和，张某遂于 2022 年 5 月向法院诉请离婚。法院审理查明，2021 年 8 月，因城市建设需要，刘某婚前个人所有房屋一处被拆迁，拆迁部门以三套两居室住房对其进行拆迁安置。案件经调解，双方对离婚达成一致意见，但就该安置房的性质认定，即其属夫妻共同财产，还是刘某个人财产，分歧较大。

在本案的审理过程中，有两种不同的意见：一种意见认为，该安置房应按夫妻共同财产进行分割。因张某与刘某结婚是在 2019 年 10 月，而该安置房的获得是在 2021 年 8 月，系夫妻关系存续期间所得财产。根据民法典第 1062 条关于夫妻共同财产的规定，在夫妻关系存续期间所得的财产，属夫妻共同财产。因此，该安置房理应按夫妻共同财产进行分割。另一种意见认为，该安置房不应按夫妻共同财产进行分割，应属刘某个人财产。因该安置房是对刘某的婚前个人房产进行的补偿安置，也就是说该安置房的取得是以刘某原有个人房屋的拆迁为前提，如若无刘某房屋的拆迁，就不存在安置房的取得。所以，该安置房不应按夫妻共同财产进行分割，应属刘某个人财产。

【法官讲法】

本案争议的房屋不能作为夫妻共同财产分割，应属于刘某个人所有。

首先，该安置房是对刘某原个人所有婚前房产进行拆迁后，以给予安置房的方式对其进行的一种补偿。显然，该安置房的获得是以刘某原有的婚前个人房产的拆迁为前提，如果刘某对婚前房屋不享有所有权，就不可能获得该安置房。因此，该安置房获得是其原被拆迁房屋所有权的权利延伸。

其次，民法典第 1062 条第 1 款规定："夫妻在婚姻关系存续期间所得的下列财产，为夫妻的共同财产，归夫妻共同所有：（一）工资、奖金、劳务报酬；（二）生产、经营、投资的收益；（三）知识产权的收益；（四）继承或者受赠的财产，但是本法第一千零六十三条第三项规定的除外；（五）其他应当归共同所有的财产。"而本案中的安置房虽然是刘某在婚姻关系存续期间的所得，但对该安置房的财产属性认定是否机械地适用民法典第 1062 条关于夫妻共同财产的规定呢？因为该安置房是对刘某婚前个人所有房屋的拆迁作出的补偿，而婚前个人所有的房屋系刘某婚前个人财产，刘某对其享有所有权。如果因刘某原有个人房产的拆迁，拆迁人对其作出安置房补偿后，夫妻即对安置房享有共同共有的权利，这将明显剥夺刘某一方的财产权益，显然对刘某一方明显不利，同时也助长了另一方不劳而获思想的滋长，更不符合民法的公平原则。

最后，该案的处理还涉及民法物权效力的延伸问题。根据民法物权具有的排他性、法定性、追及性的效力及一物一权的原则，因拆迁房屋属刘某个人的婚前财产，刘某对其享有所有权，即不动产物权。但因国家建设或政府政策的缘由而对其进行拆迁，作为拆迁部门可按照具体情况对被拆迁房予以现金补偿或还房安置等。而该安置房则是基于被拆迁房拆迁补偿的所得，是以对被拆迁房享有所有权为基础。根据民法物权效力的延伸理论，刘某对其被拆迁房所享有的物权可因拆迁而延伸至对其安置补偿所得的房屋，因此，刘某对拆迁安置房同样享有所有权，即物权。因物权具有排他性的效力，刘某对该拆迁安置房享有排他的所有权。所以，该拆迁安置房理应属刘某个人所有财产，而不能认定为夫妻共同财产。否则，将有违民法的物权法定及一物一权的原则，将导致类似于"夫妻一方的财产经过一定年限转化为夫妻共同财产"规定的重新适用，亦有悖于法律关于物主对其物享有所有权，包括占有、支配、使用、收益和处分等权能的立法精神。

因此，在本案中，对该安置房不能适用民法典第1062条关于夫妻共同财产的规定，按夫妻共同财产进行处理。该安置房应属刘某个人所有。

【法条指引】

中华人民共和国民法典

第一千零六十三条　下列财产为夫妻一方的个人财产：

（一）一方的婚前财产；

（二）一方因受到人身损害获得的赔偿或者补偿；

（三）遗嘱或者赠与合同中确定只归一方的财产；

（四）一方专用的生活用品；

（五）其他应当归一方的财产。

14. 一方承诺赠与房产但未履行，离婚时该如何处理？

【维权要点】

婚前或婚姻关系存续期间，当事人约定将一方所有的房产赠与另一方，赠与方在赠与房产变更登记之前撤销赠与，另一方请求判令继续履行的，人民法院可以按照民法典第 658 条的规定处理，即赠与人在赠与房产变更登记之前可以撤销赠与，但经过公证的赠与合同或者具有救灾、扶贫、助残等公益、道德义务性质的赠与合同除外。

【典型案例】

晋某（男）与刘某（女）自由恋爱，于 2018 年 9 月领取结婚证。婚前晋某父母出资为晋某购买了一套婚房，登记在晋某名下。晋某与刘某结婚登记的前一天，双方签订了一份婚前财产协议，主要内容为：出于对婚姻的忠诚，男方自愿将自己婚前个人房产一半的产权赠与女方；在婚姻期间，只要是男方首先提出离婚，男方应将该住房的另一半产权赔付给女方。2021 年 6 月，晋某提起离婚诉讼，刘某同意离婚，但提出要按照婚前协议取得房屋的产权。晋某称，该婚前协议当时是刘某逼着自己签的，并非其本人真实意愿，协议无效。法院经调查，双方结婚登记前确实签订了婚前财产协议，但没有到公证处办理公证，也没有到房屋产权登记部门办理房屋产权变更登记手续。

在本案的审理过程中，有两种不同的意见：一种意见认为，签订该协议时，晋某并非自愿，协议应归于无效。另一种意见认为，该协议属于赠与协议，在办理房屋产权变更登记手续前，晋某可以撤销赠与协议。协议中关于离婚时房产归属的约定，限制了晋某的离婚自由，应属无效。

【法官讲法】

关于诉争房产的性质。该案婚前财产协议中约定的房产性质属于晋某婚前个人财产，归晋某个人所有。且晋某购买该房产的房款是由晋某的父母出资的，可视为晋某的父母对晋某的赠与，不是对晋某和刘某双方的赠与，房产证上登记的是晋某的名字，故不属于双方的共同财产。

关于协议的效力。该协议有两个条款，第一个条款其实是一个赠与合同，晋某表示是被逼签订的婚前协议，但其没有提供证据证明其是受欺诈、胁迫所签订的协议，其主张不成立，该赠与合同有效。第二个条款实际上是对男方提出离婚时，房屋分割问题的约定。根据我国民法典第 1041 条第 2 款关于实行婚姻自由、一夫一妻、男女平等的婚姻制度的规定，婚姻自由包括结婚自由和离婚自由，此条为强制性规定，不得违反。此约定的内容明显违反离婚自由的原则，是对一方行使离婚权利的限制，应认定为无效。

关于赠与合同的履行。该赠与合同虽然有效，但晋某在实际履行前享有撤销权。民法典第 1065 条第 1 款规定："男女双方可以约定婚姻关系存续期间所得的财产以及婚前财产归各自所有、共同所有或者部分各自所有、部分共同所有。约定应当采用书面形式。没有约定或者约定不明确的，适用本法第一千零六十二条、第一千零六十三条的规定。"同时，《民法典婚姻家庭编司法解释（一）》第 32 条规定，婚前或者婚姻关系存续期间，当事人约定将一方所有的房产赠与另一方或者共有，赠与方在赠与房产变更登记之前撤销赠与，另一方请求判令继续履行的，人民法院可以按照民法典第 658 条的规定处理。民法典第 658 条规定："赠与人在赠与财产的权利转移之前可以撤销赠与。经过公证的赠与合同或者依法不得撤销的具有救灾、扶贫、助残等公益、道德义务性质的赠与合同，不适用前款规定。"由于赠与合同是一种单务、无偿行为，因此法律赋予了赠与人撤销权。赠与人行使撤销权的时间必须是在赠与财产权利转移之前。对于不动产，我国采取的是不动产法定登记制度，房产物权需经登记才产生效力。也就是说，只有在办理完权属变更登记手续后，房产才能转移或部分转移给受赠人。赠与人撤销赠与后，便不再承担无偿赠与受赠人财产的义务。此外，为限制赠与人随意撤销赠与合同，法律规定，"经过公证的赠与合同或者依法不得撤销的具有救灾、扶贫、助残等公益、道德义务性质的赠与合同"一旦成立，便不得撤销。本案中，晋某承诺将自己房产的一半无偿赠与刘某，但房屋一直未办理变更登记手续，即房屋的所有权未发生变更。双方有关赠与房产的约定既不属于具有救灾、扶贫、助残等公益、道德义务性质，也没有经过公证，因此晋某单方享有撤销权，这是法律赋予他的权利。该房产仍归晋某个人所有。因此，如果想要夫妻之间的房产赠与合同产生效力，不仅要签订书面赠与协议，最主要的是要及时去房屋产权登记部门办理变更登记手续，或者去公证处进行赠与的公证。

【法条指引】

中华人民共和国民法典

第六百五十八条 赠与人在赠与财产的权利转移之前可以撤销赠与。

经过公证的赠与合同或者依法不得撤销的具有救灾、扶贫、助残等公益、道德义务性质的赠与合同，不适用前款规定。

第六百五十九条 赠与的财产依法需要办理登记或者其他手续的，应当办理有关手续。

第一千零四十一条 婚姻家庭受国家保护。

实行婚姻自由、一夫一妻、男女平等的婚姻制度。

保护妇女、未成年人、老年人、残疾人的合法权益。

最高人民法院关于适用《中华人民共和国民法典》婚姻家庭编的解释（一）

第三十二条 婚前或者婚姻关系存续期间，当事人约定将一方所有的房产赠与另一方或者共有，赠与方在赠与房产变更登记之前撤销赠与，另一方请求判令继续履行的，人民法院可以按照民法典第六百五十八条的规定处理。

15. 一方擅自处分夫妻共同房产，是否有效？

【维权要点】

一方未经另一方同意出售夫妻共同所有的房屋，第三人善意购买、支付合理对价并已办理不动产登记，另一方主张追回该房屋的，人民法院不予支持。夫妻一方擅自处分共同所有的房屋造成另一方损失，离婚时另一方请求赔偿损失的，人民法院应予支持。

【典型案例】

黄某（男）与丁某某（女）二人于2014年11月登记结婚，婚后共同购买了一套40平方米的房屋，登记在丁某某个人名下。自2018年2月开始，黄某因工作需要经常在外出差，夫妻缺少交流，黄某逐渐怀疑丁某某在外面有情人，为此夫妻经常发生争吵，感情逐渐破裂，两人开始协商离婚事宜，但因房产归属问题存在争议，始终没有达成一致。2021年8月，丁某某通过中介公司找到购房人范某某，以自己的名义与范某某签订了一份《房屋买卖合同》，将该房屋以市场价160万元的价格卖给了范某某，当日范某某通过银行转账向丁某某支付了160万元。双方将《房屋买卖合同》交与房地产交易部门备案，并办理了房屋过户手续。2021 年 10 月范某某取得房产证。黄某发现后，认为丁某某卖房未经其同意，丁某某、范某某系恶意串通，十分气愤，诉至法院，要求确认丁某某与范某某签订的房屋买卖合同和买卖行为无效。范某某表示自己买房前并不认识丁某某，因房本的产权人登记为丁某某，在办理过户的时候，房产部门的工作人员也没有询问是否经过配偶同意，所以自己相信丁某某对于出售的房产具有处分权，以 160 万元的合理价格购得上述房屋，属于善意取得。

在本案的审理过程中，有两种不同的意见：一种意见认为，丁某某处分夫妻共有财产未经黄某同意，其处分行为属于无权处分，法院应支持黄某的诉讼请求；另一种意见认为，范某某是以市场价购买上述房产并已取得上述房产的物权，且黄某也没有提出足够的证据来证明范某某有恶意，因此符合民法典关于物权取得的规定，是善意取得，法院应判决驳回黄某的诉讼请求。

【法官讲法】

本案的关键点在于该房屋买卖行为是否成立物权善意取得。善意取得又称即时取得，指无权处分他人财产的转让人将其有权占有的他人财产（包括动产和不动产），交付或登记于受让人名下，如买受人取得该财产时出于善意并支付了合理对价，则其即取得该财产的所有权，原所有权人不得要求受让人返还原物。善意取得制度是一项重要的所有权制度，其主要功能是保护交易安全，促进交易，同时也旨在保护善意第三人的利益。但由于善意取得制度毕竟会对原所有人的权益产生重要影响，因此各国在确立该项制度的同时，都规定了严格的限制条件。我国民法典第 311 条第 1 款规定："无处分权人将不动产或者动产转让给受让人的，所有权人有权追回；除法律另有规定外，符合下列情形的，受让人取得该不动产或者动产的所有权：（一）受让人受让该不动产或者动产时是善意；（二）以合理的价格转让；（三）转让的不动产或者动产依照法律规定应当登记的已经登记，不需要登记的已经交付给受让人。"这一条对物权善意取得的三个构成要件进行了明确。《民法典婚姻家庭编司法解释（一）》第 28 条规定："一方未经另一方同意出售夫妻共同所有的房屋，第三人善意购买、支付合理对价并已办理不动产登记，另一方主张追回该房屋的，人民法院不予支持。夫妻一方擅自处分共同所有的房屋造成另一方损失，离婚时另一方请求赔偿损失的，人民法院应予支持。"根据上述法律和司法解释的规定，如果买受人受让房产时是出于善意的，并支付了合理的对价且办理了房产过户手续，则基于善意取得制度取得了该财产的所有权，另一方起诉到法院请求确认房屋买卖合同无效，是得不到法律支持的。这里还有一个"善意"的证明责任分配问题，即由谁来举证证明受让人是否出于"善意"，这也是影响受让人行为定性的重要因素。在不动产善意取得中，受让人是基于对不动产登记簿（房产证）的信赖而为交易行为，因此首先推定其是善意的。在举证责任分配方面，应当由否认受让人出于善意的夫妻一方负举证责任，如果其不能举出足够证据证明受让人为恶意，则推定受让人为善意。

涉及夫妻共同房产时，在符合受让人受让该房屋是善意的、以合理的价格转让、已经过户登记的情况下，受让人可善意取得房屋所有权，买受人知道或应当知道房屋为共有或买受人与出卖人存在恶意串通损害其他共有人利益的除外，因此黄某要支持自己的主张就应当举证证明范某某买房时存在恶意。本案诉争的夫妻共有房屋原系登记在丁某某个人名下，丁某某虽未经黄某同意出售夫妻共有房屋，但出卖房屋的实际成交价格为160万元，在当时属于合理价格，并已办理过户登记，黄某也没有证据表明范某某购买该房屋为恶意，所以应认定范某某善意取得诉争房屋的所有权，驳回黄某的诉讼请求。

黄某虽然无法追回该房产，但协议离婚或提起离婚诉讼时，可以要求分割房屋出售所得的款项，如果丁某某处分房产给黄某造成损失的，离婚时黄某还可以提出赔偿请求。

【法条指引】

中华人民共和国民法典

第三百一十一条 无处分权人将不动产或者动产转让给受让人的，所有权人有权追回；除法律另有规定外，符合下列情形的，受让人取得该不动产或者动产的所有权：

（一）受让人受让该不动产或者动产时是善意；

（二）以合理的价格转让；

（三）转让的不动产或者动产依照法律规定应当登记的已经登记，不需要登记的已经交付给受让人。

受让人依据前款规定取得不动产或者动产的所有权的，原所有权人有权向无处分权人请求损害赔偿。

……

最高人民法院关于适用《中华人民共和国民法典》婚姻家庭编的解释（一）

第二十八条 一方未经另一方同意出售夫妻共同所有的房屋，第三人善意购买、支付合理对价并已办理不动产登记，另一方主张追回该房屋的，人民法院不予支持。

夫妻一方擅自处分共同所有的房屋造成另一方损失，离婚时另一方请求赔偿损失的，人民法院应予支持。

16. 婚后父母出资为子女购房，房产证登记在自己子女名下，离婚时房产如何分割？

【维权要点】

婚后由一方父母出资为子女购买的不动产，产权登记在出资人子女名下的，视为只对自己子女一方的赠与，该不动产属于夫妻一方的个人财产。若父母是全额出资，则该房屋认定为一方的个人财产，离婚时无须给另一方补偿。若父母是部分出资（如支付首付款），余款由夫妻以婚后共同财产继续出资（还贷）的，离婚时应将房屋分割给产权登记一方所有，但产权登记一方应根据出资（还贷）情况及相应增值给予另一方补偿。

【典型案例】

启某某（男）、江某某（女）于 2009 年 8 月登记结婚。2010 年 3 月，启某某的父母启某夫妇用自己多年的积蓄以优惠价格购买了一套 80 平方米的拆迁安置房屋。2014 年 2 月，启某与启某某签订《房屋买卖合同》，将房屋过户至启某某名下，双方约定的交易价格为 120 万元。但启某某与江某某都未支付购房款。2021 年 4 月，江某某向法院起诉离婚，并要求将该房产作为夫妻共同财产进行分割。启某夫妇表示二人是将涉案房屋赠与启某某，只是为了方便报销暖气费才与启某某签订了《房屋买卖合同》。

在本案的审理过程中，有两种不同的意见：一种意见认为，启某与启某某虽然签订了《房屋买卖合同》，但事实上在随后的7年多时间里，启某某与江某某夫妻从未付过购房款，而且启某本人明确表示是要将房屋赠与启某某，并已过户到启某某名下，因此，该涉案房屋是启某某之父赠与启某某的财产。属于启某某的个人财产，不属于夫妻共同财产。另一种意见认为，启某与启某某签订的《房屋买卖合同》合法有效，双方系买卖关系。该涉案房屋是在启某某与江某某婚姻关系存续期间购买的，应属于启某某与江某某夫妻的共同财产。

【法官讲法】

确定当事人婚前、婚后接受父母赠与房屋的归属，是一个很重要很敏感的话题。一方父母出资购买房屋的，要记住"两项原则"和"两个例外"——"婚前：一方父母为双方购置房屋出资的，以对其自己子女赠与为原则，以赠与双方为例外（明确表示赠与双方）；婚后：一方父母为双方购置房屋出资的，以对夫妻双方赠与为原则，以赠与一方为例外（产权登记在出资人子女名下）。"[1] 将房产登记在己方子女名下，说明赠与时就确定将房产赠与己方子女所有。

首先，启某与启某某之间的房屋买卖关系不成立。民法典第143条规定："具备下列条件的民事法律行为有效：（一）行为人具有相应的民事行为能力；（二）意思表示真实；（三）不违反法律、行政法规的强制性规定，不违背公序良俗。"合同是民事法律行为的一种，亦应符合上述条件。根据民法典第595条的规定，买卖合同是出卖人转移标的物的所有权于买受人，买受人支付价款的合同。合同价款的支付是判断买卖双方是否具有真实买卖意图的重要因素，本案中，启某某与启某虽签订了《房屋买卖合同》，但该合同中未见有支付房款的约定，启某某和江某某也从未支付过购房款。启某表示签订《房屋买卖合同》只是为了将涉诉房屋过户报销供暖费。可见，启某某与启某之间并不存在真实的房屋买卖意图，双方之间的房屋买卖关系不成立。

其次，涉诉房屋应属启某某的个人财产。《民法典婚姻家庭编司法解

〔1〕 何志：《婚姻案件审理要点精释》，人民法院出版社2013年版，第176页。

释（一）》第29条规定："当事人结婚前，父母为双方购置房屋出资的，该出资应当认定为对自己子女个人的赠与，但父母明确表示赠与双方的除外。当事人结婚后，父母为双方购置房屋出资的，依照约定处理；没有约定或者约定不明确的，按照民法典第一千零六十二条第一款第四项规定的原则处理。"民法典第1062条第1款第4项规定，夫妻在婚姻关系存续期间所得的下列财产，为夫妻的共同财产，归夫妻共同所有：……（四）继承或者受赠的财产，但是本法第1063条第3项规定的除外；第1063条第3项规定，下列财产为夫妻一方的个人财产：……（三）遗嘱或者赠与合同中确定只归一方的财产……父母为子女购买房屋的形式，既可以父母名义购买而后登记至子女名下，也可以子女名义直接购买。同时，因不动产物权登记具有公示公信效力，若婚后一方父母出资为子女购买的不动产登记在出资人子女名下，可根据登记行为推断出作为出资人的父母将不动产赠与子女一方的意思表示。本案中，启某某认为涉诉房屋系由父母赠与自己，启某某的父母也表示涉诉房屋系赠与启某某单方，而且涉诉房屋仅登记在启某某单方名下，从这些事实可以认定涉诉房屋系由启某某之父母赠与启某某单方，应属启某某的个人财产。

综上所述，江某某要求将涉案房屋作为夫妻共同财产进行分割的请求难以成立，得不到法院的支持。

【法条指引】

最高人民法院关于适用《中华人民共和国民法典》婚姻家庭编的解释（一）

第二十九条　当事人结婚前，父母为双方购置房屋出资的，该出资应当认定为对自己子女个人的赠与，但父母明确表示赠与双方的除外。

当事人结婚后，父母为双方购置房屋出资的，依照约定处理；没有约定或者约定不明确的，按照民法典第一千零六十二条第一款第四项规定的原则处理。

17. 离婚后要求分割曾经放弃的夫妻共同财产，能否获得支持？

【维权要点】

男女双方协议离婚后就财产分割问题反悔，请求变更或者撤销财产分割协议的，人民法院应当受理。人民法院审理后，如果未发现订立财产分割协议时存在欺诈、胁迫等情形的，将依法驳回当事人的诉讼请求。

【典型案例】

孙某（女）与吴某（男）于 2010 年结婚。2019 年 1 月，孙某用婚后积蓄以自己名义购买了一套价值 100 万元的商品房。2020 年 3 月，孙某与丈夫吴某协议离婚，当时对各自名下的财产进行了分割，约定商品房归孙某所有。2021 年 2 月，吴某向法院提起诉讼，要求重新分割上述房屋。吴某称，离婚时想表现得大度一点，没有与孙某争要此房，现在后悔了，要求重新对房屋进行分割。

【法官讲法】

夫妻共同财产包括夫妻双方或者一方在婚姻关系存续期间取得的劳动收入和其他合法收入、受赠和继承的财产等。除双方约定及法律规定归一方单独所有外，婚姻关系存续期间所取得的财产应算作夫妻共同财产。因此，界定是否是夫妻共同财产，应注意从时间上进行把握。孙某 2019 年 1 月购买的一套价值 100 万元的商品房，2020 年 3 月与丈夫离婚，从时间上看，该套房屋购买的时间在孙某与吴某结婚后离婚前，应当属于夫妻共同财产，离婚时应当予以分割。

司法实践中，夫妻离婚时，一般由双方自行查清财产，自行向法庭陈述并提供证据证明现实存在可供分割的财产。只有在当事人及其诉讼代理人确实因客观因素无法取得的材料，或者申请调查收集的证据属于国家有关部门保存并须人民法院依职权调取的档案材料，或者涉及国家秘密、商业秘密、个人隐私的材料，当事人及其诉讼代理人才可以申请法院调查收集证据。例如，向银行调取当事人存款明细信息、向证券公司调取当事人股票账户信息、到房屋土地管理部门核查房产证等。

离婚后财产未分割的情况较多，例如：一是夫妻双方在离婚时一方疏忽、忘记，离婚后又想起来的；二是由于一方故意隐瞒部分共同财产，另一方在离婚后又发现的；三是由于财产被错误没收或者代管或者查封等，离婚时没有作为共同财产分割，离婚后有关部门将该财产发还给一方的。对于疏忽、忘记导致遗漏的共同财产和有关部门又发还的共同财产，根据我国民法典中关于离婚财产分割的相关规定、司法解释及立法精神，当事人一方有权要求再次分割；对于一方故意隐瞒共同财产的，我国民法典第1092条规定："夫妻一方隐藏、转移、变卖、毁损、挥霍夫妻共同财产，或者伪造夫妻共同债务企图侵占另一方财产的，在离婚分割夫妻共同财产时，对该方可以少分或者不分。离婚后，另一方发现有上述行为的，可以向人民法院提起诉讼，请求再次分割夫妻共同财产。"因此，对于离婚后发现对方仍有财产未分割的，一方有权提起诉讼请求重新分割这部分财产。需要注意的是程序问题，一方当事人需另行起诉请求对没有处理的财产予以分割，立案时需要交纳诉讼费，法院将另案对尚未分割的财产进行审理，而不是对原离婚案件重新审理。

离婚时由于种种原因没有分割的共同财产，即使双方离婚后，当事人也有权主张这部分财产的分割权。《民法典婚姻家庭编司法解释（一）》第83条强调："离婚后，一方以尚有夫妻共同财产未处理为由向人民法院起诉请求分割的，经审查该财产确属离婚时未涉及的夫妻共同财产，人民法院应当依法予以分割。"第70条规定："夫妻双方协议离婚后就财产分割问题反悔，请求撤销财产分割协议的，人民法院应当受理。人民法院审理后，未发现订立财产分割协议时存在欺诈、胁迫等情形的，应当依法驳回当事人的诉讼请求。"可见，法律保护当事人的权利是有一定限制的。其一，如果一方在离婚时已经明确表示放弃了部分财产的权利，或者对财产已经分割，事后觉得亏了，不合适了，再以不知道为由起诉的，其诉求得不到法律支持。值得一提的是，《民法典婚姻家庭编司法解释（一）》删除了原司法解释中关于须在男女双方协议离婚后1年内提起诉讼的规定。但是，此项撤销权属于形成权，在婚姻家庭编对该种情况没有特别规定的情况下，应当适用总则编关于撤销权行使除斥期间的有关规定。根据民法典第152条第1款的规定，虽然权利行使的期间仍为1年，但起算点不同，在受欺诈的情形下，应为当事人知道或者应当知道撤销事由之日，而不是原来规定的离婚之日；在受胁迫的情形下，为胁迫行为终止之日。而且，由于离婚财产分割协议是以离婚为条件，根据民法典第152条第2款的精神，自离婚之日起5年内没有行使撤销权的，撤销权即消灭。其次，《民法典婚姻家庭编司法解释（一）》第84条规定，当事人依据民法典第1092条的规定向人民法院提起诉讼，请求再次分割夫妻共同财产的诉讼时效期间为 3 年，从当事人发现之日起计算。因此，当事人主张要分割的财产，应当在其发现后的 3 年之内提出。

本案原告吴某在协议离婚时放弃了诉争房屋，后反悔要求重新分割该房屋，吴某并未举证证明订立财产分割协议时存在欺诈、胁迫等情形，吴某的诉讼请求显然得不到法院的支持。

【法条指引】

中华人民共和国民法典

第一千零九十二条 夫妻一方隐藏、转移、变卖、毁损、挥霍夫妻共同财产，或者伪造夫妻共同债务企图侵占另一方财产的，在离婚分割夫妻共同财产时，对该方可以少分或者不分。离婚后，另一方发现有上述行为的，可以向人民法院提起诉讼，请求再次分割夫妻共同财产。

最高人民法院关于适用《中华人民共和国民法典》
婚姻家庭编的解释（一）

第七十条 夫妻双方协议离婚后就财产分割问题反悔，请求撤销财产分割协议的，人民法院应当受理。

人民法院审理后，未发现订立财产分割协议时存在欺诈、胁迫等情形的，应当依法驳回当事人的诉讼请求。

第八十三条 离婚后，一方以尚有夫妻共同财产未处理为由向人民法院起诉请求分割的，经审查该财产确属离婚时未涉及的夫妻共同财产，人民法院应当依法予以分割。

第八十四条 当事人依据民法典第一千零九十二条的规定向人民法院提起诉讼，请求再次分割夫妻共同财产的诉讼时效期间为三年，从当事人发现之日起计算。

18. 一方持有属于夫妻共同财产的公司股权，离婚时应当如何处理？

【维权要点】

人民法院审理离婚案件，涉及分割夫妻共同财产中以一方名义在有限责任公司的出资额，另一方不是该公司股东的，按以下情形分别处理：

（1）夫妻双方协商一致将出资额部分或者全部转让给该股东的配偶，其他股东过半数同意，并且其他股东均明确表示放弃优先购买权的，该股东的配偶可以成为该公司股东；（2）夫妻双方就出资额转让份额和转让价格等事项协商一致后，其他股东半数以上不同意转让，但愿意以同等条件购买该出资额的，人民法院可以对转让出资所得财产进行分割。其他股东半数以上不同意转让，也不愿意以同等条件购买该出资额的，视为其同意转让，该股东的配偶可以成为该公司股东。在进行折价补偿时，由专业机构对公司的财产状况和财务情况进行综合评估，按照股权的实际价值决定对股东的配偶经济补偿的数额。

【典型案例】

萧某（男）与邓某（女）于2008年结婚。2018年11月，萧某以两人婚后的积蓄与王某、李某合资成立了某商务有限公司。公司成立后，业务开展较为顺利，盈利可观。2021年3月，邓某以与萧某感情不和为由提出离婚，并要求对包括某商务有限公司51%股权在内的夫妻共同财产进行分割。萧某同意离婚，但认为某商务有限公司是以自己的名义与他人合资创立的，邓某一直未参与该公司的经营，且由于两人感情恶化，离婚后，如果邓某参与公司经营，容易产生内部分歧，对公司发展不利。王某、李某也不同意邓某加入。萧某提出给予邓某一定的经济补偿。双方协商未果，邓某向人民法院提出诉讼，要求离婚并分割财产。

【法官讲法】

按照公司法的规定，公司的股东作为出资者按投入公司的资本额享有所有者的资产权益、重大决策和选择管理者等权利，这也就是人们所说的股权。但股东的出资并不导致股东对具体存在的公司财产享有所有权，公司享有独立的法人财产权。作为股权，它是由私法法律规范调整的一种民事权利，具有其他民事权利如物权、债权、知识产权等所具有的基本法律属性。就其内容而言，主要表现为财产权，既然与其他民事权利一样，就应当能够分割，且夫妻一方所持的股权是能够量化的夫妻共同财产，因此依法应予分割。只是应当注意分割的方式，不能侵害公司的法人财产权和其他股东的合法权益。在对夫妻共同财产中的股权的认定和处理上，既要考虑公司法的有关规定，又要考虑有关婚姻法律规范的基本原则。分割夫妻共同财产中的股权，应当在充分考虑法人财产权、经营权和其他股东的合法权益的情况下，根据法律规定，从企业的长远发展出发，采取灵活多样的方式，实事求是、科学合理地处理共同财产的分割问题。

《民法典婚姻家庭编司法解释（一）》第73条对离婚案件中涉及分割夫妻共同财产中以一方名义在有限责任公司的出资额，另一方不是该公司股东的情况，区分不同的情形作出了规定：（1）夫妻双方协商一致将出资额部分或者全部转让给该股东的配偶，其他股东过半数同意，并且其他股东均明确表示放弃优先购买权的，该股东的配偶可以成为该公司股东；（2）夫妻双方就出资额转让份额和转让价格等事项协商一致后，其他股东半数以上不同意转让，但愿意以同等条件购买该出资额的，人民法院可以对转让出资所得财产进行分割。其他股东半数以上不同意转让，也不愿意以同等条件购买该出资额的，视为其同意转让，该股东的配偶可以成为该公司股东。上述司法解释的规定既考虑了公司法的有关规定，又兼顾了婚姻法律规范的基本原则。在保护夫妻共同财产权的同时，又使公司的法人财产权和其他股东的合法权益得到了维护。在对股权的处理上，采取了灵活多样的方式，平衡了各方面的利益，有利于涉及公司股权的离婚财产纠纷得到公平、合理的解决。

在本案中，萧某以与邓某结婚后的积蓄与王某、李某合资成立了某商务有限公司。由此形成的萧某名下的公司51%的股权显然是夫妻共同财产，在离婚时应当作为夫妻共同财产加以分割。由于邓某一直未参与该公司的经营，萧某与邓某夫妻感情恶化导致离婚后，如果邓某参与该公司经营，容易造成公司内部矛盾，对公司发展不利。萧某据此不同意转让公司股份给邓某。同时，王某、李某也不同意邓某加入。按照公司法规定，股东向股东以外的人转让其出资时，必须经其他股东过半数同意。如果判决邓某取得该公司的股权，显然违反了公司法的上述规定。从保护公司的法人财产权和其他股东的合法权益，有利于公司组织结构的统一和未来发展考虑，按照《民法典婚姻家庭编司法解释（一）》第73条的规定，邓某不符合成为该公司股东的法定条件，应当由萧某给予邓某与应分配给其的股权相当的经济补偿。在进行折价补偿时，对公司的股权应当按照何种价格计算，在实践中也是一个很难解决的问题。按照股东当初投入的资本额即出资的数额计算显然是不公平的，因为在公司的经营中，资本会增值，其实际价值可能远远大于股东当初投入的资本额。由于股权在不同的经营时期，在不同的经营环境下，有着不同的价值。解决这一难题，只能在公平原则的基础上，由专业机构对公司的财产状况和财务情况进行综合评估，按照股权的实际价值决定对股东的配偶经济补偿的数额。

【法条指引】

中华人民共和国公司法

第七十一条 有限责任公司的股东之间可以相互转让其全部或者部分股权。

股东向股东以外的人转让股权，应当经其他股东过半数同意。股东应就其股权转让事项书面通知其他股东征求同意，其他股东自接到书面通知之日起满三十日未答复的，视为同意转让。其他股东半数以上不同意转让的，不同意的股东应当购买该转让的股权；不购买的，视为同意转让。

经股东同意转让的股权，在同等条件下，其他股东有优先购买权。两个以上股东主张行使优先购买权的，协商确定各自的购买比例；协商不成的，按照转让时各自的出资比例行使优先购买权。

公司章程对股权转让另有规定的，从其规定。

最高人民法院关于适用《中华人民共和国民法典》婚姻家庭编的解释（一）

第七十三条 人民法院审理离婚案件，涉及分割夫妻共同财产中以一方名义在有限责任公司的出资额，另一方不是该公司股东的，按以下情形分别处理：

（一）夫妻双方协商一致将出资额部分或者全部转让给该股东的配偶，其他股东过半数同意，并且其他股东均明确表示放弃优先购买权的，该股东的配偶可以成为该公司股东；

（二）夫妻双方就出资额转让份额和转让价格等事项协商一致后，其他股东半数以上不同意转让，但愿意以同等条件购买该出资额的，人民法院可以对转让出资所得财产进行分割。其他股东半数以上不同意转让，也不愿意以同等条件购买该出资额的，视为其同意转让，该股东的配偶可以成为该公司股东。

用于证明前款规定的股东同意的证据，可以是股东会议材料，也可以是当事人通过其他合法途径取得的股东的书面声明材料。

19. 一方婚前持有的股票在婚后增值的，能否作为夫妻共同财产分割？

【维权要点】

夫妻一方个人财产在婚后产生的收益，除孳息和自然增值外，应认定为夫妻共同财产。一方婚前持有的股票在婚后增值的部分，既不属于孳息，也不属于自然增值，而是"生产、经营、投资的收益"，因此只要是在婚姻关系存续期间取得的，离婚时就应当作为夫妻共同财产进行分割。

【典型案例】

郑某（男）与钱某（女）于2011年结婚。结婚前，郑某名下有股票价值20万元。婚后，郑某继续炒股。钱某未参与炒股，但将自己的一部分工资收入投入进去作为股本，累计有3万元左右。2020年，两人的父母也各自投入了5万元。在投资时，双方商定，每年付给两方的父母10%的年息，盈亏不问。2022年，郑某以与钱某感情不和为由，提出离婚。钱某同意离婚，但要求将郑某名下的股票（已增值到80万元）作为夫妻共同财产加以分割。郑某认为，该笔财产主要是自己婚前股票的增值，因此，股票账户大部分款项应属于自己的个人财产。双方的父母可以按照当初的约定分得年息。至于钱某以自己的工资收入投资的部分，可以按照比例获得一部分红利。双方无法达成一致，钱某起诉至人民法院。

【法官讲法】

在本案中，当事人双方争议财产的情况比较复杂。首先，这笔财产的股本比较复杂，既有男方婚前的个人财产，也有婚后的共同财产，还有其他家庭成员的财产。其次，该财产经过了比较复杂的增值过程。该增值部分，哪些属于婚前财产的增值，哪些属于婚后财产的增值，哪些属于家庭其他成员的增值难以区分。再次，一方婚前所有的股票在婚后的增值部分应当作为个人财产，还是夫妻共同财产有争议。

民法典第 1063 条规定："下列财产为夫妻一方的个人财产：（一）一方的婚前财产……"郑某婚前所有的价值 20 万元的股票应当认定为郑某的个人财产。双方的父母投入的资金，在投资时双方即有约定：每年付给两方的父母 10% 的年息，盈亏不问。因此，应当按照约定，划出本金和年息（共计 12 万元）。钱某以其工资收入投入的 3 万元，按照民法典第 1062 条规定："夫妻在婚姻关系存续期间所得的下列财产，为夫妻的共同财产，归夫妻共同所有：（一）工资、奖金……"，属于夫妻共同财产。而剩余的款项 45 万元既可能有婚前财产的增值，也可能有婚后投入财产的增值，炒股期间亏掉的部分应当算作婚前个人财产的亏损，还是婚后取得的夫妻共同财产的亏损，很难认定。笔者认为，郑某婚前股票增值的部分和钱某投入的资金以及相应的增值部分均应当作为夫妻共同财产。理由如下：

股票增值属于投资收益。夫妻一方的个人财产在婚后的收益主要有孳息、投资收益和自然增值三种。孳息是特定物所生的收益，可分为自然孳息和法定孳息。典型的自然孳息如树木所结的果实、母鸡所生的蛋等，典型的法定孳息如银行存款的利息等。自然增值是指该增值的发生是因通货膨胀或市场行情的变化而致，与夫妻一方或双方是否为该财产投入物资、劳动、努力、投资、管理等无关。比如，夫妻一方个人婚前所有的房屋、古董、字画、珠宝、黄金等，在婚姻关系存续期间因市场价格上涨而产生的增值。按照我国民法典及有关司法解释的规定，孳息和自然增值归原物主所有，即如果原物属于夫妻一方的个人财产，则该物所生的孳息和自然增值也归该方所有。而买卖股票产生的增值，与孳息和自然增值不同，本质上是一种生产、经营、投资的收益，只要是在婚姻关系存续期间取得的，就应当作为夫妻共同财产。民法典第 1062 条规定："夫妻在婚姻关系存续期间所得的下列财产，为夫妻的共同财产，归夫妻共同所有：……（二）生产、经营、投资的收益……"《民法典婚姻家庭编司法解释（一）》第 26 条规定："夫妻一方个人财产在婚后产生的收益，除孳息和自然增值外，应认定为夫妻共同财产。"综上，一方婚前持有的股票在婚后增值的部分，既不属于孳息，也不属于自然增值，而是"生产、经营、投资的收益"，因此只要是在婚姻关系存续期间取得的，离婚时就应当作为夫妻共同财产进行分割。

【法条指引】

中华人民共和国民法典

第一千零六十二条　夫妻在婚姻关系存续期间所得的下列财产，为夫妻的共同财产，归夫妻共同所有：

（一）工资、奖金、劳务报酬；

（二）生产、经营、投资的收益；

（三）知识产权的收益；

（四）继承或者受赠的财产，但是本法第一千零六十三条第三项规定的除外；

（五）其他应当归共同所有的财产。

夫妻对共同财产，有平等的处理权。

最高人民法院关于适用《中华人民共和国民法典》婚姻家庭编的解释（一）

第二十六条　夫妻一方个人财产在婚后产生的收益，除孳息和自然增值外，应认定为夫妻共同财产。

20. 知识产权收益在离婚时尚未实现的，能否作为夫妻共同财产分割？

【维权要点】

夫妻在婚姻关系存续期间所得的知识产权的收益属于夫妻共同财产。这里的"知识产权的收益"，是指婚姻关系存续期间，实际取得或者已经明确可以取得的财产性收益。亦即，既包括已经取得的知识产权财产性收益，也包括尚未取得但已经明确可以取得的知识产权财产性收益。

【典型案例】

谢某（男）与邵某（女）于 2016 年结婚。结婚后，谢某勤于钻研，利用业余时间取得了一项发明专利。谢某向国家专利局提出申请并获得了批准。由于该专利市场前景十分看好，谢某取得该专利后，已有多家企业找到谢某商谈专利转让事宜。但谢某对对方给出的转让费始终不满意，所以该专利一直未转让。2021 年 10 月，谢某以与邵某感情不和为由提出离婚。邵某同意离婚并要求依法分割财产。邵某认为，谢某取得的专利虽然没有转让，但该专利市场前景十分看好，蕴含着巨大的经济价值，要求对该专利按照夫妻共同财产加以分割。谢某则认为，专利尚未转让，没有取得经济收益。该专利不属于夫妻共同财产，不能作为夫妻共同财产分割。双方经协商未能达成一致，邵某诉至人民法院。

【法官讲法】

民法典第 1062 条第 1 款第 3 项规定，夫妻在婚姻关系存续期间所得的知识产权的收益归夫妻共同所有。所谓知识产权的收益是指"作品在出版、上演或播映后而取得的报酬，或允许他人使用而获得的报酬，专利权人转让专利权或许可他人使用其专利所取得的报酬，商标所有人转让商标权或许可他人使用其注册商标所取得的报酬等"[1] 传统的知识产权主要是指著作权、专利权、商标权。随着社会的发展和科技的进步，出现了商业秘密、专有技术等新的知识产权类型。知识产权与其他财产权有着明显的不同，具有其他财产权所没有的两权合一的特点：一方面，知识产权具有人身权方面的内容，即创作者基于其智力成果依法享有的以人身利益为内容的权利，如著作权中的发表权、署名权等；另一方面，知识产权又有财产权方面的内容，即知识产权人依法通过各种方式利用其智力成果的权利，这种权利通常能给权利人带来经济利益。民法典第 1062 条第 1 款第 3 项规定的"知识产权的收益"主要是指知识产权在财产权方面的内容。知识产权中人身权方面的内容与智力成果创造人的人身不能分割，这一点没有争议。目前在离婚案件分割财产时，引起较大争议的是知识产权在财产权方面的问题，主要是知识产权中尚未实现的经济利益，即所谓的财产期待权在离婚时是否能作为夫妻共同财产加以分割以及如何分割的问题；婚前取得的智力成果在婚后取得的经济利益是夫妻共同财产还是夫妻一方婚前的个人财产；已经具有相当高的知名度并能带来巨大经济利益的知识产权的归属；等等。对上述问题的处理，应当遵循公平的原则，兼顾民法典

---

[1] 最高人民法院民法典贯彻实施工作领导小组主编：《中华人民共和国民法典婚姻家庭编继承编理解与适用》，人民法院出版社 2020 年版，第 152 页。

婚姻家庭编和知识产权法的有关规定，既要保护知识产权人的合法权益，也要维护夫妻关系另一方的利益，特别是要注意保护妇女的合法权益。

在本案中，当事人争议的实质是离婚时，对知识产权中尚未实现的经济利益应当如何处理。在婚姻关系存续期间已经取得的知识产权收益属于夫妻共同财产没有争议，而尚未取得的收益作为一种期待利益，即知识产权中的财产期待权，是否属于夫妻共同财产是一个容易引起争议的问题。根据民法典的规定，知识产权中的经济利益即知识产权的收益应当包括财产期待权。一方面，民法典是将财产权的取得作为确定财产所有权归属的依据。这里的取得是指在婚姻关系存续期间，只要夫妻没有约定，夫妻一方或双方已经取得所有权的财产，应当作为夫妻共同财产。按照民法典的规定，夫妻在婚姻关系存续期间取得的知识产权的收益归夫妻共有。这里的知识产权收益应当包括知识产权的现实的和期待的经济利益，否则与民法典的基本精神和原则相违背。另一方面，基于知识产权的专有性，夫妻一方在婚姻关系存续期间取得的知识产权是该方个人享有的专有权，只有由知识产权所产生的经济利益才归夫妻所共有。在婚姻关系存续期间，夫妻一方取得的知识产权是离不开另一方的支持的，是夫妻双方共同努力的结果。如果在知识产权所产生的经济利益中排除期待利益，就意味着缩小了夫妻共同财产的范围，对为该知识产权的取得也作出了贡献的另一方显然是不公平的。

《民法典婚姻家庭编司法解释（一）》第24条规定，民法典第1062条第1款第3项规定的"知识产权的收益"，是指婚姻关系存续期间，实际取得或者已经明确可以取得的财产性收益。根据该条的规定，在离婚时，知识产权中的预期利益如果是已经明确可以取得的，归夫妻共同所有，应当作为夫妻共同财产加以分割。本案中，由于谢某取得的专利市场前景十分看好，已有多家企业找到谢某商谈专利转让事宜。因为谢某对对方给出的转让费始终不满意，所以该专利一直未转让。因此，该知识产权的财产性收益已经明确可以取得，应当认定为夫妻共同财产。邵某要求对该知识产权作为夫妻共同财产加以分割的诉讼请求应当支持。分割知识产权中尚未实现的财产性收益的具体办法有两种：（1）折价补偿。可以参照民法典中不可分物的分割方法，由享有知识产权的一方给予另一方相应的补偿；（2）可以对知识产权中尚未实现的财产性收益暂不分割，归双方共有，保留一方的诉权，待今后取得经济利益后再进行分割。

【法条指引】

最高人民法院关于适用《中华人民共和国民法典》
婚姻家庭编的解释（一）

第二十四条 民法典第一千零六十二条第一款第三项规定的"知识产权的收益"，是指婚姻关系存续期间，实际取得或者已经明确可以取得的财产性收益。

21. 婚前完成著作婚后在配偶的帮助下出版的，稿酬是否属于夫妻共同财产?

【维权要点】

婚前完成的智力成果在婚后取得的经济收益，具体处理时应当区分以下两种情况：（1）当智力成果（如著作）在婚前已经创作完成并发表，只是在婚后才取得稿酬的，应当视为婚前个人财产。（2）婚前完成的智力成果，由于种种原因没有发表或转让，未取得财产性收益，在婚后投入市场，取得财产性收益的，该财产性收益仍应当认定为婚前个人财产。但如果知识产权人的配偶为财产性收益的取得付出了较大的劳动，发挥了重要作用的，可以给予其适当的经济补偿。

【典型案例】

高某（男，某大学老师）与王某（女，某出版社编辑）于 2017 年结婚。婚前，高某创作完成了一部长篇小说，但由于一直未联系到出版社，该书未能出版。两人结婚后，王某利用自己在出版社工作的便利，为高某办妥了出版事宜，并组织了该书的宣传和销售。该书上市后，畅销一时，为高某带来了丰厚的稿酬。高某有了名气和宽裕的经济条件后，与王某的夫妻感情开始出现裂痕。2021 年，高某以与王某性格不合为由提出离婚。王某同意离婚，但要求依法分割包括高某近 50 万元稿酬在内的夫妻共同财产。高某认为，该书是自己在婚前完成的智力成果，虽然该书的稿酬是在婚后取得的，但属于婚前个人财产，不能作为共同财产加以分割。双方经协商未果，诉至人民法院。

本案的焦点是婚前完成的智力成果在婚后取得收益的，是否应当认定为夫妻共同财产。对此，在审理中有两种不同的意见：一种意见认为，应当认定为夫妻共同财产。首先，民法典第 1062 条第 1 款规定的夫妻共同财产是在婚姻关系存续期间取得的财产，法律没有强调付出劳动的时间是在婚前还是婚后。强调付出劳动的时间在婚姻关系存续期间对婚姻当事人整体而言不公平。其次，婚后所得共同制的精神在于强调在婚姻关系存续期间得到的财产都归夫妻共同所有（特有财产除外）而不论得到的原因和根据。因此，将付出劳动的时间加以深究与该财产制度的精神相违背。而且，民法典第 1062 条第 1 款第 3 项明确规定，婚姻关系存续期间取得的知识产权的收益归夫妻共同所有。该条规定只强调了知识产权收益取得的时间，而不论智力成果完成的时间。本案中，高某的稿酬是在婚后取得的，应当属于夫妻共同财产。王某要求分割该财产的诉讼请求应当得到支持。另一种意见认为，不能认定为夫妻共同财产。首先，民法典第 1062 条第 1 款规定的在婚姻关系存续期间所得的财产为夫妻共同财产，这里的"所得"指的是财产所有权的取得而非实际财产的取得。当所有权取得的时间与财产的实际取得时间不一致时，应该以所有权取得的时间作为区分婚前财产与婚后财产的分界线。一方在婚前完成的智力成果，已经取得了知识产权，应当视为婚前个人财产。其次，对一方在婚前付出大量劳动和巨大财力取得的知识产权，另一方没有任何付出就均等分割该财产，显然是不公平的，容易导致某些人利用婚姻获取财产。本案中，高某的著作在婚前就已完成，即已经取得知识产权，虽然稿酬是在婚后取得的，但仍应属于婚前个人财产，不能作为夫妻共同财产加以分割。王某为该作品的出版和销售付出了大量劳动，发挥了重要作用，为稿酬的取得提供了前提条件，可以给予其适当的经济补偿。这与该财产的性质是两个问题。

【法官讲法】

民法典第 1062 条规定："夫妻在婚姻关系存续期间所得的下列财产，为夫妻的共同财产，归夫妻共同所有：……（三）知识产权的收益……"对该规定，可以有两种理解：（1）知识产权在婚姻关系存续期间取得的，经济收益归夫妻共同所有；（2）知识产权的经济收益在婚姻关系存续期间取得的，归夫妻共同所有，不论该智力成果是在婚前还是婚后完成，知识产权是在何时取得。这两种不同理解的实质是划分婚前和婚后财产的标准的不同：前者以财产所有权取得的时间作为区分婚前、婚后财产的分界线；后者以财产实际取得的时间作为分界线。这也是上述两种不同意见分歧的实质。

《民法典婚姻家庭编司法解释（一）》第24条规定："民法典第一千零六十二条第一款第三项规定的'知识产权的收益'，是指婚姻关系存续期间，实际取得或者已经明确可以取得的财产性收益。"一方在婚前取得知识产权，财产性收益在婚后取得的，按照民法典和所有权取得的理论，应当认定为婚前的个人财产。这里需要明确该财产的性质，在对该财产的处理上不能简单化。婚前完成的智力成果在婚后取得的经济收益，具体处理时应当区分以下两种情况：（1）当智力成果（如著作）在婚前已经创作完成并发表，只是在婚后才取得稿酬的，应当视为婚前个人财产。因为婚前一方作品一经发表，即取得财产权利，是一种既得财产权利，只是在婚后实际取得，不改变其婚前个人财产的性质。（2）婚前完成的智力成果，由于种种原因没有发表或转让，未取得财产性收益，在婚后投入市场，取得财产性收益的，该财产性收益仍应当认定为婚前个人财产，在离婚时，不能作为夫妻共同财产加以分割。但如果该知识产权的财产性收益在婚后取得的过程中，知识产权人的配偶为财产性收益的取得付出了较大的劳动，发挥了重要作用的，可以给予其适当的经济补偿。具体的补偿标准由双方协商；协商不成的，由人民法院根据该财产性收益取得的具体情况和双方付出劳动的情况以及发挥的作用，予以判决。

在本案中，高某的作品是在婚前完成的，但由于一直未联系到出版社，该书未能出版。两人结婚后，王某利用自己在出版社工作的便利，为高某办妥了出版事宜，并组织了该书的宣传和销售。该书上市后，为高某带来了近50万元的稿酬。从以上情况可以看出，王某为该书经济收益的取得付出了大量劳动，发挥了重要作用，没有王某，该书可能至今无法出版，更不能为高某带来巨大的经济收益。所以，在离婚时可以由高某从该书的经济收益中给予王某一定的经济补偿。

民法典第1087条第1款规定："离婚时，夫妻的共同财产由双方协议处理；协议不成的，由人民法院根据财产的具体情况，按照照顾子女、女方和无过错方权益的原则判决。"在本案中，夫妻感情的破裂主要是由于高某在其作品成功发表，名利双收之后，与王某的感情出现裂痕导致的。王某为高某的成功付出了辛勤劳动，非但没有起到加深夫妻感情、巩固婚姻关系的作用，反而导致了婚姻关系的破裂，属于婚姻关系中受害的一方。所以，在处理本案的财产分割问题时，要综合考虑到夫妻感情破裂的具体原因和相关法律规定，既要保护离婚案件的无过错方王某的合法权益，又要有利于高某今后的继续创作，平衡双方当事人的利益，统筹兼顾，合理解决。

【法条指引】

中华人民共和国民法典

第一千零八十七条　离婚时，夫妻的共同财产由双方协议处理；协议不成的，由人民法院根据财产的具体情况，按照照顾子女、女方和无过错方权益的原则判决。

……

最高人民法院关于适用《中华人民共和国民法典》
婚姻家庭编的解释（一）

第二十四条　民法典第一千零六十二条第一款第三项规定的"知识产权的收益"，是指婚姻关系存续期间，实际取得或者已经明确可以取得的财产性收益。

第四章　收　　养

1. 如何认定收养行为的效力？

【维权要点】

收养是建立拟制血亲关系的重要途径。变更亲子法律关系事关重大，因此只有符合法定的实质要件和形式要件，收养行为才产生法律效力。我国民法典婚姻家庭编对被收养人、送养人、收养人的条件和收养合意等问题都作了明确的规定，同时规定成立收养关系的法定程序是收养登记程序，以收养协议及收养公证为补充。

【典型案例】

麦甲因生活困难，自感难以抚养孩子麦某成人，欲将麦某送人收养。2021 年 1 月，经中间人联系，麦甲与韦某取得联系，韦某已婚，有一对双胞胎女儿，欲再收养一子。于是麦甲与韦某达成口头协议，由韦某收养麦某。2021 年 2 月 15 日，中间人将麦某送到韦某家，之后麦某一直在韦某家生活，但双方均未到民政部门办理收养登记手续。2022 年 3 月 10 日，因思想压力过大，麦某自愿离开韦某家返回原籍与生父麦甲共同生活。为此，韦某将麦甲、麦某诉至法院，请求法院判决麦某归自己抚养。

【法官讲法】

所谓收养，是指在收养人与被收养人之间，由法律创制的拟制亲子关系。收养作为一种古老的民事法律制度，其创设的本旨是随时代的变迁而不断发展的，大体经历了"为家之收养"（即为承继血统而收养）、"为亲之收养"（即为了安慰晚景或增加劳力而收养）和"为子女之收养"（即为子女的幸福而收养）三个阶段。其中，"为子女之收养"开始于第一次世界大战后。战争使得无数家庭破碎，社会上出现了大量无父无母、无家可归的弃婴和儿童，加之社会经济的发展、社会结构的变化、非婚生子女的增多等情况，产生了很多社会问题。因此，战后各国普遍开始重视收养立法，最典型的要数英国，一度废除了收养法后又重新颁布实行。现代各国收养立法均以保护未成年养子女利益为基本出发点。我国民法典第1044条规定了收养的基本原则，即收养应当遵循最有利于被收养人的原则，保障被收养人和收养人的合法权益；禁止借收养名义买卖未成年人。"最有利于被收养人"原则为司法实践中解决收养矛盾纠纷提供了统一的基本价值指引，为保护被收养人身心健康提供法律保障。关于收养的法律性质，通说认为收养是一种身份契约，我国民法典第1093条规定："下列未成年人，可以被收养：（一）丧失父母的孤儿；（二）查找不到生父母的未成年人；（三）生父母有特殊困难无力抚养的子女。"被收养人的年龄从原收养法的14周岁以下的未成年人上调至18周岁以下。这一改变让更多的未成年人可以有机会回归家庭，感受家庭温暖。民法典第1094条规定，下列个人、组织可以作送养人：（1）孤儿的监护人；（2）儿童福利机构；（3）有特殊困难无力抚养子女的生父母。民法典第1098条规定，收养人应当同时具备下列条件：（1）无子女或者只有一名子女。原收养法该条款为"没有子女"，为适应我国新的生育政策，这一条件被民法典修改成了"无子女或者只有一名子女"。所谓"无子女"是指收养人既没有亲生子女，也没有养子女和继子女。也就是说，收养人的亲生子女和收养子女加起来，总数最多为两人，满足了仅有一名子女的人想要收养子女的愿望。（2）有抚养、教育和保护被收养人的能力。所谓"有抚养、教育和保护被收养人的能力"，是指收养人应当具有完全民事行为能力，在身体、智力、经济、道德品质和教育子女等方面具有抚养和教育被收养人的能力，能够履行父母对子女应尽的义务。（3）未患有在医学上认为不应当收养子女的疾病。所谓"未患有在医学上认为不应当收养子女的疾病"，主要是指精神疾病和传染病。（4）无不利于被收养人健康成长的违法犯罪记录。这一条件是民法典新增条款，涉及暴力、吸毒或者侵犯未成年人权益的违法行为将在禁止之列。该条件可以一定程度上避免有犯罪经历的人给被收养人带来身心上的伤害和不利引导，能更充分地保障被收养人的安全，为被收养人提供更加良好、健康的成长环境。（5）年满30周岁。所谓"年满30周岁"，是包括30周岁本数在内。夫妻共同收养，则必须双方都年满30周岁。1991 年收养法曾规定收养人必须年满 35 周岁，修改后的收养法根据经济社会的发展状况和社会收养的实际需要，同时参考了其他国家对收养人年龄的规定，将收养人的年龄下降到 30 周岁。民法典沿用了收养人年满 30 周岁的标准。

本案中，原告韦某已婚育二女，不符合民法典第 1098 条第 1 项收养人应当具备"无子女或者只有一名子女"的条件。且民法典第 1105 条第 1 款还规定："收养应当向县级以上人民政府民政部门登记。收养关系自登记之日起成立。"本案原、被告均未按规定办理登记手续。因此，韦某与麦某间的收养行为属无效的民事行为，不受法律保护。无效的收养行为自始没有法律约束力。由于原告不具备收养条件，被告麦甲在没有充分了解原告收养条件下将儿子送给原告收养，韦某、麦甲对造成收养行为无效均有同等过错；被告麦某年幼，对该民事行为无分析判断能力，没有过错。故法院对韦某的诉讼请求应不予支持。

【法条指引】

中华人民共和国民法典

第一千零九十八条 收养人应当同时具备下列条件：

（一）无子女或者只有一名子女；

（二）有抚养、教育和保护被收养人的能力；

（三）未患有在医学上认为不应当收养子女的疾病；

（四）无不利于被收养人健康成长的违法犯罪记录；

（五）年满三十周岁。

第一千一百零五条 收养应当向县级以上人民政府民政部门登记。收养关系自登记之日起成立。

收养查找不到生父母的未成年人的，办理登记的民政部门应当在登记前予以公告。

收养关系当事人愿意签订收养协议的，可以签订收养协议。

收养关系当事人各方或者一方要求办理收养公证的，应当办理收养公证。

县级以上人民政府民政部门应当依法进行收养评估。

2. 继父母有亲生子女，还能收养继子女吗？

【维权要点】

基于收养关系主体身份具有多样性，民法典对一些特殊情况下的收养条件作了特殊规定，包括对三代以内旁系同辈血亲子女的收养、无配偶者对异性子女的收养、对孤儿或者残疾儿童的收养、继父母对继子女的收养等。继父母经继子女的生父母同意，可以收养继子女，并且限制条件十分宽松，如继父或继母即便有亲生子女，仍能收养继子女。

【典型案例】

2018 年 1 月，范某某（女）与前夫感情破裂，离婚后带着 2 岁的儿子明明一起生活。2020 年 2 月，经朋友介绍，范某某与辛某相识并于当年 12 月结婚。范某某带着明明一起与辛某生活。辛某前妻早年因病去世，女儿露露一直跟随辛某生活。辛某宽容体贴，对女儿露露和继子明明一视同仁，一家四口相处融洽。日子一长，范某某越发觉得辛某是个好男人、好父亲，内心十分感动。结婚一年后，范某某向辛某提议，由辛某收养儿子明明，以便进一步增进父子的感情，将来等辛某年老后让明明赡养辛某。辛某也很乐意收养明明，但是不知道这样做是否符合法律规定，特意到有关部门进行咨询。

【法官讲法】

收养要符合民法典中规定的收养条件，民法典首先规定了一般条件下的收养。在此基础上，考虑到收养关系主体身份具有多样性，民法典对一些特殊情况下的收养条件，也相应作了特殊规定，以利于收养关系和家庭关系的正常和谐发展。因此，收养可分为一般条件下的收养和特殊条件下的收养。所谓特殊条件下的收养，是指这些收养可以不受某些一般收养条件的限制或者除一般收养条件外还要受到其他的限制。

特殊条件下的收养包括以下四种：

1. 关于三代以内旁系同辈血亲子女的收养。民法典第 1099 条规定，收养三代以内旁系同辈血亲的子女，可以不受下列限制：（1）生父母有特殊困难无力抚养的子女。（2）无配偶者收养异性子女的，收养人与被收养人的年龄应当相差40周岁以上。华侨收养三代以内旁系同辈血亲的子女，还可以不受收养人无子女或者只有一名子女的限制。

2. 关于无配偶者对异性子女的收养。原收养法第9条规定，对于单身男性收养养女的，除了必须符合一般收养的各项条件外，还必须符合收养人与被收养人的年龄应相差40周岁以上。增加这一限制条件的目的，旨在保护女性被收养人的人身权利，防止违反伦理道德的事件发生。民法典将仅仅约束单身男性的条款，扩大约束主体为"无配偶者"，既包括单身男性对养女的收养，也包括单身女性对养子的收养。

3. 关于孤儿或者残疾儿童的收养。民法典第1100条第2款规定，收养孤儿、残疾未成年人或者儿童福利机构抚养的查找不到生父母的未成年人，可以不受无子女的收养人可以收养两名子女，有子女的收养人只能收养一名子女的限制。由于此类收养行为具有人道主义性质，是受到国家鼓励的，因此法律放宽了收养的条件限制。但收养人除不受上述条件限制外，对于民法典规定的其他限制条件仍需遵守。

4. 关于继父母对继子女的收养。民法典第1103条规定，继父或者继母经继子女的生父母同意，可以收养继子女，并且条件十分宽松。这主要是考虑到继父母与继子女一起生活的特殊性，而且继父母与继子女形成收养关系后，对家庭关系的稳定发展和各方权利义务关系的明确都有积极意义，因此对继父母收养继子女的限制条件很少。主要表现在对送养人和收养人两方限制条件的解禁方面：（1）送养人不需要是有特殊困难无力抚养子女的生父母。即便生父母没有经济方面的困难，也可以将子女送养。（2）收养人不受年满30周岁，无子女或者只有一名子女，有抚养、教育和保护被收养人的能力，未患有在医学上认为不应当收养子女的疾病、无不利于被收养人健康成长的违法犯罪记录以及无子女的收养人可以收养两名子女、有子女的收养人只能收养一名子女等条件的限制。

从本案情况来看，明明并未年满8周岁，辛某只要得到明明亲生父亲的同意即可收养明明。当然，有关的收养登记手续仍然需要依法办理。值得说明的是，如收养8周岁以上的未成年人的，应当征得被收养人的同意。

【法条指引】

中华人民共和国民法典

第一千零九十九条 收养三代以内旁系同辈血亲的子女，可以不受本法第一千零九十三条第三项、第一千零九十四条第三项和第一千一百零二条规定的限制。

华侨收养三代以内旁系同辈血亲的子女，还可以不受本法第一千零九十八条第一项规定的限制。

第一千一百条 无子女的收养人可以收养两名子女；有子女的收养人只能收养一名子女。

收养孤儿、残疾未成年人或者儿童福利机构抚养的查找不到生父母的未成年人，可以不受前款和本法第一千零九十八条第一项规定的限制。

第一千一百零二条 无配偶者收养异性子女的，收养人与被收养人的年龄应当相差四十周岁以上。

第一千一百零三条 继父或者继母经继子女的生父母同意，可以收养继子女，并可以不受本法第一千零九十三条第三项、第一千零九十四条第三项、第一千零九十八条和第一千一百条第一款规定的限制。

3. 离异夫妻为方便再婚而送养子女，后又都要求抚养子女，应如何处理？

【维权要点】

夫妻双方只是为了离婚后各自再婚方便而送养子女，并不属于"有特殊困难无力抚养子女"的情形，其送养行为是不合法的。收养协议被人民法院确认无效后，生父母子女关系恢复到收养前的状态。对子女抚养问题，应当从有利于子女身心健康、保障子女的合法权益出发，结合父母双方的抚养能力和抚养条件等具体情况妥善解决。

【典型案例】

陈某（男，出租车司机）与蓝某（女，某餐厅经理）于 2017 年 10 月结婚。2018 年 10 月，蓝某生育一男陈某某，长期由陈某父母照顾。2021

年 2 月，两人因感情不和离婚。离婚时，双方出于再婚考虑，均不想抚养陈某某。经协商，陈某与蓝某均同意将陈某某送养给他人。经人介绍，两人与钟某（男，28 岁）和王某（女，25 岁）签订了收养协议（钟某和王某系夫妻关系，王某不具有生育能力），双方到民政部门办理了收养登记。离婚后，陈某某即由钟某和王某收养。在送养时，蓝某与钟某和王某商定，今后可以随时探望陈某某。此后，蓝某经常到学校和两人家中探望陈某某。钟某和王某一开始尚能理解，但时间一长，逐渐开始反感，认为蓝某这样做不利于其与陈某某建立感情。双方因此发生争议，蓝某便与陈某协商解除收养关系，将陈某某领回由自己抚养。陈某同意解除收养关系，但要求将儿子领回后由自己抚养。双方未能达成一致。2022 年 1 月，陈某将陈某某从钟某和王某处领回家中，交其父母照顾。2022 年 6 月，蓝某以陈某为被告向人民法院提起诉讼，称钟某与王某不具备法定收养条件，收养协议无效，要求陈某将陈某某交由自己抚养。陈某答辩称，同意解除与钟某和王某的收养协议，但考虑到自己经济条件较为优越，父母均健在，由自己抚养陈某某更有利于其健康成长，主张由自己抚养陈某某。钟某和王某作为第三人答辩称，自己在收养陈某某期间，细心照顾，视同己出，与孩子已经建立了深厚的感情。陈某与蓝某在离婚时为自己考虑，均不愿意抚养孩子，由此可见，两人并不是真心疼爱子女，此次提出解除收养关系只是赌一时之气，且两人均忙于工作，无暇照顾孩子。为了孩子的健康成长，陈某某应由自己继续抚养。人民法院受理此案后，民政部门经调查认定钟某和王某在收养陈某某时均不满 30 岁，不符合民法典规定的收养条件，撤销了收养登记。

【法官讲法】

民法典第 1093 条规定："下列未成年人，可以被收养：（一）丧失父母的孤儿；（二）查找不到生父母的未成年人；（三）生父母有特殊困难无力抚养的子女。"在本案中，被收养人陈某某不属于上述任何一种情况，依法不能作为收养的对象。陈某与蓝某以离婚后各自再婚方便为理由而送养子女的行为是不合法的，并不属于民法典第 1094 条关于"有特殊困难无力抚养子女"的情形，实际上是在逃避自身的抚养义务。同时，民法典第 1098 条规定："收养人应当同时具备下列条件：……（五）年满三十周岁。"钟某和王某在收养陈某某时均不满30周岁，依法不能作为收养人。由此可见，陈某与蓝某在离婚时基于个人考虑，将陈某某送给钟某和王某收养，同时签订了收养协议，违反了民法典关于收养的规定，应当确认为无效。两人的行为违背了社会伦理道德和父母抚养子女的法律义务，应当予以谴责。民政部门对当事人双方不具备收养条件的收养协议予以登记，也是错误的，在诉讼开始后已经及时加以纠正。

当事人双方签订的收养协议被确认为无效，收养行为自始没有法律约束力，陈某某与陈某和蓝某的生父母子女关系恢复到收养前的状态。陈某和蓝某对陈某某均有亲权，双方均要求抚养陈某某。民法典第1084条第3款规定："离婚后，不满两周岁的子女，以由母亲直接抚养为原则。已满两周岁的子女，父母双方对抚养问题协议不成的，由人民法院根据双方的具体情况，按照最有利于未成年子女的原则判决。子女已满八周岁的，应当尊重其真实意愿。"从上述法律规定可见，父母离婚后，子女由谁抚养，应当以有利于子女健康成长，保障子女的合法权益为基本原则。《民法典婚姻家庭编司法解释（一）》第47条规定："父母抚养子女的条件基本相同，双方均要求直接抚养子女，但子女单独随祖父母或者外祖父母共同生活多年，且祖父母或者外祖父母要求并且有能力帮助子女照顾孙子女或者外孙子女的，可以作为父或者母直接抚养子女的优先条件予以考虑。"

在本案中，陈某某已满两周岁，陈某和蓝某的经济条件均较为优越，都有抚养能力。但蓝某因忙于工作，无暇照顾陈某某，陈某的父母均健在，且陈某某随祖父母共同生活多年，陈某父母现可代陈某照顾陈某某，所以由陈某抚养陈某某对其健康成长更为有利。故陈某某应当由陈某抚养，蓝某的诉讼请求不应予以支持。

【法条指引】

中华人民共和国民法典

第一千零八十四条 父母与子女间的关系，不因父母离婚而消除。离婚后，子女无论由父或者母直接抚养，仍是父母双方的子女。

离婚后，父母对于子女仍有抚养、教育、保护的权利和义务。

离婚后，不满两周岁的子女，以由母亲直接抚养为原则。已满两周岁的子女，父母双方对抚养问题协议不成的，由人民法院根据双方的具体情况，按照最有利于未成年子女的原则判决。子女已满八周岁的，应当尊重其真实意愿。

第一千零九十三条　下列未成年人，可以被收养：

（一）丧失父母的孤儿；

（二）查找不到生父母的未成年人；

（三）生父母有特殊困难无力抚养的子女。

第一千零九十四条　下列个人、组织可以作送养人：

（一）孤儿的监护人；

（二）儿童福利机构；

（三）有特殊困难无力抚养子女的生父母。

第一千一百一十三条　有本法第一编关于民事法律行为无效规定情形或者违反本编规定的收养行为无效。

无效的收养行为自始没有法律约束力。

4. 未经祖父母同意送养孙子女的，是否有效？

【维权要点】

配偶一方死亡，另一方送养未成年子女的，死亡一方的父母有优先抚养的权利。如果死亡一方的父母确无抚养能力和教育能力，其优先抚养权应不予支持。

【典型案例】

冯某（男）与雷某（女）于2013年结婚。结婚后，双方生育有一子一女。2019年，冯某与雷某双双失业，生活陷入窘境。冯某外出打工，在一次事故中身亡，使家庭生活雪上加霜。由于两个子女都快到上学年龄，雷某独自一人支撑整个家庭，举步维艰。冯某的父母与夫妻俩在同一城市生活，冯某去世后，时常接济雷某。但由于老人都已年过70岁，经济条件也比较差（冯某的父亲是退休工人，冯某的母亲无工作），老人的接济对于雷某来说是杯水车薪。雷某的邻居柯某（男）与郑某（女）是某国家机关在职工作人员。两人结婚多年，一直无子女。柯某与郑某对雷某的儿子非常喜欢，见雷某独自抚养一双儿女力不从心，遂提出收养雷某的儿子。

雷某经过再三考虑，觉得柯某与郑某的家庭条件比较优越，儿子随他们生活能获得更好的学习和生活条件，对其成长更为有利。为子女的将来考虑，雷某同意了柯某与郑某的收养要求，双方签订了收养协议，并到民政部门办理了登记。雷某担心冯某的父母不同意将孙子送养，没有将此事告知冯某的父母。冯某的父母知道此事后，坚决反对，要求雷某解除与柯某和郑某的收养协议。雷某与柯某和郑某均不同意。冯某的父母向人民法院提起诉讼，主张自己对孙子女有优先抚养权。雷某未经自己同意，将孙子送养给他人，侵犯了自己对孙子女的优先抚养权。请求法院将孙子判由自己抚养。

【法官讲法】

我国民法典第 1044 条规定，收养应当遵循最有利于被收养人的原则，保障被收养人和收养人的合法权益。禁止借收养名义买卖未成年人。民法典将"最有利于被收养人"，作为建立收养关系的首要原则加以确立。该原则应当贯彻收养关系的始终，包括有优先抚养权的未成年人的祖父母、外祖父母，在行使其优先抚养权时也不能违背这一原则。

民法典第 1108 条规定，配偶一方死亡，另一方送养未成年子女的，死亡一方的父母有优先抚养的权利。该条规定确立了祖父母和外祖父母对孙子女和外孙子女的优先抚养权。但如果对祖父母和外祖父母的优先抚养权不加任何界定，有可能与"最有利于被收养人"的原则发生冲突，如祖父母或者外祖父母在不具备抚养、教育孙子女、外孙子女的经济能力的情况下，主张自己的优先抚养权，不利于孙子女和外孙子女的成长。与此相比，民法典第 1074 条第 1 款更为完善，规定有负担能力的祖父母、外祖父母，对于父母已经死亡或者父母无力抚养的未成年孙子女、外孙子女，有抚养的义务。既贯彻了保护未成年人权利的原则，又考虑了祖父母、外祖父母的负担能力，使未成年人的权利得到了更充分、更现实的保护。

民法典第 1108 条的规定应当解释为配偶一方死亡，另一方送养未成年子女的，在同等条件下，死亡一方的父母有优先抚养的权利。如果死亡一方的父母确无抚养能力和教育能力，死亡一方的父母丧失其优先抚养权。在本案中，冯某的父母不具有抚养、教育孙子女的能力；而收养人柯某与郑某的抚养和教育能力又明显对被收养人成长更为有利，应认定雷某与柯某和郑某的抚养协议有效。

【法条指引】

中华人民共和国民法典

第一千零四十四条 收养应当遵循最有利于被收养人的原则，保障被收养人和收养人的合法权益。

禁止借收养名义买卖未成年人。

第一千零七十四条 有负担能力的祖父母、外祖父母，对于父母已经死亡或者父母无力抚养的未成年孙子女、外孙子女，有抚养的义务。

有负担能力的孙子女、外孙子女，对于子女已经死亡或者子女无力赡养的祖父母、外祖父母，有赡养的义务。

第一千一百零八条 配偶一方死亡，另一方送养未成年子女的，死亡一方的父母有优先抚养的权利。

5. 亲生父母泄露被收养人的收养秘密，是否应当承担赔偿责任？

【维权要点】

收养人、送养人要求保守收养秘密的，其他人应当尊重其意愿，不得泄露。生父母泄露收养秘密导致收养关系解除的，养父母可以要求生父母适当补偿收养期间支出的抚养费，并可请求精神损害赔偿。缺乏劳动能力又缺乏生活来源的养父母，有权要求给付生活费。

【典型案例】

孙某某是田某与谭某非婚生儿子。由于田某当时在一所学校当老师，他不想因违反计划生育政策而使自己的前途受到影响，因此偷偷将孩子送给邻村的农民孙某收养，双方办理了收养手续，孙某也给孙某某办了户口，田某当时答应保密。此后的十几年中，田某从学校辞职办起了公司，资产超过了百万元，但他和谭某却一直未再生育。已经步入中年的田某夫妇时常想起送给孙某收养的孙某某。通过多方打听，田某找到孙某的住处，发现孙某一家三口的生活比较清苦。偷偷从远处看了孙某某几次后，田某夫妇终于正面接触了孙某某，并告诉了孙某某事情的真相。面对诱惑，孙某某产生了回到生父母身边的想法。已经70多岁的孙某十分气愤，将田某诉至法院，要求田某夫妇赔偿损失40万元。

【法官讲法】

我国民法典第1105条第3款规定："收养关系当事人愿意签订收养协议的，可以签订收养协议。"本案中，收养人孙某与送养人田某夫妇在平等自愿的基础上达成了有关收养儿童孙某某的协议，并办理了收养手续，孙某还给孙某某办了户口，可见，该收养关系成立。收养作为变更亲子关系、移转亲子间权利义务身份的行为，具有法定的拟制力和解除权力。

民法典第1110条规定："收养人、送养人要求保守收养秘密的，其他人应当尊重其意愿，不得泄露。"第1118条第2款规定："生父母要求解除收养关系的，养父母可以要求生父母适当补偿收养期间支出的抚养费；但是，因养父母虐待、遗弃养子女而解除收养关系的除外。"依据此规定，孙某某尚未成年，作为其生父母的田某夫妇因为自己没有再生育子女而想解除与孙某之间的收养协议，采用了向孙某某泄露秘密的方法，致使孙某与孙某某实际上已经无法继续共同生活，田某的行为已经不仅仅是违反收养协议的行为，也已经侵犯了孙某与孙某某之间的亲情关系，因此，孙某可以要求赔偿，人民法院可根据孙某抚养孙某某的实际支出以及孙某某今后的生活需要以及田某行为给孙某夫妇造成的精神损害来酌情确定具体赔偿的数额。

当然，我国民法典第1110条规定的保密义务还比较笼统，不够具体，未明确保密义务人的范围及保密的方式，也没有规定违反保密义务后应当承担什么样的法律后果。现实中故意泄露收养秘密，蓄意破坏合法收养关系的行为时有发生，但缺乏应有的法律制裁，因此，我们建议进一步完善我国现行收养制度中保密义务的规定。

【法条指引】

中华人民共和国民法典

第一千一百一十条 收养人、送养人要求保守收养秘密的，其他人应当尊重其意愿，不得泄露。

第一千一百一十八条 收养关系解除后，经养父母抚养的成年养子女，对缺乏劳动能力又缺乏生活来源的养父母，应当给付生活费。因养子女成年后虐待、遗弃养父母而解除收养关系的，养父母可以要求养子女补偿收养期间支出的抚养费。

生父母要求解除收养关系的，养父母可以要求生父母适当补偿收养期间支出的抚养费；但是，因养父母虐待、遗弃养子女而解除收养关系的除外。

6. 未办理收养手续的事实收养关系是否成立？

【维权要点】

所谓事实收养，是指双方当事人符合法律规定的收养条件，未办理收养公证或登记手续，便公开以养父母养子女关系长期共同生活的行为。现实中有大量的事实收养关系发生在 1992 年 4 月 1 日收养法实施以前，在这些收养关系中，被收养人已与收养人共同生活多年，形成了牢固的拟制血亲关系。承认事实收养的合法性，有利于保障被收养人的基本权利，维护既成的和睦的家庭成员关系，保持社会的稳定。

【典型案例】

胡某（女）6 岁丧父，9 岁丧母，跟随其祖父母生活两年后，1991 年，因其祖父母年老体弱无能力继续抚养胡某，遂产生了将胡某送别人抚养的念头。同一个村但不同组的胡某母亲的妹妹徐某（家中已有一个 7 岁儿子）听说这个消息，上门与胡某祖母联系，在征得胡某同意的情况下，双方未办理任何手续，将胡某带到自己家中抚养。开始两年，胡某依旧称呼徐某为姨妈，称呼徐某的丈夫茅某为姨夫。两年后双方改口以父母和女儿相称。胡某 24 岁时嫁给江某。在此期间徐某夫妇并未办理收养登记手续，胡某也一直未将户口转入与徐某夫妇一起。2021 年 12 月 4 日，胡某与丈夫江某乘坐摩托车外出发生交通事故，胡某当场死亡，14 天后，江某也死亡。事后经交警部门调解，肇事司机赔偿胡某死亡赔偿金 120 万元。该款由江某父母领取，并在调解赔偿书上签字。现对该款的分配，江某夫妇与徐某夫妇发生争议。

【法官讲法】

本案争议的焦点在于徐某夫妇与胡某之间的收养关系是否成立。依据《最高人民法院关于适用〈中华人民共和国民法典〉时间效力的若干规定》第1条第2款的规定，民法典施行前的法律事实引起的民事纠纷案件，适用当时的法律、司法解释的规定，但是法律、司法解释另有规定的除外。依照1992年4月1日实施的收养法第15条的规定："收养查找不到生父母的弃婴和儿童以及社会福利机构抚养的孤儿的，应当向民政部门登记。除前款规定外，收养应当由收养人、送养人依照本法规定的收养、送养条件订立书面协议，并可以办理收养公证；收养人或者送养人要求办理收养公证的，应当办理收养公证。"1998年修正后的原收养法第15条第1款规定："收养应当向县级以上人民政府民政部门登记。收养关系自登记之日起成立。"本案中徐某夫妇未与胡某的祖父母订立书面协议，也未向民政部门登记。但徐某夫妇开始与胡某共同生活的时间为1991年，是否适用收养法，首先涉及收养法溯及力的问题。1992年最高人民法院《关于学习、宣传、贯彻执行〈中华人民共和国收养法〉的通知》第2条规定："收养法施行后，各级人民法院必须严格执行。收养法施行后发生的收养关系，审理时适用收养法。收养法施行前受理，施行时尚未审结的收养案件，或者收养法施行前发生的收养关系，收养法施行后当事人诉请确认收养关系的，审理时应适用当时的有关规定；当时没有规定的，可比照收养法处理。对于收养法施行前成立的收养关系，收养法施行后当事人诉请解除收养关系的，应适用收养法。"第4条规定："最高人民法院在收养法施行前对收养问题所作的规定、解释，凡与收养法相抵触的，今后不再适用。"根据第2条，本案应适用"当时的有关规定"。1992年《最高人民法院关于学习、宣传、贯彻执行〈中华人民共和国收养法〉的通知》第4条的内容，其"今后"显然指的是收养法施行以后发生的收养案件，并不否认"当时的有关规定"的效力。对于"当时规定"，1980年婚姻法中关于收养的规定比较笼统，无法就本案具体对照适用。本案应适用的"当时规定"，指的应当是最高人民法院《关于贯彻执行民事政策法律若干问题的意见》（现已失效）第四部分"收养问题"的规定。

在最高人民法院《关于贯彻执行民事政策法律若干问题的意见》第四

部分的第28条规定："亲友、群众公认，或有关组织证明确以养父母与养子女关系长期共同生活的，虽未办理合法手续，也应按收养关系对待。"对照这条规定，本案中徐某夫妇与胡某之间，虽未办理合法的收养登记手续，也未办理入户手续，但双方以父母及女儿相称并在一起生活，应视为以养父母与养子女关系共同生活，且生活时间较长，也为邻居及村组织所公认。至于收养胡某时，徐某夫妇已有一个儿子，根据我国原收养法第8条第2款的规定："收养孤儿、残疾儿童或者社会福利机构抚养的查找不到生父母的弃婴和儿童，可以不受收养人无子女和收养一名的限制。"说明徐某夫妇当时的行为并不违反现行收养法的立法本意，而且当时对此也无禁止性的规定，徐某夫妇的行为并不违法。故徐某夫妇与胡某间形成事实上的收养关系，徐某夫妇作为胡某的养父母，为其遗产的第一顺序继承人，有权依照继承法的有关规定分割遗产。

在收养法颁布以前，社会上已经存在大量事实收养关系。在这些收养关系中，被收养人已与收养人共同生活多年，形成了牢固的拟制血亲关系。从保障被收养人的基本权利、维护既成的和睦的家庭成员关系、保持社会的稳定的角度考量，应该承认事实收养的合法性。民政部及各地政府纷纷出台了大量的规章，肯定了事实收养关系的存在，允许并鼓励事实收养人补办登记手续，以切实维护其合法权益，这些做法符合当今世界家庭关系多元化的发展趋向。与事实婚姻相比较，事实收养同样具有重内容、轻形式的特点，因此，对符合法定内容的事实收养关系，法律应尽可能地保护。只有这样，保护人权的法律价值才能最终得到实现。

【法条指引】

最高人民法院《关于学习、宣传、贯彻执行〈中华人民共和国收养法〉的通知》

二、收养法施行后，各级人民法院必须严格执行。收养法施行后发生的收养关系，审理时适用收养法。收养法施行前受理，施行时尚未审结的收养案件，或者收养法施行前发生的收养关系，收养法施行后当事人诉请确认收养关系的，审理时应适用当时的有关规定；当时没有规定的，可比照收养法处理。对于收养法施行前成立的收养关系，收养法施行后当事人诉请解除收养关系的，应适用收养法。

最高人民法院关于适用《中华人民共和国民法典》时间效力的若干规定

第一条　民法典施行后的法律事实引起的民事纠纷案件，适用民法典的规定。民法典施行前的法律事实引起的民事纠纷案件，适用当时的法律、司法解释的规定，但是法律、司法解释另有规定的除外。

7. 未解除养子女与生父母关系的收养协议是否有效？

【维权要点】

收养可以分为两种：完全收养和不完全收养。完全收养是指收养关系发生后，被收养人与其生父母及其亲属之间的权利义务关系终止，仅与养父母及其亲属发生权利义务关系。不完全收养是指收养关系成立后，被收养人与其生父母及其亲属之间的权利义务关系并不变更和消灭，形成一种养子女与养父母和生父母之间双重权利义务的父母子女关系。我国民法典仅确立了完全收养制度，有必要根据我国的国情，借鉴国外的立法经验，建立我国的不完全收养制度，以便当事人在建立收养关系时，可以根据自己的需要选择完全收养和不完全收养，满足了人们不同的需要。

【典型案例】

张某（男）与许某（女）均系某国家机关工作人员。两人于2017年结婚，婚后一直无子女。陈某（男）与包某（女）均为残疾人且无业。两人于2018年结婚，婚后生育双胞胎男孩陈甲、陈乙。两家是邻居。张某与许某夫妇经常到陈家串门，非常喜欢陈家的两个孩子，对陈乙尤其喜欢。陈某与包某生活困难，养育两个孩子非常吃力。张某与许某商量后，提出收养陈乙。陈某与包某心中不舍，但觉得张某与许某的家庭条件好，孩子跟着他们能得到较好的学习和生活条件，对其成长更为有利。经过再三考虑，陈某和包某提出可以将陈乙送养给张某和许某，但双方协议约定仍保持与陈乙的父母子女关系。张某和许某经慎重考虑后，表示同意。2021年2月，两家签订了收养协议并进行了收养登记。从此陈乙与张某和许某共同生活，称他们为爸妈；对陈某与包某也称为爸妈。陈某和包某经常到张家探望陈乙。一开始，张某和许某还热情接待，但时间一长，两人便逐渐反感，认为陈某和包某这样做妨碍了自己和陈乙培养感情。陈乙既然由自己收养，陈某和包某就不应该再这么频繁地来探望陈乙。两家因探望陈乙的问题发生了争执。双方遂诉至人民法院。

【法官讲法】

学理上，根据收养的效力的不同，收养可以分为两种：完全收养和不完全收养。完全收养是指收养关系发生后，被收养人与其生父母及其亲属之间的权利义务关系终止，仅与养父母及其亲属发生权利义务关系。不完全收养是指收养关系成立后，被收养人与其生父母及其亲属之间的权利义务关系并不变更和消灭，形成一种养子女与养父母和生父母之间双重权利义务的父母子女关系。

我国民法典确立的是完全收养制度，不承认不完全收养。但在国外收养制度比较完善的国家，完全收养和不完全收养是可以并存的。两种收养制度相辅相成，较为全面和有效地调整和保护了现实生活中多种多样、错综复杂的收养关系，既维护了未成年的养子女的权益，又保证了收养关系的稳定。当事人在建立收养关系时，可以根据自己的需要选择完全收养和不完全收养，满足了人们不同的需要。

例如，《日本民法典》中规定的普通收养和特别收养，前者即是不完全收养，后者是完全收养。《日本民法典》对两种不同的收养制度作了细致的区分，可供我们借鉴。(1) 收养效力不同。在普通收养情况下，养子女与生父母之间的权利义务关系不因收养关系的成立而终止，形成一种养子女与养父母和生父母之间双重权利义务的父母子女关系；在特别收养情况下，养子女与生父母之间的权利义务关系因收养关系的成立而终止。养子女仅与养父母之间发生父母子女间的权利义务关系。(2) 成立的要件不同。在普通收养中，收养人和被收养人的资格要件较为宽松；而在特别收养中，被收养人的年龄一般不应当超过 6 周岁，收养人必须是有配偶的人夫妻双方共同收养。年龄限制是 25 岁以上。夫妻一方 25 岁，另一方的年龄限制可以放宽至 20 岁。(3) 成立收养关系的程序不同。普通收养，当事人具有建立收养关系的合意并依照户籍法的规定提出申报即可成立；特别收养必须经过家庭裁判所的审判才可以成立。(4) 户籍的记载不同。在普通收养中，户籍上记载有养父母与生父母双方的姓名，并在与养父母的关系中注明是养子女；在特别收养中，仅记载有养父母的姓名，没有生父母姓名。养子女与养父母的关系是一般的父母子女关系，不特别注明是收养关系。（5）终止收养关系的方式不同。在普通收养中，经当事人双方同意，可以随时终止收养关系。如果具备了法律规定的事由，一方当事人可以通过诉讼程序终止收养；而在特别收养中，不得以协议或者裁判终止收养关系。只有在出现了显然危害养子女权益的法定事由时，家庭裁判所可以根据养子女、生父母或检察官的申请，判决终止收养关系。但养父母不能提起终止收养关系的诉讼。（6）收养的无效与撤销的规定不同。普通收养通过当事人的合意而成立，如果当事人的意思表示有瑕疵，可以宣布收养无效或撤销；特别收养经家庭裁判所的审判而成立，即使当事人的意思表示有瑕疵，收养关系仍然发生效力。[1]

我国民法典仅确立了完全收养制度，是为了避免养子女因与养父母和生父母存在双重的父母子女关系和将来承担双重的扶养义务而发生纠纷。但在现实生活中，当事人的收养需要是多种多样的。类似本案中，收养人希望收养子女，而送养人又割舍不下父母子女的亲情的情况大量存在。因此，有必要根据我国的国情，借鉴国外的立法经验，建立我国的不完全收养制度。在本案中，收养人与送养人自愿达成收养协议，约定养子女与养父母和生父母之间均保持父母子女关系，没有损害国家、社会和他人的利益，法律应当予以认可。作为养子女，陈乙随养父母共同生活，但其与生父母之间的权利义务关系依收养协议仍然存在。因此，应当允许陈某和包某有权探望自己的子女。

【法条指引】

中华人民共和国民法典

第一千一百一十一条　自收养关系成立之日起，养父母与养子女间的权利义务关系，适用本法关于父母子女关系的规定；养子女与养父母的近亲属间的权利义务关系，适用本法关于子女与父母的近亲属关系的规定。

---

〔1〕　王利明主编：《中国民法案例与学理研究·亲属继承篇》，法律出版社 1998 年版，第 442—443 页。

养子女与生父母以及其他近亲属间的权利义务关系，因收养关系的成立而消除。

8. 因生活困难而将子女送养，经济条件好转之后能否要求解除送养协议？

【维权要点】

我国民法典对收养的条件作了严格的规定，确立了完全收养制度，即收养关系一旦成立，被送养的子女同亲生父母就没有了法律上的权利义务关系，因此送养人在送养自己孩子的时候一定要慎重。送养人若想把自己送养的孩子接回有两种方式：一种是同收养人协商；二是协商不成的时候，看收养人是否有不履行抚养义务的行为，是否有虐待、遗弃、侵害未成年养子女的合法权益等行为。如果有这些符合法定解除收养关系的缘由，就可以要求解除。当送养人同收养人既协商不成，又没有法定的解除收养的条件，那么收养就不能解除。

【典型案例】

黎某与乔某于2019年结婚。婚后，两人生下一个儿子黎某某。2020年7月，黎某因交通事故致残，丧失劳动能力，家庭生活陷入窘境。乔某独自一人，既要照顾黎某，负担其生活和医疗费用，又要抚养幼子，倍感艰难。经过慎重考虑并征求了黎某的意见，乔某于2021年2月，将儿子送养。收养人为一对年满40岁尚无子女的夫妇宋某与王某。两人均为某国家机关干部，经济条件较好。送养时，双方签订了收养协议并进行了收养登记。2021年5月，黎某去世。乔某开始经商，生活逐渐有了起色，乔某对自己送养儿子的行为非常后悔，遂产生了将儿子领回自己抚养的念头。当乔某向宋某与王某提出上述要求时，遭到两人的断然拒绝。宋某与王某认为，当初收养黎某某系双方自愿，也履行了合法手续。收养后，两人对黎某某精心照顾，使其健康成长，没有一点怠慢。现在，两人与黎某某已经建立了深厚的感情。乔某提出解除收养关系，实属无理要求。经协商未果，乔某向人民法院起诉，主张自己是在生活遭遇困难的情况下，将黎某某送养的，目前自己已经恢复了抚养能力，并且膝下无子女，生活孤独，要求解除收养协议，将黎某某领回自己抚养。

【法官讲法】

根据我国民法典第1093条规定，下列未成年人，可以被收养：（1）丧失父母的孤儿；（2）查找不到生父母的未成年人；（3）生父母有特殊困难无力抚养的子女。根据民法典第1098条规定，收养人应当同时具备下列条件：（1）无子女或者只有一名子女；（2）有抚养、教育和保护被收养人的能力；（3）未患有在医学上认为不应当收养子女的疾病；（4）无不利于被收养人健康成长的违法犯罪记录；（5）年满30周岁。在本案中，黎某夫妇家庭因黎某的残疾而无力抚养黎某某；同时黎某某也未满18周岁；宋某夫妇年满30周岁，自己没有子女，具有抚养黎某某的经济条件。黎某、乔某、黎某某和宋某夫妇均符合送养人、被收养人和收养人的条件，该收养关系是合法有效的。

收养关系一旦成立，没有法定的理由不得随意解除。我国对收养的解除规定了协议解除和法定解除。民法典规定的解除收养关系的法定理由是：收养人不履行抚养义务，有虐待、遗弃等侵害未成年养子女合法权益行为的，送养人有权要求解除养父母与养子女的收养关系。在本案中，乔某想把儿子接回来，同宋某夫妇进行了协商，但是沟通未果，因此协议解除行不通。本案关键看是否有法定解除的理由。宋某和王某在收养黎某某后，悉心抚养，父母子女感情深厚，没有上述侵害养子女合法权益的行为，因此也不符合民法典规定的法定理由。可见，乔某要求解除收养关系，没有事实和法律根据，不应支持。

【法条指引】

中华人民共和国民法典

第一千一百一十四条 收养人在被收养人成年以前，不得解除收养关系，但是收养人、送养人双方协议解除的除外。养子女八周岁以上的，应当征得本人同意。

收养人不履行抚养义务，有虐待、遗弃等侵害未成年养子女合法权益行为的，送养人有权要求解除养父母与养子女间的收养关系。送养人、收养人不能达成解除收养关系协议的，可以向人民法院提起诉讼。

第一千一百一十五条 养父母与成年养子女关系恶化、无法共同生活的，可以协议解除收养关系。不能达成协议的，可以向人民法院提起诉讼。

9. 将被收养人转给他人收养，能否因生活需要将其领回？

【维权要点】

我国法律对转收养没有明确规定，但实践中时有发生。这一问题的解决，还应该从有利于被收养未成年人的收养、成长的原则出发，只要有利于被收养未成年人的收养、成长，转收养就应该合法有效。仅因生活需要而要求解除转收养关系，得不到人民法院支持。

【典型案例】

王强和李晓英是一对残疾夫妇，王强双目失明，李晓英腿脚不便。夫妻结婚十多年后一直没有生育，为了使晚年有所依靠，二人决定收养一个孩子。2014年，经过多次协商，终于从孤儿院领养了一个小女孩。2015年，王强因交通事故造成半身不遂。在自身难保的情况下，王强夫妇与40多岁尚无子女的张同夫妇商量，由张同夫妇转收养了小女孩。2021年，王强死亡，李晓英年事已高，独自一人不但倍感孤独，更重要的是需要有人照顾自己的晚年生活。她产生了从张同夫妇那里领回孩子的念头。遭到张同夫妇拒绝后，李晓英便诉至法院。

【法官讲法】

李晓英夫妇将小女孩送给张同夫妇收养的行为属于转收养关系。所谓转收养，是指养父母将养子女再转由第三人收养的行为。李晓英夫妇把从孤儿院领养的小女孩后来又转给张同夫妇收养，张同夫妇的收养就是转收养。同时，我国现行民法典没有关于转收养制度的明确规定，但在现实生活中，转收养的现象又是广泛存在的。当养父母在遭遇生活困难，无力继续抚养养子女，又不能将其送还给送养人的情况下，转送养子女给他人抚养是合情合理的。转收养有利于未成年人的健康成长，符合收养制度的本意和精神，应当予以肯定。建立转收养制度，应当注意以下几点：首先，在有送养人的情况下，转收养应当征得送养人的同意。在养父母取得了送养人对转收养人的抚养、教育能力和思想品行等情况的认可和同意后，才可以将养子女转送养。如果送养人不同意将养子女转收养或对转收养人的条件不予认可，送养人应当将子女领回自己抚养或由收养人另择其他转收养人。在收养人坚持转收养，送养人不同意，又不愿将子女领回自己抚养的情况下，可以申请有关部门调解或通过诉讼方式解决。其次，转收养的基本原则、收养人、送养人、被收养人的条件和有关程序，可以依照民法典关于一般收养的规定执行。本案中，李晓英夫妇在收养弃婴后，遇到特殊困难无力抚养子女时，为了未成年子女能健康成长，不得已将其转送给张同夫妇收养，并进行了收养登记。张同夫妇具备收养人的条件，对孩子又尽心抚养，双方建立了深厚的父母子女关系。因此，我们认为本案的转收养是有利于被收养人成长，符合民法典收养制度的主要指导原则的，因而这起转收养有效。孩子被张同夫妇收养后，与李晓英的养母子关系即行解除。

关于这起转收养关系是否解除的问题。我国民法典规定，收养人在被收养人成年以前，不得解除收养关系，但是收养人、送养人双方协议解除的除外。本案是因收养当事人不能达成解除协议而提起诉讼的。我国民法典又规定，收养人不履行抚养义务，有虐待、遗弃等侵害未成年养子女合法权益行为的，送养人有权要求解除养父母与养子女之间的收养关系。本案中，张同夫妇对孩子精心抚育，双方感情深厚，因此，李晓英要求解除转收养关系的理由不足，人民法院应当驳回她的诉讼请求。

【法条指引】

中华人民共和国民法典

第一千一百一十四条 收养人在被收养人成年以前，不得解除收养关系，但是收养人、送养人双方协议解除的除外。养子女八周岁以上的，应当征得本人同意。

收养人不履行抚养义务，有虐待、遗弃等侵害未成年养子女合法权益行为的，送养人有权要求解除养父母与养子女间的收养关系。送养人、收养人不能达成解除收养关系协议的，可以向人民法院提起诉讼。

10. 外国人已有多个子女，还能收养中国孩子吗？

【维权要点】

外国人依法可以在我国收养子女。外国人在我国收养子女，为确保建立有效的收养关系、保护被收养人的利益，涉外收养在程序上较国内收养程序复杂。在中国境内进行的涉外收养，必须同时符合我国有关收养的法律和收养人所在国的法律。

民法典施行前的法律事实持续至民法典施行后，该法律事实引起的民事纠纷案件，适用民法典的规定，但是法律、司法解释另有规定的除外。

【典型案例】

凯伦夫妇是美国人，婚后生有三个儿子。有一次，凯伦夫妇来中国旅游，接触了很多的中国小朋友，心生喜爱之情。夫妇俩觉得家里要是有个中国小女孩一定会更加幸福快乐，两人商量决定从中国收养一个孩子带回美国生活，便向有关机关咨询收养事宜，包括收养需要具备什么样的条件、收养要办理哪些手续。

【法官讲法】

一、何谓涉外收养

涉外收养有广义和狭义之分。广义的涉外收养，是指含有涉外因素的收养，即收养人与被收养人中有一方是外国人。狭义的涉外收养，专指外国人在中华人民共和国境内收养中国公民的子女，包括收养人夫妻双方均是外国人或者夫妻一方是外国人。我们这里所讲的涉外收养是狭义上的概念。

1991 年我国收养法中明确规定了涉外收养。自收养法 1992 年正式施行后，外国人可以到中国收养孩子。1993 年，我国加入《海牙跨国收养公约》。1996 年，成立中国收养中心，专门负责涉外收养事务。2021 年我国民法典同样规定外国人依法可以在中华人民共和国收养子女。

关于涉外收养的法律适用，我国民法典第 1109 条规定："外国人依法可以在中华人民共和国收养子女。外国人在中华人民共和国收养子女，应当经其所在国主管机关依照该国法律审查同意。收养人应当提供由其所在国有权机构出具的有关其年龄、婚姻、职业、财产、健康、有无受过刑事处罚等状况的证明材料，并与送养人签订书面协议，亲自向省、自治区、直辖市人民政府民政部门登记。前款规定的证明材料应当经收养人所在国外交机关或者外交机关授权的机构认证，并经中华人民共和国驻该国使领馆认证，但是国家另有规定的除外。"由此可见，在中国境内进行的涉外收养，必须同时符合中国有关收养的法律和收养人所在国的法律。此外，民政部外国人收养子女登记办法对涉外收养的程序、收养组织、收养费用等都作了具体的规定。

二、涉外收养的条件

涉外收养的条件，是指外国人在中国境内收养中国儿童时必须具备的条件。外国人在中国境内收养中国儿童，应当适用中国法律，具备中国法律规定的成立收养关系的一般要件，这方面与国内收养没有差异。例如，外国收养人必须无子女或者只有一名子女；有抚养、教育和保护被收养子女的能力；无不利于被收养人健康成长的违法犯罪记录；年满30周岁；有配偶者应当夫妻共同收养，无配偶者收养异性子女的，收养人与被收养人的年龄应相差40周岁以上；无子女的收养人可以收养两名子女，有子女的收养人只能收养一名子女。如果收养孤儿、残疾未成年人或者儿童福利机构抚养的查找不到生父母的未成年人，则可不受被收养子女人数条件的限制。为确保中国的孤儿们能在一个幸福的家庭中生活、成长，中国收养中心通常还要调查国外收养家庭成员是否有犯罪记录。此外，外国收养人还必须符合其所在国法律规定的条件。

三、涉外收养的程序

为确保建立有效的收养关系、保护被收养人的利益，涉外收养在程序上较国内收养程序复杂。我国民法典第1109条规定了涉外收养应当履行的法定程序。简单来说，想来华收养中国孩子的外国人，不能直接与当事人商洽收养事宜，而必须首先通过其所在国政府或者政府委托的收养组织，向中国政府委托的组织，即中国儿童福利和收养中心（简称中国收养中心）转交收养申请，并提交收养申请人的家庭情况报告和证明材料。中国收养中心经过审查后，认为收养申请人符合各项收养条件的，会参照收养申请人的意愿和条件，为其挑选一个合适的孩子，并将拟被收养儿童及其送养人的相关资料，通过外交途径送交收养申请人。经收养申请人同意后，中国收养中心向其发出来华收养子女通知书。收养申请人必须亲自到中国与送养人签订书面收养协议，并到民政部门办理收养登记。登记之日即为收养关系生效之日。收养手续完成后，养父母必须定期向中国收养中心提交孩子生活情况的报告。

本案中，凯伦夫妇已生有三个儿子，不符合"无子女或只有一名子女"的一般收养条件，但可以收养孤儿、残疾未成年人或者儿童福利机构抚养的查找不到生父母的未成年人。

【法条指引】

中华人民共和国民法典

第一千一百条　无子女的收养人可以收养两名子女；有子女的收养人只能收养一名子女。

收养孤儿、残疾未成年人或者儿童福利机构抚养的查找不到生父母的未成年人，可以不受前款和本法第一千零九十八条第一项规定的限制。

第一千一百零九条　外国人依法可以在中华人民共和国收养子女。

外国人在中华人民共和国收养子女，应当经其所在国主管机关依照该国法律审查同意。收养人应当提供由其所在国有权机构出具的有关其年龄、婚姻、职业、财产、健康、有无受过刑事处罚等状况的证明材料，并与送养人签订书面协议，亲自向省、自治区、直辖市人民政府民政部门登记。

前款规定的证明材料应当经收养人所在国外交机关或者外交机关授权的机构认证，并经中华人民共和国驻该国使领馆认证，但是国家另有规定的除外。

第五章 赡　养

1. 子女们争着赡养父母，如何解决？

【维权要点】

法律规定赡养父母是子女的一项义务，而不是权利。子女就赡养父母问题无法协商一致的，父母作为赡养权利主体，有权选择、接受赡养方式，有权决定在子女一家居住或多家轮流居住，由子女照顾起居生活。

【典型案例】

刘老太有两个儿子，大儿子黄甲、二儿子黄乙。冯某、严某分别是黄甲、黄乙的媳妇。刘老太的老伴黄某某去世后，黄甲、黄乙兄弟俩因财产继承问题发生重大分歧。因刘老太年事已高，不适宜单独生活，黄乙、严某夫妇二人便把老人接到自己家中一起过。时间一长，黄甲、冯某也十分牵挂老母亲，多次向弟弟、弟妹打电话要求看望刘老太，并提出把刘老太接到自己家中，但都没有如愿。黄甲认为黄乙是在故意阻拦自己看望、照顾老母亲，便提出应该由兄弟二人轮流照顾老人，而黄乙夫妇则认为，他们夫妻对刘老太一直都很孝顺，刘老太在儿媳严某的照料下，身体状况有了较大改善，老人应该继续住在自己家里，而且他们并没有阻止哥哥、嫂嫂探视、赡养母亲。由于在赡养母亲的问题上双方无法达成一致，黄甲遂向法院提起诉讼，请求判令黄乙将刘老太交由自己赡养。

【法官讲法】

本案系一起不同于普通意义上的赡养纠纷。

赡养法律关系中存在的主体有两方，一方为赡养的权利主体，即父母，另一方为赡养的义务主体，即子女。民法典第 26 条第 2 款规定："成年子女对父母负有赡养、扶助和保护的义务。"第 1067 条第 2 款规定：

"成年子女不履行赡养义务的，缺乏劳动能力或者生活困难的父母，有要求成年子女给付赡养费的权利。"因此，当子女不履行赡养义务时，父母作为赡养的权利主体，可以诉请人民法院处理该类纠纷。本案的特殊性在于，提起诉讼的原告并不是赡养的权利主体，而是作为赡养义务的主体大儿子。这就导致了一个现象：义务人起诉另一义务人要求行使权利人的权利。本来应该由权利人行使的权利反被义务人作为诉讼请求诉请法律保护，有越俎代庖之嫌。

本案中，原告黄甲、被告黄乙系刘老太所生儿子，赡养母亲刘老太是原、被告应履行的法定义务，刘老太作为赡养权利主体，有权选择、接受赡养的方式，有权决定在被告家居住，由被告照顾起居生活。且被告在履行赡养义务过程中并没有对原告履行义务产生妨碍。履行赡养义务有多种方式，刘老太的饮食起居由被告照料，并不影响原告通过其他方式履行赡养义务。原、被告与刘老太存在赡养权利义务关系，但原、被告之间并不存在赡养的权利义务关系。而且从法律规定来看，赡养父母是子女的一项义务，而不是权利。因此，虽然原告请求履行赡养义务的主观愿望是善良的，但这个诉讼请求没有法律依据，依法不予支持。

【法条指引】

中华人民共和国民法典

第二十六条 父母对未成年子女负有抚养、教育和保护的义务。

成年子女对父母负有赡养、扶助和保护的义务。

第一千零六十七条 父母不履行抚养义务的，未成年子女或者不能独立生活的成年子女，有要求父母给付抚养费的权利。

成年子女不履行赡养义务的，缺乏劳动能力或者生活困难的父母，有要求成年子女给付赡养费的权利。

2. 出嫁的女儿是否也有赡养义务？

【维权要点】

在履行赡养父母义务上，男女是平等的。女儿同样得到了父母的抚养，平等地享有权利，也承担赡养义务。

【典型案例】

原告白邱根、陈素珍夫妇系某村村民，育有一儿一女。长女 2006 年出嫁，小儿子 2009 年结婚后，仍与原告一起生活。2015 年，原告与小儿子共同建造了一幢两层楼，原告住楼下一层，小儿子夫妻俩住楼上一层。对于此事，长女极为不满，认为原告夫妇偏心，曾多次到父母家中吵闹，要求补给财物。至此，双方关系开始不好。

此后，村里发放的各种补贴，原告均给了小儿子。对于此事，长女更感不满，认为父母只关心儿子不关心女儿，声称与原告断绝关系，拒绝支付父母的生活费。这样，原告两人的生活费全由小儿子负担。2019 年，儿媳失业在家，小儿子单位经济效益也不好，且子女较多，单独赡养老人渐感不支。原告因此要求长女给付生活费，但遭拒绝。后虽经村委会及有关组织多次协调，均未解决。为维护自身合法权益，原告无奈之下向法院起诉，要求长女每月补助其生活费用 500 元，并分担以后的医疗费用。在案件审理过程中，存在两种不同的意见：一种意见认为，在老人遗产的继承上、家庭财产的分割上都是儿子有份，出嫁的女儿没有，因此赡养老人是儿子的事，与女儿无关。另一种意见认为，女儿同样得到了父母的抚养，平等地享有权利，也承担赡养义务。

【法官讲法】

此案涉及的是赡养范围问题。我国的传统思想是养儿防老，重男轻女。许多老人，尤其是农村中的老人，自己也认为赡养老人是儿子的事，在老人遗产的继承上、家庭财产的分割上都是儿子有份，女儿没有。在这样的观念支配下，一些女儿尤其是已经出嫁的女儿，往往忽视对父母的赡养义务，也错误地认为赡养老人是儿子的事，与自己无关。这种观念其实也是错误的。因为女儿同样得到了父母的抚养，应平等地享有权利，承担义务。根据我国宪法第 49 条第 3 款、民法典第 26 条第 2 款的规定，成年子女对父母负有赡养、扶助和保护的义务。这些规定都表明在履行赡养父母义务上，男女是平等的。赡养父母既是儿子的义务，也同样是女儿的义务。女儿以自己已经出嫁，老人与儿子一起生活，对儿子照顾多一些为由而拒绝履行自己的赡养义务是不符合法律规定的。本案长女作为原告的女儿，受到原告的抚养，理所当然地负有赡养老年父母的义务。本案中，小儿子与父母共同生活，对父母尽了较多赡养义务，根据权利义务对等原则，也有权多分得其父母的财产，长女不得以此作为拒绝履行自己法定赡养义务的借口。本案对于克服长期以来流传下来的重男轻女，认为女儿是为别人养的错误想法具有极强的示范性。应清醒认识到，赡养老人不仅是儿子的责任，女儿同样负有不可推卸的法定义务。在本案中，应当支持原告要求赡养的诉讼请求，解决原告的晚年生活。

【法条指引】

中华人民共和国宪法

第四十九条 婚姻、家庭、母亲和儿童受国家的保护。

夫妻双方有实行计划生育的义务。

父母有抚养教育未成年子女的义务，成年子女有赡养扶助父母的义务。

禁止破坏婚姻自由，禁止虐待老人、妇女和儿童。

中华人民共和国民法典

第二十六条 父母对未成年子女负有抚养、教育和保护的义务。

成年子女对父母负有赡养、扶助和保护的义务。

3. 丧偶儿媳是否应当对公婆尽赡养义务？

【维权要点】

关于直系姻亲间的赡养义务，我国法律没有明文规定，其义务的履行由伦理道德来规范。在产生姻亲关系的夫妻一方及其与配偶的婚生子女均已死亡时，此种义务即此结束。直系姻亲间赡养义务的承担，以姻亲关系的存续为前提，当这种关系结束时，该抚养责任便不再是法定义务，当事人可自愿履行，但不能强制其执行。可见，丧偶儿媳对公婆的赡养义务不是强制性的，儿子去世后，儿媳与公婆的姻亲关系消灭，不能强迫儿媳承担赡养公婆的义务。

【典型案例】

张某生育一儿一女，张帅和张莹。张某老伴早逝，张帅结婚后与妻子刘某另购房屋居住他处，女儿出嫁后也与丈夫在别处居住。2010 年，张帅因意外身亡，刘某一直没有再婚，经常来看望张某，张某见刘某生活困难，也对其进行资助。2020 年 11 月 28 日，张某突发脑出血，失去生活自理能力需要赡养。张某认为刘某是自己的儿媳，儿子去世后自己也对其资助过，因此要求刘某赡养自己，刘某以自己不是赡养义务人为由表示拒绝。2021 年 10 月，张某遂将刘某诉至法院。在案件审理过程中，存在两种不同的意见：一种意见认为，按民法典第 1067 条第 2 款的规定，成年子女不履行赡养义务的，缺乏劳动能力或者生活困难的父母，有要求成年子女给付赡养费的权利。因此，丧偶儿媳在法律上不应尽这种义务。另一种意见认为，按照权利与义务一致原则，按民法典第 1129 条的规定，丧偶儿媳对公婆，丧偶女婿对岳父母，尽了主要赡养义务的，作为第一顺序继承人。所以，从公婆处受用过财产的丧偶儿媳应履行其赡养义务。

【法官讲法】

赡养人对老年人应该履行经济上供养、生活上照料和精神上慰藉的义务，照料老年人的特殊需要。同时，赡养人是指老年人的子女以及其他依法负有赡养义务的人。民法典第 26 条第 2 款规定："成年子女对父母负有赡养、扶助和保护的义务。"第 1074 条第 2 款规定："有负担能力的孙子女、外孙子女，对于子女已经死亡或者子女无力赡养的祖父母、外祖母，有赡养的义务。"

本案中，当张某之子张帅活着时，作为妻子的刘某有协助丈夫履行赡养张某的义务，但张帅去世后，张某对刘某的资助只能看作是一种情义上的赠与，不能看作是张某对儿媳履行了义务，因此权利与义务相一致的说法不能成立。民法典中关于丧偶儿媳对公婆，丧偶女婿对岳父母，尽了主要赡养义务的，作为第一顺序继承人的规定，主要是针对继承遗产而设立的，而不是赡养义务。从规定的内容本身来看，丧偶儿媳对老人的赡养义务不是强制性的。只是丧偶儿媳或者丧偶女婿在主动履行赡养义务后，从法律公平的角度作出此规定。另外，张某还有一女张莹，并非无依靠。因此，刘某没有赡养张某的义务。

【法条指引】

中华人民共和国民法典

第一千零七十四条 有负担能力的祖父母、外祖父母，对于父母已经死亡或者父母无力抚养的未成年孙子女、外孙子女，有抚养的义务。

有负担能力的孙子女、外孙子女，对于子女已经死亡或者子女无力赡养的祖父母、外祖父母，有赡养的义务。

中华人民共和国老年人权益保障法

第十四条 赡养人应当履行对老年人经济上供养、生活上照料和精神上慰藉的义务，照顾老年人的特殊需要。

赡养人是指老年人的子女以及其他依法负有赡养义务的人。

赡养人的配偶应当协助赡养人履行赡养义务。

4. 女婿不赡养岳母，能否成为被告？

【维权要点】

父母要求子女支付赡养费的赡养案件中，要确定儿媳或女婿的责任和在案件中的法律地位，必须考虑父母赡养费的支出是否占用夫妻双方共同财产，区别对待。

【典型案例】

85 岁高龄的王老太有 4 个子女，在王老太生活不能自理的情况下，其中大女儿张某及大女婿刘某拒不履行赡养义务，并于除夕之夜将王老太赶出家门。在多方劝说没有效果的情况下，王老太愤怒地将大女儿及女婿共同作为被告诉至法院。在案件审理过程中，存在两种不同的意见：一种意见认为，刘某应作为被告，即使王老太的女儿张某愿意尽其赡养义务，也需要爱人刘某的全力协助，因此将夫妻二人作为被告更有利于解决王老太的赡养问题；另一种意见认为，我国现行法律没有明文规定女婿应尽赡养岳父母的义务，将女婿作为被告没有法律依据，因此只能将王老太的女儿张某作为被告。

【法官讲法】

女儿对父母有赡养的义务，女婿有协助妻子赡养其父母的义务。赡养，本质是子女给予老人生活照顾、精神安慰。夫妻双方是以感情纽带结合在一起，共同生活、互相照顾婚姻家庭关系的特殊主体。民法典第1045条第3款规定，配偶、父母、子女和其他共同生活的近亲属为家庭成员。这样由于男女双方的结合使原有的家庭发生变化，产生新的婚姻家庭关系，从而使原有的家庭经济也发生了变化，出现了夫妻双方共同财产。按民法典第1062条第2款的规定，夫妻对共同财产，有平等的处理权。因此，在赡养案件中，必须考虑父母赡养费的支出是否占用了夫妻双方共同财产。这就决定了儿媳或女婿在赡养案件中的法律地位。

如果在父母仅要求子女支付赡养费的前提下，情况不同，其配偶的法律地位也不同。

第一种情况，如果夫妻在婚姻关系存续期间，有赡养义务的一方丧失了劳动能力，以另一方的收入来承担和维持家庭生活。这种情况下，有赡养义务一方的诉讼权利就应由其配偶行使，配偶就成为赡养义务的承担者，在赡养案件中就应该以法定代理人身份出现。

第二种情况，如果夫妻对婚姻关系存续期间所得财产约定归各自所有、管理和支配。这表明夫妻间的财产所有权相当明确，赡养费只是子女一方用自己的收入支出，根本没有占用配偶的财产。无论赡养费用的高与低，对配偶都没有任何影响和约束。因此，配偶可以不参加诉讼。

第三种情况，如果夫妻对婚姻关系存续期间的财产所有权没有明确，即夫妻双方对家庭财产共同享有。这时，在赡养案件中，配偶应是无独立请求权的第三人。无独立请求权的第三人是指对原被告双方争议的诉讼标的没有独立的请求权，但案件的处理结果可能与其具有法律上的利害关系，为维护自己的权益而参加到已开始的诉讼中进行诉讼的人。

在夫妻财产共同所有的情况下，赡养案件中赡养费用主要是靠夫妻的共同财产支付，这就必然占用配偶的那部分财产。案件的审理结果就必然会影响配偶享有财产所有权的完整性，案件的审理结果，影响配偶的利益即法律上的利害关系。利益受到影响的一方即配偶，为维护自己的权益应以无独立请求权的第三人的身份出现，参加到赡养案件的诉讼当中。正确审查案件，给配偶以合法的诉讼地位，既体现我国法律的公平、公正、平等的立法原则，让配偶充分行使诉讼权利，同时，也可以使配偶接受法律教育，懂得赡养老人不但是一种美德，而且是一种义务，有利于案件的解决和家庭矛盾的缓和与解决。

本案中，适合于第三种情况，张某夫妇没有个人财产之分，故刘某可以作为无独立请求权的第三人参加诉讼，不应成为被告。

【法条指引】

中华人民共和国民法典

第一千零四十五条　亲属包括配偶、血亲和姻亲。

配偶、父母、子女、兄弟姐妹、祖父母、外祖父母、孙子女、外孙子女为近亲属。

配偶、父母、子女和其他共同生活的近亲属为家庭成员。

第一千零六十二条　夫妻在婚姻关系存续期间所得的下列财产，为夫妻的共同财产，归夫妻共同所有：

（一）工资、奖金、劳务报酬；

（二）生产、经营、投资的收益；

（三）知识产权的收益；

（四）继承或者受赠的财产，但是本法第一千零六十三条第三项规定的除外；

（五）其他应当归共同所有的财产。

夫妻对共同财产，有平等的处理权。

5. 由祖父母抚养长大的孙子女对祖父母是否有赡养义务？

【维权要点】

有负担能力的孙子女、外孙子女，对于子女已经死亡或者子女无力赡养的祖父母、外祖父母，有赡养的义务。这种隔代赡养不仅是中华民族尊老爱幼美德的体现，也是我国的一项法律制度。

【典型案例】

彭某（女，78 岁）是某村农民。生育三个子女，即张甲（男，54岁）、张乙（男，51 岁）、张丙（女，49 岁）。张某（男，32 岁）是彭某的孙子，张甲的次子。张甲、张乙、张丙均在某村务农，具有劳动能力，在当地处于中等生活水平。张某自幼母亲去世，随祖母彭某一起生活，张甲每月给彭某 500 元，作为张某的生活费。张某由彭某抚养成人后，到外地打工。彭某年迈，几个子女都不愿赡养彭某。彭某曾提出跟张某一起生活，被张某拒绝。2021 年 11 月，彭某向人民法院提起诉讼，要求张甲、张乙、张丙和张某履行对自己的赡养义务。张某辩称，彭某的几个子女都健在，并且都有赡养能力，自己对彭某没有赡养义务，不同意彭某的诉讼请求。

【法官讲法】

我国民法典第 1074 条规定，有负担能力的祖父母、外祖父母，对于父母已经死亡或者父母无力抚养的未成年孙子女、外孙子女，有抚养的义务。有负担能力的孙子女、外孙子女，对于子女已经死亡或者子女无力赡养的祖父母、外祖父母，有赡养的义务。这是我国法律对隔代赡养作出的直接规定。所谓隔代赡养是指直系尊亲属与卑亲属之间的赡养关系。隔代赡养不仅是中华民族尊老爱幼美德的体现，也是我国的一项法律制度。在我国，很多孙子女、外孙子女是在祖父母、外祖父母的抚养下长大成人的；当祖父母、外祖父母年老时需要赡养扶助的，孙子女、外孙子女也在经济上对他们承担赡养义务，在生活中对他们关心照顾，民法典的上述规定将这种道德义务上升为一种法律义务，加强了对老年人合法权益的保障。

但孙子女、外孙子女对祖父母、外祖父母承担赡养义务须具备以下两个条件：首先，孙子女、外孙子女须有负担能力。无负担能力的孙子女、外孙子女，如未成年人或精神病人，就无法承担赡养祖父母、外祖父母的责任。其次，祖父母、外祖父母的子女已经死亡或者子女无力赡养，而且本人需要赡养。对子女在世并有赡养能力或者有固定收入和其他生活来源，生活上完全可以自理的祖父母、外祖父母，孙子女、外孙子女可以免除其赡养义务。只有在子女已经死亡或者子女没有赡养能力，且祖父母、外祖父母没有固定收入和其他生活来源或生活无法自理的情况下，孙子女、外孙子女才有赡养义务。

在本案中，彭某的三个子女张甲、张乙、张丙均健在，并且有劳动能力，在当地农村处于中等生活水平，具有赡养老人的能力，其不赡养老人是出于思想认识上的原因，而不是存在无法履行赡养义务的实际困难。在这种情况下，应当由张甲、张乙、张丙承担赡养彭某的义务。作为彭某的孙子张某可以免除赡养祖母的义务，因为法律规定的孙子女、外孙子女赡养祖父母、外祖父母的上述条件尚不具备。当然，张某虽然随祖母共同生活期间是由其父张甲支付生活费，但抚养不仅限于支付抚养费，支付抚养费只是有抚养义务的人对被抚养人所尽的一种经济上的义务。抚养还包括对被抚养人生活上的照顾。所以彭某与张某之间是有抚养关系的。综上所述，由张甲、张乙、张丙承担赡养彭某的义务，支付彭某的赡养费。张某不承担赡养义务。

【法条指引】

中华人民共和国民法典

第一千零七十四条　有负担能力的祖父母、外祖父母，对于父母已经死亡或者父母无力抚养的未成年孙子女、外孙子女，有抚养的义务。

有负担能力的孙子女、外孙子女，对于子女已经死亡或者子女无力赡养的祖父母、外祖父母，有赡养的义务。

6. 老年人再婚，一方子女应否赡养另一方？

【维权要点】

继父母与其继子女之间的关系，存在两种情况：一种是继父母与生父母结婚时，子女已经长大成人或继子女虽未长大成人，但没有接受继父母的抚养教育。在这种情况下，继父母与继子女之间仅是一种姻亲关系，不是法律上拟制的血亲关系，彼此之间没有父母子女之间的权利义务。一种是继父母与生父母结婚时，继子女尚未成年或虽已成年，但因种种原因无法独立生活，接受了继父母的抚养教育。在这种情况下，继父母与继子女之间产生了法律上拟制的血亲关系，彼此之间有父母子女之间的权利义务，继子女要承担对继父母的赡养义务。

【典型案例】

周老汉已年过七旬，自中年丧偶之后一直寡居，靠着务农将三个儿子养大，前些年最小的儿子也结婚搬进了新房，原来的家就剩下周老汉一人，显得空荡荡的。2019年8月，周老汉的隔壁搬来了新邻居李秀，这是一位从异地来探亲的老太太。李秀非常热心，经常帮周老汉做些家务，空闲的时候两人经常聊天，周老汉也觉得家里多了一个人不那么冷清。2020年5月，两位老人终于走到一起，婚后的生活给周老汉带来了许多的快乐，可是开支的增加却使他很无奈，因为儿子每月只给自己一定的赡养费，他们却不愿意给付妻子李秀赡养费。最终周老汉决定诉诸法院。在案件审理过程中，存在两种不同的意见：一种意见认为，周老汉的子女应该承担赡养义务，因为在周老汉再婚后，作为继母的李秀与他们也形成了拟制血亲关系，由此产生了相应的权利义务；另一种意见认为，周老汉的子女没有赡养李秀的义务，因为在周老汉再婚时，子女已经长大成人，与李秀没有形成继子女关系，不应该承担赡养义务。

【法官讲法】

父母子女关系亦称亲子关系，是家庭关系的重要组成部分。根据我国法律，亲子关系分为两类，一类是自然血亲的亲子关系，另一类是拟制血亲的亲子关系；后者又分为养父母子女关系与继父母子女关系。我国法律规定的父母子女关系主要有四个方面内容：一是父母对子女有抚养教育的义务，抚养是指父母从物质上、经济上对子女的养育和照料，教育是指父母在思想、品德、学业等方面对子女的全面培养；二是父母有管教和保护未成年子女的权利和义务，当未成年子女对国家、集体或他人造成损害时，父母有赔偿经济损失的义务；三是子女对父母有赡养扶助的义务；四是父母子女有相互继承遗产的权利。

父母与子女之间的关系不因父母离婚而消除。离婚后，子女无论由父方或母方抚养，仍是父母双方的子女。因为父母子女关系是一种血亲关系，不能通过法律程序人为地加以终止；因收养而形成的养父母与养子女关系除非依法解除收养关系，也不能因为养父母离婚而消除。离婚后，养父母对养子女仍有抚养教育的权利和义务。

继父母和继子女的关系，是由于父母一方死亡，另一方带子女再婚，或者父母离婚后另行再婚而形成的。继父或继母与继子女之间的关系同亲生子女与父母的关系在法律上的区别，就是他们之间不一定发生父母子女之间的权利义务关系。

一般情况下，继父母与继子女的关系因婚姻而派生，是一种姻亲，但是继父母与继子女存在实际的抚养教育关系的，即构成事实的收养关系，双方关系就成了拟制血亲。我国民法典第 1072 条第 2 款规定："继父或者继母和受其抚养教育的继子女间的权利义务关系，适用本法关于父母子女关系的规定。"也就是说，以继父母抚养教育继子女为法定条件，双方便形成了法律拟制的血亲，产生与生父母子女相同的权利和义务。继养包括继父母对继子女的抚养教育，也包括继子女对继父母的赡养扶助；继子女与继父母形成继养关系后，与生父母仍然保持权利义务关系，存在双重的权利义务关系；继子女与生父母的近亲属间的权利义务，不因继养关系的成立而消除。

再婚后的老年人与其子女、继子女之间的关系，要作具体分析：一是再婚后的老年人都有自己生育的子女的，其各自的子女应承担赡养义务；二是再婚后，对其配偶的子女尽了抚养教育义务的，可向其配偶的子女，也即继子女提出赡养要求。也就是说，这类老年人，可以同时或者分别向自己的子女和已经形成抚养关系的继子女提出赡养要求。继父母子女关系在符合法律规定的条件下，产生一定的权利义务关系，但其未成年时没有与继父母共同生活并受继父母长期抚养、教育的，继父母无权要求继子女赡养自己。

在本案中，周老汉和李秀应分别要求各自的子女承担赡养义务。

【法条指引】

中华人民共和国民法典

第一千零七十二条　继父母与继子女间，不得虐待或者歧视。

继父或者继母和受其抚养教育的继子女间的权利义务关系，适用本法关于父母子女关系的规定。

7. 老年人未婚同居，一方子女应否赡养另一方？

【维权要点】

1994年2月1日以后，未履行结婚登记而以夫妻名义同居生活的，不再属于"事实婚姻"，这种关系一律以同居关系认定。由于法律上不承认未婚同居者存在夫妻关系，因此同居双方中一方的子女也就没有赡养另一方的法定义务。

【典型案例】

老张的两个孩子张甲、张乙都已结婚另立门户。老张退休后本与老伴过着安闲舒适的生活。不料几年前，老伴因意外去世，老张就搬到大儿子张甲家与儿子、儿媳同住。邻居李大妈早年丧夫，无儿无女，见老张因老伴儿去世而情绪低落，就常对他热心帮助，两人慢慢建立了感情。两位老人虽然渴望重新组建一个美满的家庭，但由于老张子女的反对一直没能结婚。子女们认为老张没有必要再婚，而且母亲刚去世不久，难以在感情上接受一个新的母亲。无奈之下，1999年春李大妈只好跟老张以夫妻名义在张甲家过起了同居生活。李大妈经常做家务，并帮张甲照看孩子。2021年12月，李大妈病倒在床，加上原本年事已高，身体不是很好，病得越发严重。但老张的子女对李大妈却一直不闻不问，老张对此深感自责但又无可奈何，他一气之下到法院起诉子女不赡养"后妈"，想给李大妈一个交代。在案件审理过程中，存在两种不同的意见：一种意见认为，老张和李大妈虽然没有办理结婚登记手续，但是已经构成"事实婚姻"，老张的子女应该赡养李大妈；另一种意见认为，老张和李大妈虽然以夫妻名义同居生活，但法律上仍然不承认他们属于夫妻关系，因此老张的子女不必赡养李大妈。

【法官讲法】

根据《民法典婚姻家庭编司法解释（一）》第7条的规定，未依据民法典第1049条规定办理结婚登记而以夫妻名义共同生活的男女，提起诉讼要求离婚的，应当区别对待：（1）1994年2月1日民政部《婚姻登记管理条例》公布实施以前，男女双方已经符合结婚实质要件的，按事实婚姻处理。（2）1994年2月1日民政部《婚姻登记管理条例》公布实施以后，男女双方符合结婚实质要件的，人民法院应当告知其补办结婚登记。未补办结婚登记的，依据本解释第三条规定处理。也就是说，自1994年2月1日以后，未履行结婚登记而以夫妻名义同居生活的，不再属于"事实婚姻"，这种关系一律以同居关系认定。

虽然我们对老人同居寄予同情，报以宽容，但是也要清醒地看到，非婚同居的形式，使老年人再婚处于一种不稳定状态。首先，不利于双方老人在生活上的积极磨合，使老人形成合就成不合则分的心态，使再婚失去了一个患难与共的基础。其次，由于双方家庭的松散认可，不利于老年人权益的维护，一旦发生矛盾，则诉诸法律无门。最后，同居现象也可能给某些道德不过关的老人以可乘之机，借同居骗取钱财、侵害老年人身心健康等。就整个社会来讲，老年人同居现象愈演愈烈，对年轻人的婚姻观念也会带来一定的负面影响。

本案中，老张与李大妈不构成事实婚姻，老张的子女也就没有赡养李大妈的义务。而且，即便两人办理了结婚登记，由于老张的两个孩子张甲、张乙早已成年并成家立业，李大妈与张甲、张乙之间没有形成抚养教育关系，李大妈也就缺乏要求张甲、张乙承担赡养义务的法律依据。

【法条指引】

最高人民法院关于适用《中华人民共和国民法典》
婚姻家庭编的解释（一）

第七条　未依据民法典第一千零四十九条规定办理结婚登记而以夫妻名义共同生活的男女，提起诉讼要求离婚的，应当区别对待：

（一）1994年2月1日民政部《婚姻登记管理条例》公布实施以前，男女双方已经符合结婚实质要件的，按事实婚姻处理。

（二）1994年2月1日民政部《婚姻登记管理条例》公布实施以后，男女双方符合结婚实质要件的，人民法院应当告知其补办结婚登记。未补办结婚登记的，依据本解释第三条规定处理。

8. 离婚后，继父母能否要求继子女履行赡养义务？

【维权要点】

继父母对继子女履行了抚养、教育义务，按照权利义务相一致的原则，受其抚养继子女对继父母也应当承担赡养、扶助的义务。该义务不因继父母与生父母离婚而解除。

【典型案例】

1986 年，钟某（男，32 岁）与王某（女，31 岁）结婚。钟某与前妻生育了一儿（钟甲，7 岁）一女（钟乙，5 岁）。结婚后，王某将全部心血花在了抚育钟某的两个子女身上，直到两个子女长大成人，参加工作。婚后，钟某与王某未生育其他子女。2020 年，夫妻感情恶化，两人协议离婚。在离婚协议中约定，由钟某按月支付给王某生活费。离婚后不久，钟某因生意破产，负债累累，抑郁而终。王某失去了生活来源，提出要钟甲和钟乙赡养自己。钟甲和钟乙认为，王某和自己的生父离婚后，与自己的继母与继子女的关系也随之解除。因此，自己对王某没有赡养义务，不同意支付王某赡养费。王某向人民法院提起诉讼。

【法官讲法】

前面的案例中我们有提到，对于继父母与继子女之间的权利义务关系应当具体问题具体分析。如果继父母与生父母结婚时，继子女尚未成年或虽已成年，但因种种原因无法独立生活，接受了继父母抚育的，继父母与继子女之间产生了法律上拟制的血亲关系，彼此之间有父母子女之间的权利义务。继父母对继子女履行了抚养、教育的义务，按照权利义务相一致的原则，继子女对继父母也应当承担赡养、扶助的义务。而且，该义务不因继父母与生父母离婚而解除。否则，即违背了权利义务相一致的原则，民法典规定的继父母与继子女之间的拟制血亲关系也失去了意义。

在本案中，王某与钟某结婚时，钟甲和钟乙年龄尚小，由王某抚养长大。王某对钟甲和钟乙履行了抚养义务。钟甲和钟乙长大成人后，对没有生活来源的王某要承担赡养的义务。王某在钟某去世后，自己生活无依的情况下，有权要求钟甲和钟乙赡养自己。钟甲和钟乙认为王某与其生父钟某离婚后，自己与王某的继母与继子女的关系也随之解除，对王某不再承担赡养义务，不同意支付王某的赡养费，没有法律根据。对王某的诉讼请求应当依法予以支持。

【法条指引】

中华人民共和国民法典

第一千零六十九条 子女应当尊重父母的婚姻权利，不得干涉父母离婚、再婚以及婚后的生活。子女对父母的赡养义务，不因父母的婚姻关系变化而终止。

第一千零七十二条 继父母与继子女间，不得虐待或者歧视。

继父或者继母和受其抚养教育的继子女间的权利义务关系，适用本法关于父母子女关系的规定。

9. 养父母有亲生子女，养子女的赡养义务能否免除？

【维权要点】

已经形成养父母子女关系的，应该按照生父母子女关系同样对待。对无劳动能力或生活困难的父母，养子女与亲生子女同样需要承担赡养义务。

【典型案例】

原告段华、袁英夫妇有三个子女，其中长子段晓强系其合法收养的孩子。原告夫妇自幼子结婚后，即召集三个子女分家析产，并由三个子女约定，每人每月给付 300 元共同赡养原告夫妇。但自 2020 年开始，被告段晓强以原告夫妇在村里扬言段晓强不是其亲生，且原告另有两亲生子女赡养为由，拒绝再赡养两原告。为此，原告夫妇向法院起诉，要求被告履行赡养义务。在案件审理过程中，存在两种不同的意见：一种意见认为，既然段华、袁英夫妇还有亲生子女，那么养子的赡养义务当然免除；另一种意见认为，已经形成养父母子女关系的，应该按照生父母子女关系同样对待，养子女与亲生子女同样需要承担赡养义务。

【法官讲法】

我国民法典第1111条第1款规定，"自收养关系成立之日起，养父母与养子女间的权利义务关系，适用本法关于父母子女关系的规定"。第1067条第2款规定："成年子女不履行赡养义务的，缺乏劳动能力或者生活困难的父母，有要求成年子女给付赡养费的权利。"因此，养子女与亲生子女一样，只要是与养父母形成了合法的收养关系，就产生了与亲生子女同样的权利义务，对养父母就应当尽赡养义务。即使是收养关系解除后，按照我国民法典第1118条第1款规定，收养关系解除后，经养父母抚养的成年养子女，对缺乏劳动能力又缺乏生活来源的养父母，也应当给付生活费。所以，本案被告段晓强对原告段华夫妇的赡养义务不能因原告夫妇有亲生子女而免除，被告应当与原告的亲生子女共同承担赡养原告夫妇的义务。

【法条指引】

中华人民共和国民法典

第一千零六十七条 父母不履行抚养义务的，未成年子女或者不能独立生活的成年子女，有要求父母给付抚养费的权利。

成年子女不履行赡养义务的，缺乏劳动能力或者生活困难的父母，有要求成年子女给付赡养费的权利。

第一千一百一十一条 自收养关系成立之日起，养父母与养子女间的权利义务关系，适用本法关于父母子女关系的规定；养子女与养父母的近亲属间的权利义务关系，适用本法关于子女与父母的近亲属关系的规定。

养子女与生父母以及其他近亲属间的权利义务关系，因收养关系的成立而消除。

第一千一百一十八条 收养关系解除后，经养父母抚养的成年养子女，对缺乏劳动能力又缺乏生活来源的养父母，应当给付生活费。因养子女成年后虐待、遗弃养父母而解除收养关系的，养父母可以要求养子女补偿收养期间支出的抚养费。

生父母要求解除收养关系的，养父母可以要求生父母适当补偿收养期间支出的抚养费；但是，因养父母虐待、遗弃养子女而解除收养关系的除外。

10. 父母要求子女履行赡养义务，应从何时开始计算赡养费？

【维权要点】

父母有权要求子女履行赡养义务，从子女怠于履行赡养义务到诉至法院主张权利存在一定时间差，成年子女给付父母赡养费应从不履行赡养义务之时起支付赡养费，而不是从法院立案之日起。

【典型案例】

现年 85 岁的马某育有七个子女，丈夫王某已去世多年。其中一个女儿王甲为二级精神残疾人，生活不能自理。马某 2020 年 10 月 1 日前在其子王乙处生活，2020 年 10 月 1 日后轮流在各子女家居住，由于马某年事已高，没有劳动能力，马某认为自己身患多种疾病，每月仅依靠政府发放的农村居民养老金 625 元及养老券 100 元无法维持正常生活，故于 2021 年 2 月诉至法院，要求七个子女自 2020 年 10 月 1 日起，每人每月给付生活费 500 元，各负担马某医疗费七分之一。在案件审理过程中，对于子女给付马某赡养费的时间应该从何时起算，存在两种不同的意见：一种意见认为，应当从法院受理该案之日起计算，因为马某并未向法院提交 2020 年 10 月 1 日至法院立案之日间子女未尽赡养义务的证据；另一种意见认为，应当从子女实际怠于履行赡养义务之日即 2020 年 10 月 1 日起给付。最终，法院采纳了第二种意见。

【法官讲法】

赡养是指晚辈对长辈应尽的照顾其生活的义务，是中华民族的传统美德，同时也是子女应尽的法定义务。缺乏劳动能力或生活困难的父母，有要求子女给付赡养费的权利。赡养费的具体金额须根据老人生活所在地的生活水平、老人每月的收入来源以及具有给付赡养费能力子女的经济条件予以考虑。

本案中，根据马某 2020 年 10 月 1 日前在其子王乙处生活，2020 年 10 月 1 日后轮流在各子女处生活的事实，以及马某未主张 2020 年 10 月 1 日之前赡养费、医疗费的事实，又结合马某的诉讼请求，依照《最高人民法院关于适用〈中华人民共和国民事诉讼法〉的解释》第90条"当事人对自己提出的诉讼请求所依据的事实或者反驳对方诉讼请求所依据的事实，应当提供证据加以证明，但法律另有规定的除外。在作出判决前，当事人未能提供证据或者证据不足以证明其事实主张的，由负有举证证明责任的当事人承担不利的后果"的规定，在现有证据不能证明马某实际收取了子女2020年10月1日以后赡养费、医疗费的情形下，子女向马某支付的赡养费应从2020年10月1日起计算，马某实际发生的医疗费亦应从2020年10月1日起计算。如马某的子女有为马某垫付医疗费、生活费等情形，可另行主张。

那么，本案应由几名子女承担对马某的赡养义务呢？本案中，马某的女儿王甲是二级精神残疾人，生活大部分不能自理，属于不能辨认自己行为的限制民事行为能力人，在不能证明王甲具有给付赡养费能力的情形下，王甲的给付赡养费义务可以免除，但由于王甲的赡养义务是源于马某对王甲抚养的事实产生的，王甲对马某生活上的照料、精神上的慰藉义务不能免除，王甲的监护人应当帮助王甲对马某履行生活上的照料、精神上的慰藉义务。因此，本案中，老人的赡养费、医疗费应由六个子女负担。

随着社会的发展，老年人对子女赡养义务的需求从单纯的物质赡养，转变为物质和精神的双重需要，根据老年人权益保障法的规定，赡养人应履行对老年人经济上供养、生活上照料和精神上慰藉的义务，照顾老年人的特殊需要。因此，对老年人的赡养应不仅仅从生活上予以物质支持，还应注重满足老年人精神赡养的需求。

【法条指引】

最高人民法院关于适用《中华人民共和国民事诉讼法》的解释

第九十条　当事人对自己提出的诉讼请求所依据的事实或者反驳对方诉讼请求所依据的事实，应当提供证据加以证明，但法律另有规定的除外。

在作出判决前，当事人未能提供证据或者证据不足以证明其事实主张的，由负有举证证明责任的当事人承担不利的后果。

中华人民共和国老年人权益保障法

第十四条　赡养人应当履行对老年人经济上供养、生活上照料和精神上慰藉的义务，照顾老年人的特殊需要。

赡养人是指老年人的子女以及其他依法负有赡养义务的人。

赡养人的配偶应当协助赡养人履行赡养义务。

11. 已经解除收养关系，养女应否继续履行赡养义务？

【维权要点】

养父母与成年养子女关系恶化、无法共同生活的，可以协议解除收养关系。收养关系解除后，经养父母抚养的成年养子女，对缺乏劳动能力又缺乏生活来源的养父母，应当给付生活费。

【典型案例】

1978 年 5 月，李某夫妇收养 6 岁的李敏为养女，并将李敏抚养成年。1999 年李敏结婚，仍与李某夫妇共同生活。后因生活琐事，李敏与李某夫妇发生矛盾，遂于 2016 年 5 月 20 日解除收养关系，李敏支付李某夫妇在收养期间支出的生活费和教育费 5600 元。2021 年 5 月，李某夫妇以李敏由其抚养成年，现夫妇俩年迈体弱、缺乏生活来源为由，要求李敏给付生活费。而李敏认为双方的收养关系已经解除，其不再负有赡养李某夫妇的义务，要求法院驳回其诉讼请求。在案件审理过程中，存在两种不同的意见：一种意见认为，应该依据法律规定，判决李敏每年给付李某夫妇生活费；另一种意见认为，既然收养关系已经解除，李某夫妇就不应该再向李敏索要赡养费。

【法官讲法】

本案涉及后赡养义务的问题。所谓后赡养义务，是指养子女与养父母解除收养关系后，对养父母承担的赡养义务。我国民法典第 1118 条第 1 款明确规定："收养关系解除后，经养父母抚养的成年养子女，对缺乏劳动能力又缺乏生活来源的养父母，应当给付生活费。"据此，后赡养义务应当具有以下法律特征：(1) 后赡养义务产生于养父母与养子女收养关系解除之后，这是后赡养义务的时间特征，也是后赡养义务区别于赡养义务的形式特征之一。（2）后赡养义务的主体是经养父母抚养的成年子女。凡名义上收养，实际上未与养父母共同生活，或者虽经养父母抚养但尚未成年的养子女，不是该义务的主体。（3）后赡养义务的对象是缺乏劳动能力又缺乏生活来源的养父母。这里包括两个要件，一是缺乏劳动能力，二是缺乏生活来源。二者必须同时具备，缺一则不构成后赡养义务的对象。（4）后赡养义务的内容是给付生活费。这是后赡养义务区别于赡养义务的实质特征。正常情况下，一般子女对父母的赡养义务既包括物质赡养即给付生活费，又包括精神赡养，而后赡养义务由于发生在收养关系解除之后，养父母与养子女的关系不复存在的情况下，因此，以解决温饱即生存问题为目的的物质赡养，即给付生活费，成为后赡养义务的显著特征。根据后赡养义务理论，生活费的支付应当符合"必要性"、"可能性"和"连续性"三个条件。所谓必要性，即以维持基本的生存为要件，不宜提过高的生活要求；所谓可能性，即支付生活费数额的确定，不致造成义务人生活困难为原则；所谓连续性，即不宜作一次性支付，一次性支付有影响义务人正常生活的可能，而且使一段时间后养父母的生活缺乏保障，背离后赡养义务制度设立的本意。

在本案中，李敏虽在解除与李某夫妇收养关系时，一次性补偿了5600元，但当时李某夫妇并未出现生活问题。随着时间的推移，二老年龄的增长，丧失了劳动能力，且无生活来源，而所补偿的5600元早已消费完毕。此时二老要求李敏支付生活费，符合法律规定，李敏应当按年度根据当地的生活水平和自己的支付能力支付二老的生活费。

【法条指引】

中华人民共和国民法典

第一千一百一十五条 养父母与成年养子女关系恶化、无法共同生活的，可以协议解除收养关系。不能达成协议的，可以向人民法院提起诉讼。

第一千一百一十八条 收养关系解除后，经养父母抚养的成年养子女，对缺乏劳动能力又缺乏生活来源的养父母，应当给付生活费。因养子女成年后虐待、遗弃养父母而解除收养关系的，养父母可以要求养子女补偿收养期间支出的抚养费。

生父母要求解除收养关系的，养父母可以要求生父母适当补偿收养期间支出的抚养费；但是，因养父母虐待、遗弃养子女而解除收养关系的除外。

12. 已经将儿子"过继"给他人，还能否要求其履行赡养义务？

【维权要点】

我国原收养法 1992 年 4 月 1 日施行以前的"过继"可以按收养看待，施行以后的"过继"则必须到民政机关办理相关手续，如果符合收养要求，达到收养条件，"过继"也受到法律的保护。养子女与生父母之间的权利义务因收养关系的成立而消除。也就是说，如果"过继"成立收养关系的话，子女和生父母之间就不存在法律上的权利义务关系了，包括不再承担赡养义务。

【典型案例】

原告黎明、王彩云系夫妻关系，婚后生有两子一女，其中长子为黎星。1983 年 5 月，黎星 16 岁时，因黎明的叔父母黎大山和王英兰夫妻婚后未有生育，经亲友说合，黎明夫妻同意将长子黎星过继给黎大山夫妻做养孙子。双方为此订立书面协议一份，其主要内容有：黎星随叔祖父母黎大山、王英兰共同生活并由他们抚育成人；黎大山、王英兰年老后，由黎星赡养；黎大山、王英兰的财产由黎星继承。协议签订后，黎星开始与叔祖父母共同生活，户口、自留地也一并转入叔祖父母户内。叔祖父母年老后及叔祖父去世时，黎星均尽了赡养义务并料理了后事。多年来，黎明、王彩云夫妇一直与其次子共同生活，现由次子负责赡养。2011 年 8 月，黎明夫妇因生病治疗费用较高，造成了生活困难，遂要求黎星负担部分医疗费用。黎星在给付黎明夫妇 2 万元后，拒绝继续承担。黎明夫妇再次索要未果，遂引起诉讼。在案件审理过程中，存在两种不同的意见：一种意见认为，虽然黎星已经过继给他人，但是并不能因此免除他对生父母的赡养义务，应该判决黎星给付赡养费。另一种意见认为，被告黎星被生父母过继给叔祖父母后，与叔祖父母长期共同生活，相互履行了抚养、赡养义务，尽管其与叔祖父母之间未到有关部门办理相关手续，但他们之间的事实收养关系得到群众、亲友和当地组织的公认，应予认定。收养关系成立后，被告黎星与生父母之间的权利义务关系自行终止。两原告要求被告黎星承担赡养义务的请求，于法无据，应该驳回其诉讼请求。

【法官讲法】

历史传统上，我国不少多子女家庭经协商后，有将儿子送给无后代或无儿子的嫡亲或叔伯本家成"嗣"的习俗。所谓的成"嗣"也就是现在所说的收养。

我国收养制度对收养人与被收养人之间的代际关系未作明文规定，对隔代收养既未明文支持，亦未明文禁止。我国民法典自 2021 年 1 月 1 日起实施，原收养法自 1992 年 4 月 1 日起施行，1998 年 11 月进行修正，本着适用法律从旧的原则，对 1992 年 4 月 1 日前收养关系的认定只能适用当时的法律、政策或司法解释。1984 年 8 月，最高人民法院公布实施的《关于贯彻执行民事政策法律若干问题的意见》第 29 条规定："收养人收养他人为孙子女，确已形成养祖父母与养孙子女的关系的，应予承认。解决收养纠纷或有关权益纠纷时，可依照婚姻法关于养父母与养子女的有关规定，合情合理地处理。"该意见第 28 条同时规定："亲友、群众公认，或有关组织证明确以养父母与养子女关系长期共同生活的，虽未办理合法手续，也应按收养关系对待。"

就本案而言，黎大山、王英兰夫妻与被告黎星之间尽管未到有关部门办理合法手续，但双方的养祖父母与养孙子女关系得到了亲友、群众和当地组织的公认，应予承认。我国法律规定，养子女和生父母间的权利义务，因收养关系的成立而消除。现被告黎星与他人的收养关系得到了法律确认，其与生父母之间的权利义务关系已消除，两原告再要求其承担赡养义务显然于法无据。当然，被告黎星如果从亲情出发，自愿给付生父母部分钱款，法律并不禁止。

【法条指引】

中华人民共和国民法典

第一千一百一十一条 自收养关系成立之日起，养父母与养子女间的权利义务关系，适用本法关于父母子女关系的规定；养子女与养父母的近亲属间的权利义务关系，适用本法关于子女与父母的近亲属关系的规定。

养子女与生父母以及其他近亲属间的权利义务关系，因收养关系的成立而消除。

13. 父母未尽抚养义务，子女能否以此拒绝赡养父母？

【维权要点】

虽然法律没有明文规定，但从理论上讲，如果父母有杀害子女、虐待或遗弃子女等严重伤害父母子女亲情的犯罪行为的，原则上便丧失了要求子女赡养的权利，除非得到子女的宽恕或已经对子女采取了重大的补救措施。而如果父母只是因为生活困难或其他客观原因无力抚养子女的，则子女不能以此为由拒绝赡养父母。

【典型案例】

魏某（男）与容某（女）于 1986 年登记结婚。婚后，生有一子魏某某。1989 年，魏某因过失杀人被判无期徒刑。魏某入狱后，容某独自抚养魏某某。1991 年，容某因病去世。临终前，容某将魏某某托付给姐姐容甲照顾。魏某某到容甲家后，与容甲以甥姨相称。在为魏某某落户口时，容甲将两人的关系填为甥姨关系。对外，容甲也宣称魏某某是自己的外甥。2017 年，魏某某参加工作并结婚。后魏某减刑出狱，但因身体多病，无法参加劳动，没有生活来源。原来在农村的房子因年久失修，早已坍塌。为寻一个栖身之所，魏某找到了儿子魏某某，希望儿子赡养自己。魏某某认为魏某从来没有抚养过自己，自己对魏某也没有赡养义务；并且自己是由容甲夫妇抚养长大，容甲夫妇是自己的养父母，自己应当对容甲夫妇尽赡养义务。因此，坚决不同意魏某的要求。魏某无奈，向人民法院提起了诉讼。

【法官讲法】

本案中，上述争议的实质是魏某某与容甲夫妇之间是否形成了收养关系。如果两者之间形成了收养关系，容甲夫妇作为养父母就有抚养、教育魏某某的义务；魏某某作为养子女就有赡养容甲夫妇的义务，而魏某某与魏某之间的父子关系就因收养关系的成立而终止，魏某某对魏某没有赡养义务。反之，魏某某就应当赡养魏某。

在本案中争议的即是魏某某与容甲夫妇之间是否形成了事实上的收养关系。事实收养关系是指"未办理一定的法律手续，仅基于客观存在的收养事实而产生的收养关系"[1] 成立事实收养关系应当具备以下几个条件：(1) 收养人与送养人之间在平等自愿的基础上形成收养的合意。收养人有收养他人子女为自己子女的意思表示，送养人有送养自己子女为他人子女的意思表示，双方达成收养的合意，被收养人有识别能力的，还应征得其同意；没有送养人的收养，收养人应当有明显的领养他人子女为自己子女的目的。(2) 有抚养事实。收养人与被收养人之间有长期共同生活的经历，并履行了父母子间的权利义务。(3) 双方均以父母子女身份相称，有关组织和群众都知道。(4) 养子女与生父母事实上已终止了权利义务关系。[2] 同时，事实收养关系必须是发生在 1992 年 4 月 1 日原收养法实施以前。

在审判实践中，寄养与收养难以区别，尤其是寄养与事实收养极为相似。二者的主要区别是：收养是收养人按照一定的条件和程序，将他人的子女收养作为自己的子女，使原来没有父母子女关系的人之间，产生法律拟制的父母子女关系。而寄养则是指父母由于某种原因不能或不便直接抚养孩子，将孩子寄托在他人家中，委托他人代为照管抚养，被寄养人的生父母、寄养人以及被寄养人之间并无收养的合意。虽然，寄养人与被寄养人之间可能有着较长的共同生活关系，但是，被寄养人的父母与寄养人之间，只是一种委托关系。因此，无论寄养时间多长，都不引起父母子女关系的变化，被寄养人的父母随时可以解除委托关系，领回自己的子女。在司法实践中，区分收养和寄养关系，应注意抓住以下几点：第一，有无建立收养关系的手续；第二，是否存在事实收养，即相互间是否都公开承认养父母子女关系，孩子与生父母之间的称谓、关系有无变化，养子女与生父母在事实上是否已终止了权利义务关系，是否以子女的身份继承了生父母的遗产；第三，在户籍登记、有关当事人的个人档案登记中，身份关系

---

[1] 王利明主编：《中国民法案例与学理研究·亲属继承篇》，法律出版社 1998 年版，第 430—431 页。

[2] 王利明主编：《中国民法案例与学理研究·亲属继承篇》，法律出版社 1998 年版，第 430—431 页。

有无变化。经调查研究，一般是能够确定当事人之间究竟是收养关系还是寄养关系。

在本案中，魏某某与容甲夫妇长期共同生活，但一直以甥姨相称。在户口上和对外公开的关系中，两人也是甥姨关系。更重要的是，魏某某的生母容某去世时，只是将魏某某托付给容甲照顾，并没有表示将魏某某送养给容甲，容甲也没有收养魏某某的意思，即双方没有建立收养关系的意思。容某的意愿是在魏某服刑期间，魏某某由容甲照顾；等魏某出狱后，再由其将魏某某接回抚养。所以魏某某与容甲夫妇不是收养关系。魏某某与容甲夫妇之间的关系应当是寄养关系。容甲去世时，魏某仍在狱中，魏某某尚年幼，无人照顾，所以将魏某某寄养在容甲处。在容甲夫妇与魏某某之间没有父母子女之间的权利义务关系。魏某某与魏某间的父子关系也不因寄养的事实而发生变化。因此，魏某某与魏某之间的父子关系并未终止，魏某某对魏某有赡养义务。虽然魏某对魏某某没有尽抚养义务，但法律并未规定父母未履行自己对子女的抚养义务，子女就可以免除对父母的赡养义务。在这种情况下，要视当事人的具体情况而定。如果父母有杀害子女、虐待或遗弃子女的犯罪行为，子女对父母的赡养义务解除。但在本案中，魏某并不是不愿意履行抚养子女的义务，有意遗弃魏某某，而是由于坐牢这种无法克服的客观障碍而不能履行对魏某某的抚养义务。所以，不能解除魏某某对魏某的赡养义务。

【法条指引】

中华人民共和国民法典

第一千零六十七条 父母不履行抚养义务的，未成年子女或者不能独立生活的成年子女，有要求父母给付抚养费的权利。

成年子女不履行赡养义务的，缺乏劳动能力或者生活困难的父母，有要求成年子女给付赡养费的权利。

14. 子女声明放弃继承权，能否以此拒绝赡养老人？

【维权要点】

赡养老人是法定的义务，赡养人不得以放弃继承权或者其他理由，拒绝履行赡养义务。

【典型案例】

老人王萍育有二女一子，大女儿已结婚成家，婚后仍与老人一起生活，小女儿因家庭困难在年幼时就送人领养，后来因故一直没有音讯。小儿子在某公司工作。2021年春节过后，大女儿向街道居委会反映，她的弟弟对母亲不尽赡养义务，老人快满80岁高龄了，而且患有高血压等多种疾病，每年要住院好几次。大女儿既要护理老人又要照顾自己的子女，并且负担老人的住院费用，无论从经济上还是精神上都十分困难，要求弟弟分担赡养责任。而小儿子认为当初在分家产时，他就放弃了继承权，王萍的财产都由大女儿一人继承，所以赡养老人应由大女儿独自承担。经多次协调，仍没有结果，为此，双方闹到法庭。在案件审理过程中，存在两种不同的意见：一种意见认为，根据权利义务相一致原则，声明放弃继承权可以减轻甚至免除放弃继承权人的赡养义务，应该减轻甚至免除王萍老人小儿子的赡养义务；另一种意见认为，声明放弃继承权不是减轻更不是免除赡养义务的条件，赡养义务的来源是父母对子女的抚养，王萍老人的小儿子必须依法承担赡养义务。

【法官讲法】

我国法律规定子女有赡养扶助父母的义务。这种法定义务是无条件的。当父母缺乏劳动能力或者生活困难时，子女应当给付生活费；当父母有病不能自理时，子女应当悉心照料，让老人安度晚年。这种赡养义务，不仅是社会道德要求，更是赡养人的法定义务。法定义务就是指由法律的强行性规范、禁止性规范所设定的义务，即国家法律明确规定的特定义务。赡养人不得以任何理由拒绝履行这一义务。老年人权益保障法第19条第1款明确规定："赡养人不得以放弃继承权或者其他理由，拒绝履行赡养义务。"本案中，大女儿与母亲共同生活，负责了老人日常生活，在其生病时全力予以照料护理，尽到了赡养义务，但小儿子有负担能力，却以放弃继承权为由，拒绝履行自己的赡养义务，显然是错误的。至于小儿子强调自己在分家析产时就放弃继承权，更是错误的。分家析产是共同生活的家庭成员，将原来共同共有的家庭财产按照平等、养老育幼等原则分割为几个独立所有权的行为，与被继承人死亡后分割遗产是完全不同性质的行为，分家析产是不会涉及遗产继承问题的，更何况民法典第1124条第1款规定："继承开始后，继承人放弃继承的，应当在遗产处理前，以书面形式作出放弃继承的表示；没有表示的，视为接受继承。"如果放弃继承，享有继承权的人只能在被继承人死亡之后，即继承开始之后表示，如果被继承人还活着，继承人表示放弃继承，是没有任何效力的。因此，老人王萍的小儿子应该承担赡养义务。

【法条指引】

中华人民共和国民法典

第一千一百二十四条 继承开始后，继承人放弃继承的，应当在遗产处理前，以书面形式作出放弃继承的表示；没有表示的，视为接受继承。

受遗赠人应当在知道受遗赠后六十日内，作出接受或者放弃受遗赠的表示；到期没有表示的，视为放弃受遗赠。

中华人民共和国老年人权益保障法

第十九条 赡养人不得以放弃继承权或者其他理由，拒绝履行赡养义务。

赡养人不履行赡养义务，老年人有要求赡养人付给赡养费等权利。

赡养人不得要求老年人承担力不能及的劳动。

15. 子女私下签订赡养协议，是否有效？

【维权要点】

经老年人同意，赡养人之间可以就履行赡养义务签订协议。赡养协议的内容不得违反法律的规定和老年人的意愿。

【典型案例】

孙某与其夫丁某（已故）生育两儿一女，丁甲为其长子。2005年，丁某去世后，丁甲与其弟丁乙订立协议书一份，约定从2005年正月十五起，孙某每月的一切费用计人民币600元，由兄弟两人各半负担；孙某今后的医疗费用也由两人共同负担；孙某现有财产由其自行保管，待孙某去世后，由两人各半所有。2010 年 12 月，丁甲与丁乙又订立补充协议一份，约定从 2010 年正月起两人每人每月给付孙某生活费增加到 400 元。嗣后，丁甲按约给付孙某生活费至 2019 年 6 月。2020 年 12 月 31 日，孙某突发脑梗死并住院治疗，为此花去医疗费用 15000 多元。丁甲在孙某住院期间未予照顾，也未承担相应费用。2021 年 12 月，孙某诉至法院，要求丁甲从 2019 年 7 月起给付生活费每月 400 元，承担 8000 元的医疗费用及今后的生活照料、患病护理和治病所需费用。丁甲辩称，自己无能力按协议履行赡养义务，原告的医疗等费用应依法由原告孙某三子女共同负担。

【法官讲法】

本案涉及以下三个方面的问题。

第一，丁甲与丁乙关于孙某赡养事宜的约定是否有效？我国老年人权益保障法第 20 条第 1 款规定："经老年人同意，赡养人之间可以就履行赡养义务签订协议。赡养协议的内容不得违反法律的规定和老年人的意愿。"2005 年，丁氏二兄弟为孙某的赡养事宜订立了协议，在 2010 年又订立了补充协议，将孙某的每月生活费 600 元增加为每月 800 元，对该赡养协议的效力应依据有关民事法律行为的规定来判断。民法典规定，民事法律行为是民事主体通过意思表示设立、变更、终止民事法律关系的行为。具备下列条件的民事法律行为有效：（1）行为人具有相应的民事行为能力；（2）意思表示真实；（3）不违反法律、行政法规的强制性规定，不违背公序良俗。

对于无效民事法律行为，民法典也有规定，无民事行为能力人实施的，行为人与相对人以虚假的意思表示或恶意串通，损害他人合法权益的，以及违反法律、行政法规的强制性规定，违背公序良俗的民事法律行为均属于无效民事法律行为。丁氏二兄弟在订立协议时均为完全民事行为能力人，协议内容也系两人的真实意思表示，协议中有关原告的赡养事宜的约定都得到了原告的认可，丁氏兄弟二人通过订立协议的方式，主动承担起赡养原告的责任，不仅合乎公民道德规范，也符合社会公共利益和法律规定。

赡养对被赡养人来说是一种法律权利，对赡养人来说则是一种法定义务，作为被赡养人可以要求赡养人承担赡养义务，也可以放弃要求赡养人赡养的权利，因此在原告认可由丁氏兄弟二人尽赡养义务的前提下，协议约定的内容并未侵害被赡养人的合法权利；丁氏二兄弟主动承担起赡养原告的责任，减轻原告女儿的负担，与法律规定并不违背，并不侵害原告女儿的合法权益，两人就赡养原告的合意行为即是民事法律行为，根据民法典第 136 条的规定，民事法律行为自成立时生效，但是法律另有规定或者当事人另有约定的除外。行为人非依法律规定或者未经对方同意，不得擅自变更或者解除民事法律行为。因此丁氏二兄弟关于原告赡养事宜的约定应为有效。

第二，孙某未因丁甲不履行约定义务而负债，是否就可以免除被告的责任？本案中孙某有权依据协议约定，向丁甲主张给付生活费和医疗等费用。丁氏二兄弟就孙某赡养事宜订立的协议属于涉他协议。在涉他协议中，若是权利涉及第三人，则为第三人利益协议。在本案中，丁氏二兄弟约定了向孙某支付一定的生活费并承担孙某的医疗等费用，涉及孙某的权利，所以本案中的协议属于第三人利益协议。第三人利益协议成立后，毫无疑问，对双方当事人均产生约束力，对第三人来讲，其有权直接依据协议请求义务人履行义务。在本案中，关于孙某赡养事宜的约定有效，孙某据此就享有向协议的双方，即丁氏二兄弟，主张给付生活费和医疗等费用的权利，因此孙某要求丁甲从 2019 年 7 月起支付生活费并承担一半的医疗等费用的诉讼请求应予支持。第一种意见认为孙某未因丁甲未支付赡养费而举债，对孙某要求被告从 2019 年 7 月起补付生活费的请求不予支持，违背了当事人的意思自治原则，是不正确的。

第三，法院应否追加孙某的其他子女作为共同被告参加诉讼？根据民法典、老年人权益保障法的规定，赡养人是指老年人的子女以及其他依法负有赡养义务的人，本案孙某的其他子女（丁乙）也是孙某的赡养人，都应对孙某尽赡养义务。那么，孙某的女儿是否也应作为被告参加诉讼呢？根据民事诉讼法的规定，必要的共同诉讼当事人未参加诉讼的，人民法院应当通知或者根据当事人的申请追加。必要的共同诉讼是指当事人一方或双方为二人以上，其诉讼标的是共同的。但在本案中，诉讼标的是丁甲在协议中承诺给付孙某而未给付的每月生活费及一半的医疗费用，这一诉讼标的与孙某的女儿并无关系，此诉求与被赡养人要求赡养人承担全部赡养义务不同，因此孙某的女儿不是本案必要的共同诉讼当事人，法院不应追加她作为被告参加本案诉讼。

【法条指引】

中华人民共和国老年人权益保障法

第二十条 经老年人同意，赡养人之间可以就履行赡养义务签订协议。赡养协议的内容不得违反法律的规定和老年人的意愿。

基层群众性自治组织、老年人组织或者赡养人所在单位监督协议的履行。

中华人民共和国民法典

第一百三十三条 民事法律行为是民事主体通过意思表示设立、变更、终止民事法律关系的行为。

第一百三十六条 民事法律行为自成立时生效，但是法律另有规定或者当事人另有约定的除外。

行为人非依法律规定或者未经对方同意，不得擅自变更或者解除民事法律行为。

第一百四十三条 具备下列条件的民事法律行为有效：

（一）行为人具有相应的民事行为能力；

（二）意思表示真实；

（三）不违反法律、行政法规的强制性规定，不违背公序良俗。

第一百四十四条 无民事行为能力人实施的民事法律行为无效。

第一百四十六条 行为人与相对人以虚假的意思表示实施的民事法律行为无效。

以虚假的意思表示隐藏的民事法律行为的效力，依照有关法律规定处理。

第一百五十三条 违反法律、行政法规的强制性规定的民事法律行为无效。但是，该强制性规定不导致该民事法律行为无效的除外。

违背公序良俗的民事法律行为无效。

第一百五十四条 行为人与相对人恶意串通，损害他人合法权益的民事法律行为无效。

16. 父母提出"精神赡养"诉求，能否获得支持?

【维权要点】

老年人权益保障法规定，家庭成员应当关心老年人的精神需求，不得忽视、冷落老年人。与老年人分开居住的家庭成员，应当经常看望或者问候老年人。用人单位应当按照国家有关规定保障赡养人探亲休假的权利。将子女"常回家看看"等精神赡养义务正式写入条文。老年人希望获得精神慰藉的诉求得到法律明确支持。

【典型案例】

戴某是年满 77 岁的高龄老太，老伴去世后，戴某与一双儿女签订赡养协议，约定其由女儿、女婿负责养老，但相处时间一长，戴某与女儿一家逐渐产生矛盾，后更是赌气离开女儿家，搬到儿子家居住。其女儿叶某在老太离家后，一直未前往弟弟家去看望老母。戴某心想自己辛辛苦苦把儿女抚养大，到老了女儿竟然这样对待自己，为此十分生气。2021 年 8 月 5 日，戴某将女儿、女婿告上法庭，要求叶某每月都要来探望自己一次，端午节、中秋节、春节等重要节日，叶某也都要来看望自己。在案件审理过程中，存在两种不同的意见：一种意见认为，戴老太要求女儿经常看望自己属于精神赡养。法律为发扬社会公德，鼓励子女对老人进行"精神赡养"，但并非强制性的规范，而且精神赡养属于道德范畴无法强制执行。另一种意见认为，精神上慰藉的义务是我国老年人权益保障法明确规定的内容，法律应该支持戴某的诉讼请求。

【法官讲法】

老年人权益保障法将"常回家看看"等精神赡养义务列入条文，该法第 14 条第 1 款明确规定："赡养人应当履行对老年人经济上供养、生活上照料和精神上慰藉的义务，照顾老年人的特殊需要。"第 18 条第 1 款、第 2 款进一步规定："家庭成员应当关心老年人的精神需求，不得忽视、冷落老年人。与老年人分开居住的家庭成员，应当经常看望或者问候老年人。"赡养包括物质和精神两个层面。精神赡养是赡养人对老人生活上的照料和精神上的慰藉。随着生活水平不断提高，老年人在追求物质生活需要的同时，开始越来越多地注重精神层面的需求，比如希望得到子女的尊重和支持、生病时子女守在身边、逢年过节有人陪伴等。老年人权益保障法明确规定精神赡养义务，对保障老年人的权益和幸福具有重要意义。

赡养人履行精神赡养义务，一般应该包括以下几种方式：一是人格上尊重，满足自尊的需求。老年人耗尽半生心血才将子女养育成人，自然更希望得到子女的尊重。尊敬老年人，适当满足老年人的需求，在我们国家是一种传统美德。二是生活上关心，满足求助的愿望。随着年龄增长，很多事情老人已力不从心，小到穿针引线，大至粗重笨活，都需要后生晚辈主动关心。如果患病卧床，就更需要别人的帮助。三是精神上安慰，满足依存的需求。老年人普遍感到孤独，他们希望享受天伦之乐，得到家庭温暖。子女书信问候，节假日探访，捎一点老人喜欢的食物，甚至小辈们的亲近与求教，都将使老人感到莫大的欣慰。四是言语上沟通，排遣寂寞的需要。老年人在休闲时常会产生一种失落感、自卑感和孤独感，尤其是儿孙们上班或上学后，与人言语交流与沟通，可排遣寂寞，对调节情绪、宽阔胸怀、增强机体免疫力大有益处。五是环境优美，满足舒适的需求。老年人要求生活环境好些，以满足其舒适感的需要。有活动场地进行锻炼，以促进身心健康。通过参加活动可结交新的朋友，以排除孤独感。生活环境对一个人的身心健康影响很大，在城市建设时，要给老人健身、娱乐、养老多留些空间，以满足他们欢度晚年的心理需求。老年人需要有一个整洁、优雅、舒适、安静的环境，这是老年人休养生息、健康长寿的条件。六是注意满足不同的心理需求。长期患病的老年人心理变化是复杂的，由健康人转变为"病人角色"会很不适应，内心向往健康，便产生焦虑不安、烦躁情绪，他们需要得到安慰、支持和帮助。通过家属、子女的关怀、照顾，可以使老年人在患病期间安心养病，保持心情愉快，早日痊愈。七是善待居丧老人。居丧老人（指近期内失去配偶的老年人）的心理活动变化剧烈，很多人由于不能较快地适应新情况，健康状况急剧恶化。一位研究者指出，居丧老年人的心理活动变化可分为七个阶段：震惊、心情纷乱、强烈的情绪波动、有罪感、孤独、宽慰自己、重建新的心理模式。因此，我们应尽可能设法缩短这些阶段，尽快恢复其正常的心理活动。子女应该理解他们心理活动的变化，主动体贴关心他们，支持老年人的各项正当活动，鼓励老人追求积极的生活方式，建立新的依恋关系。只要居丧老年人能有效地控制自己的心理活动，再加上子女和其他方面积极配合，他们的心理适应会尽快建立起来。

故本案中，应当依法支持戴某的诉讼请求。

【法条指引】

中华人民共和国老年人权益保障法

第十四条 赡养人应当履行对老年人经济上供养、生活上照料和精神上慰藉的义务，照顾老年人的特殊需要。

赡养人是指老年人的子女以及其他依法负有赡养义务的人。

赡养人的配偶应当协助赡养人履行赡养义务。

第十八条 家庭成员应当关心老年人的精神需求，不得忽视、冷落老年人。

与老年人分开居住的家庭成员，应当经常看望或者问候老年人。

用人单位应当按照国家有关规定保障赡养人探亲休假的权利。

第七十五条 老年人与家庭成员因赡养、扶养或者住房、财产等发生纠纷，可以申请人民调解委员会或者其他有关组织进行调解，也可以直接向人民法院提起诉讼。

人民调解委员会或者其他有关组织调解前款纠纷时，应当通过说服、疏导等方式化解矛盾和纠纷；对有过错的家庭成员，应当给予批评教育。

人民法院对老年人追索赡养费或者扶养费的申请，可以依法裁定先予执行。

17. 子女之间签订赡养义务转让协议，是否合法有效?

【维权要点】

赡养义务可以表现为直接负担形式和间接负担形式。在特殊情况下，某个赡养义务人因故不能直接进行赡养时，经被赡养人同意，可以协议转让部分经济物质赡养义务，但精神上的赡养义务不能转让，仍应由其本人亲自履行。

【典型案例】

2006 年，黄某老两口主持其子女签订了分家协议。协议约定长子黄大分得祖产房屋六间，并负责赡养老两口。2010年黄大因工作调动迁居进城，难以履行赡养义务。同年11月，黄大与妹妹黄小达成关于转让房屋及赡养老人的协议。协议约定黄大将上述分得的房产转让给其妹妹，其妹负责供养父母。事后，其妹事实上履行了赡养义务，老两口对此也表示同意。2021年初，因涉及征地拆迁问题，黄大向法院提出赡养义务不能转让，故与其妹妹签订的转让房屋及赡养老人的协议无效，要求收回房屋。

【法官讲法】

依照我国法律规定，子女对父母的赡养义务是法定的，这就决定了赡养义务不可转让。不过，赡养义务可以表现为直接负担形式和间接负担形式。本案中的转让协议实际上就涉及黄大赡养义务由直接负担转化为间接负担的问题。在一般情况下，赡养义务是赡养人向被赡养人直接提供经济物质上的帮助，但在特殊情况下，某个赡养义务人（黄大）因故不能直接进行赡养时，以其所享有所有权的某项财产让与其他赡养义务人（黄小），作为后者加重赡养义务的对价。应当说这是直接赡养形式向间接赡养形式的转换。受让的赡养义务人形式上所增加的经济负担只不过是受让财产的异化而已，在被赡养人表示同意的情况下，以多负担一份赡养义务为条件而接受转让财产的行为有其现实合理性，且不损害被赡养人的利益，法律上应承认其效力。故黄大与其妹的转让协议应认定为一种附条件的转让协议，并不发生赡养义务的转让问题，仍应认定为合法有效。黄大无权收回房屋。

黄家兄妹都有赡养其父母的义务，黄大转让的实际上是他应履行的物质上的赡养义务，因此该转让协议在法律上是合法有效的、符合道德规范的，但精神上的赡养义务仍该由他亲自履行。本案中转让协议并非完全的赡养义务的转让，而是转让了物质上的赡养义务。这种方式在我国南方的一些地方已经出现，儿女将年迈父母托付给亲戚或邻居等以安心在外工作，受人之托者则可得到照顾老人相应报酬的一种全新养老方式，被称为托付赡养。在具体实践中，赡养人、被赡养人、托付人都必须是完全具备民事行为能力的人，有偿转让赡养义务必须在上述三方自愿的前提下进行，特别是要征得被赡养人的同意。不能因赡养关系的部分变化和赡养内容的部分替代而改变子女对老人应尽的法定义务。

【法条指引】

中华人民共和国老年人权益保障法

第二十条　经老年人同意，赡养人之间可以就履行赡养义务签订协议。赡养协议的内容不得违反法律的规定和老年人的意愿。

基层群众性自治组织、老年人组织或者赡养人所在单位监督协议的履行。

18. 签订赡养协议后能否反悔？

【维权要点】

自然人可以与继承人以外的组织或者个人签订遗赠扶养协议。按照协议，该组织或者个人承担该自然人生养死葬的义务，享有受遗赠的权利。继承人以外的组织或者个人与自然人签订遗赠扶养协议后，无正当理由不履行，导致协议解除的，不能享有受遗赠的权利，其支付的供养费用一般不予补偿；遗赠人无正当理由不履行，导致协议解除的，则应当偿还继承人以外的组织或者个人已支付的供养费用。

【典型案例】

马某已年过七旬，至今未婚，无儿无女，孤寡无依。2011 年 3 月 7 日，经所在人民调解委员会主持，马某与其侄子马甲签订了赡养协议，协议约定由马甲负责照料马某生活，包括生活费、水费电费、住院医疗费等，马某死后房产、口粮田、自留地等一切财产均由其侄马甲继承。协议签订后，马甲依照协议约定，多次带马某看病就医，由于马甲的工作地点距离马某较远，日常由马甲的父母照顾马某。多年来未曾就赡养问题发生矛盾。直至 2020 年 1 月，马某以联系不到马甲无法及时就医，且马甲对其冷漠不予关心为由，起诉至法院，要求解除赡养协议。在案件审理过程中，马某认为，侄子马甲对自己照顾不周，应允许自己与侄子解除赡养协议。而马甲则认为，自己在赡养马某之初就为马某出钱翻建了房屋，并且该协议已履行 11 年，自己由于上班地点距离马某较远，不能时时陪在身边，但安排父母对马某进行生活上的照料，生病时也能及时就医，并不存在违反赡养协议的行为，协议解除会给自己造成巨大损失。

【法官讲法】

本案双方签订的协议性质应为遗赠扶养协议，系双方真实意思表示，内容合法有效。本案的关键在于，双方签订协议后，马甲是否对马某尽到了赡养义务。马甲于协议签订后为改善马某居住条件对其房屋进行翻建，并多次带其就医，已基本履行协议约定的义务。且该案中，马某未婚，无儿无女，如解除遗赠扶养协议，马某也难以得到妥善安置，生活无着落。考虑到遗赠扶养协议的持续性，不解除更有利老年人安度晚年。在驳回马某诉讼请求的同时，法院告知马甲在以后的生活中应更加对老人悉心照顾，除在物质上多给予支持照料外，还须从精神上关心马某，注重精神赡养。

【法条指引】

中华人民共和国民法典

第一千一百五十八条 自然人可以与继承人以外的组织或者个人签订遗赠扶养协议。按照协议，该组织或者个人承担该自然人生养死葬的义务，享有受遗赠的权利。

最高人民法院关于适用《中华人民共和国民法典》
继承编的解释（一）

第四十条 继承人以外的组织或者个人与自然人签订遗赠扶养协议后，无正当理由不履行，导致协议解除的，不能享有受遗赠的权利，其支付的供养费用一般不予补偿；遗赠人无正当理由不履行，导致协议解除的，则应当偿还继承人以外的组织或者个人已支付的供养费用。

19. 子女给付赡养费数额是否应该采用同一标准？

【维权要点】

赡养费的给付标准，一般应当综合考虑三方面因素：当地居民的一般生活水平、被赡养人的实际需求、赡养人的经济能力。因赡养人的负担能力有别，支付赡养费的数额可依实际情况有所区别。

【典型案例】

蒋某夫妻因两个儿子蒋江、蒋海均不履行赡养义务，将二子诉至法院，要求每人每年支付赡养费4000元。庭审中，蒋江提出自己收入有限，又有两个子女在读大学，负担较重，愿意根据当地的生活水平承担每月150元的赡养费；蒋海则同意每年支付赡养费4000元。在案件审理过程中，存在两种不同的意见：一种意见认为，蒋江、蒋海均是蒋某夫妻的儿子，两个儿子给付的赡养费应该标准统一，不能有多有少；另一种意见认为，给付赡养费应该按照当地生活水平和蒋某夫妇的实际需要，两人的给付标准可以不一样。蒋某夫妻俩要求两个儿子每人每年承担4000元赡养费，根据夫妻俩居住地的生活水平和被告的实际收入情况，显属过高，应以每年2000元为宜。而蒋海同意每年支付赡养费4000元，应予以支持。

【法官讲法】

对于赡养、抚养案件，法院应根据实际情况作出合理判决。人民法院鼓励子女在条件许可的情况下，除承担法律规定的生养死葬义务之外，在经济上、生活上、精神上可以给老人更多的关怀。法院既要参照双方当事人居住地的一般生活水平，还要酌情确定原告的实际需要，以及被告的实际支付能力。本案中，法院应当综合当地居民的平均生活水平、原告及被告实际收入情况，确定两被告每人每年向两原告支付多少赡养费，这既是两被告应当承担的责任，也是法律规定其应当承担的义务。蒋江在庭审中提出自己收入有限，又有两个子女在读大学，负担较重，表示愿意根据当地的生活水平承担赡养费，法院应当予以支持。对于蒋海自己表示愿意每年承担4000元，法院也应当予以认可。

【法条指引】

中华人民共和国老年人权益保障法

第十九条　赡养人不得以放弃继承权或者其他理由，拒绝履行赡养义务。

赡养人不履行赡养义务，老年人有要求赡养人付给赡养费等权利。赡养人不得要求老年人承担力不能及的劳动。

20. 孙子女、外孙子女对子女死亡或子女无力赡养的祖父母、外祖父母，是否有赡养的义务？

【维权要点】

有负担能力的孙子女、外孙子女，对于子女已经死亡或者子女无力赡养的祖父母、外祖父母，有赡养的义务。法院应综合考虑家庭情况，作出合理处理。

【典型案例】

原告文某已是 95 岁的高龄老人，仅有一独子李某，李某育有一子李甲，李甲自己开办一家文化公司。2020 年 11 月前，文某一直随已 73 岁的儿子李某生活，2021 年 2 月李某因发生交通事故死亡。文某认为自己年岁已高，疾病缠身，无生活自理能力，仅依靠政府补贴无法维持生活，文某认为孙子李甲应当承担对自己的赡养义务。

【法官讲法】

赡养通常的法定义务主体虽为子女，但在实践中，存在子女死亡或父母和子女均为高龄老人，赡养人本身也需要被赡养或无赡养能力的情况。本案李某作为文某的子女，应为赡养义务人，但李某去世后，文某无其他子女履行赡养义务，根据民法典第 1074 条第 2 款的规定，有负担能力的孙子女、外孙子女，对于子女已经死亡或者子女无力赡养的祖父母、外祖父母，有赡养的义务。该条规定了孙子女、外孙子女对于祖父母、外祖父母的赡养义务，但需要符合以下两个条件：（1）孙子女、外孙子女对祖父母、外祖父母需要履行赡养义务的前提为其子女已经死亡或者子女无力履行赡养义务。此处应当理解为老人的全部子女都丧失了履行赡养义务的能力。若被赡养人仅为个别子女死亡或无力履行赡养义务，应依实际情况免除该名子女的物质赡养义务，由其他子女对老人承担赡养义务。而非直接由孙子女、外孙子女承担赡养义务。（2）孙子女、外孙子女需要有负担赡养义务的能力。根据本案情况，文某之子李某已去世，且无其他子女可以尽到赡养义务，且李甲有一定的负担能力，应该履行对祖母文某的赡养义务。具体金额应当依据文某的生活需要、李甲的履行能力，以及当地的生活水平予以确定。

【法条指引】

中华人民共和国民法典

第一千零七十四条　有负担能力的祖父母、外祖父母，对于父母已经死亡或者父母无力抚养的未成年孙子女、外孙子女，有抚养的义务。

有负担能力的孙子女、外孙子女，对于子女已经死亡或者子女无力赡养的祖父母、外祖父母，有赡养的义务。

21. 遭到殴打、谩骂，老人是否可以申请人身安全保护令？

【维权要点】

家庭成员之间以殴打、捆绑、残害、限制人身自由以及经常性谩骂、恐吓等方式实施的身体、精神等侵害行为属于家庭暴力。我国法律规定，禁止对老年人实施家庭暴力。老人因遭受家庭暴力或者面临家庭暴力的现实危险，可以向人民法院申请人身安全保护令。当事人因年老、残疾、重病等原因无法申请人身安全保护令，其近亲属、公安机关、民政部门、妇女联合会、居民委员会、村民委员会、残疾人联合会、依法设立的老年人组织、救助管理机构等，根据当事人意愿，可以代为申请。

【典型案例】

林某、侯某分别是 72 岁刘某之子及儿媳。2021 年起双方因家庭琐事常发生口角。林某夫妇经常不分场合对刘某进行打骂，言语极其恶劣，多次造成刘某身体受伤，家庭关系长期不和睦，刘某曾多次报警。2021 年 4 月 7 日，刘某与侯某二人因柴火归属问题发生争执，在争夺柴火过程中致刘某身体受伤。刘某遂向法院申请人身安全保护令。

根据双方陈述及公安机关的询问笔录，可以证明被申请人对申请人实施过家庭暴力，存在对申请人辱骂、威胁、骚扰等行为，申请人的申请符合人身安全保护令的法定条件。法院依法裁定：（1）禁止被申请人林某、侯某对申请人刘某实施家庭暴力；（2）禁止被申请人林某、侯某威胁、辱骂、殴打、骚扰、接触申请人刘某。

【法官讲法】

在婚姻家庭生活中，禁止家庭暴力，禁止家庭成员间的虐待和遗弃。当事人因遭受家庭暴力或者面临家庭暴力的现实危险，向人民法院申请人身安全保护令的，人民法院应当受理。家庭暴力不仅严重伤害老年家庭成员的身体健康，还对老人的心理造成极大伤害。家庭不是法外之地，家暴也并非"家务事"。2022 年 8 月 1 日《最高人民法院关于办理人身安全保护令案件适用法律若干问题的规定》正式实施，更加注重发挥人身安全保护令的预防功能，进一步消除该类案件在受理和签发各项程序中的障碍，突出对家庭暴力受害人权益保护的时效性。新规明确强调：（1）申请人身安全保护令不以提起离婚等民事诉讼为前提条件，遭受家暴时受害者可以直接向人民法院申请保护令。（2）明确冻饿以及经常性侮辱、诽谤、威胁、跟踪、骚扰等均属于家庭暴力，充分保障家庭成员免受各种形式家庭暴力的侵害。（3）减轻申请人举证负担。明确签发人身安全保护令的证明标准是"较大可能性"，双方当事人陈述，被申请人曾出具的悔过书或者保证书，双方之间的电话录音、短信，医疗机构的诊疗记录，妇联组织等收到反映或者求助的记录等均可作为证据。（4）加大违反人身安全保护令的惩治力度。被申请人违反人身安全保护令，符合刑法规定的，以拒不执行判决、裁定罪定罪处罚。

本案中，刘某的儿子、儿媳采用谩骂、殴打的方式对待老人，属于家庭暴力，法院应依法签发人身安全保护令。

【法条指引】

中华人民共和国民法典

第一千零四十二条　禁止包办、买卖婚姻和其他干涉婚姻自由的行为。禁止借婚姻索取财物。

禁止重婚。禁止有配偶者与他人同居。

禁止家庭暴力。禁止家庭成员间的虐待和遗弃。

中华人民共和国老年人权益保障法

第二十五条　禁止对老年人实施家庭暴力。

中华人民共和国反家庭暴力法

第二条　本法所称家庭暴力，是指家庭成员之间以殴打、捆绑、残害、限制人身自由以及经常性谩骂、恐吓等方式实施的身体、精神等侵害行为。

最高人民法院关于办理人身安全保护令案件适用
法律若干问题的规定

第一条　当事人因遭受家庭暴力或者面临家庭暴力的现实危险，依照反家庭暴力法向人民法院申请人身安全保护令的，人民法院应当受理。

向人民法院申请人身安全保护令，不以提起离婚等民事诉讼为条件。

第二条　当事人因年老、残疾、重病等原因无法申请人身安全保护令，其近亲属、公安机关、民政部门、妇女联合会、居民委员会、村民委员会、残疾人联合会、依法设立的老年人组织、救助管理机构等，根据当事人意愿，依照反家庭暴力法第二十三条规定代为申请的，人民法院应当依法受理。

第三条　家庭成员之间以冻饿或者经常性侮辱、诽谤、威胁、跟踪、骚扰等方式实施的身体或者精神侵害行为，应当认定为反家庭暴力法第二条规定的"家庭暴力"。

第六章 继 承

1. 遗产的范围应当如何认定？

【维权要点】

在我国，遗产实行财产继承制而不实行身份继承制。遗产是自然人死亡时遗留的个人合法财产。依照法律规定或者根据其性质不得继承的遗产不得继承。遗产包括财产权利，如财产所有权、债权和知识产权中的财产部分等，也包括财产义务，如应缴纳的税款和遗留下的债务。被继承人的人身权，如姓名权、肖像权、署名权等不能作为遗产。遗产必须是公民生前个人合法取得的财产，非法占有国家、集体和他人的财产以及非法收入等不能作为遗产。遗产具有时间性，公民死亡时遗留下的财产才称之为遗产。继承人继承遗产后，这部分财产就不再是遗产，而已成为继承人个人所有的财产。公民生前已经作了处分的财产，如消费、赠与等也不能算作遗产。

【典型案例】

孙甲与孙乙系孙某之子女。孙甲、孙乙二人的母亲早年病逝，父亲孙某于 2021 年 11 月 7 日因交通事故死亡，肇事人赔偿死亡赔偿金等各项经济补偿 167 万元。后孙某单位给予一次性经济补偿费、抚恤金、生活补助费 3 万元，此外，孙某生前购买了人寿保险，受益人为孙乙，保险公司因此赔付保险金 3 万元，上述赔偿金和补偿款都在孙乙处保存，孙甲多次催要均遭拒绝，遂形成纠纷。后孙甲以法定继承纠纷为由向法院提起诉讼。

【法官讲法】

本案是由死者死亡赔偿金、经济补偿费的分配问题引起的财产纠纷。如果要作为法定继承纠纷进行处理，必须首先确定所争议的财产是否属于遗产范围。

　　我国原继承法采用列举方式对遗产进行了规定，遗产包括：（1）公民的收入；（2）公民的房屋、储蓄和生活用品；（3）公民的林木、牲畜和家禽；（4）公民的文物、图书资料；（5）法律允许公民所有的生产资料；（6）公民的著作权、专利权中的财产权利；（7）公民的其他合法财产。民法典颁布后，改变了对遗产类型列举的模式，变为"正面概括加反面排除"模式，民法典第1122条规定："遗产是自然人死亡时遗留的个人合法财产。依照法律规定或者根据其性质不得继承的遗产，不得继承。"立法模式的变更考虑的是：一方面，现代社会的民事权利是一个开放体系，财产权利会随着社会经济和社会生活的变化而变化，如果依然采用列举的方式，难免会存在立法漏洞，不利于法的稳定性；另一方面，"正面概括"只能对遗产范围作出正面的规定，而必然存在例外的情形不能涵盖，因此从反面对遗产范围作出规定，可以适应我国社会习惯、善良风俗有较大差异的国情。

　　继承的财产义务范围包括两个方面，一方面是被继承人依法应交纳的税款，另一方面是被继承人遗留下的债务。继承人的财产义务，不一定要付全部偿还义务，只是在所继承的遗产价值，足够偿还被继承人遗留下的税款和债务时，继承人才承担全部清偿义务，如所继承的遗产价值不够偿还税款和债务时，继承人偿还义务只能以其继承遗产的实际价值为限。对于放弃继承遗产权利的，对被继承人遗留的税款和债务则无清偿义务。

　　下面的财产不属于遗产的范围：（1）依据法律规定不能继承的财产权利，这类权利包括自然资源利用权、宅基地使用权、生前租用或借用他人的财产、指定了受益人的保险金等。（2）依据权利性质不能继承的财产，主要指与被继承人人身有关的专属性债权，如子女对父母的抚养费请求权、父母对子女的赡养费请求权、被继承人的人身损害赔偿请求权等。一旦权利人死亡，因给付义务没有对象，则该权利也即丧失，不能予以转让和继承。（3）被继承人死亡而发放的死亡赔偿金。抚恤金、生活补助费是在死者死亡后，由国家发给死者亲属的费用。国家发放这种费用，是用以优抚救济死者家属，特别是用来优抚那些依靠死者生活的未成年人和丧失劳动能力的亲属。就其性质看，它不属于死者的遗产。它与遗产主要有三点不同：第一，抚恤金、补助费是国家发给死者亲属的费用；而遗产则是死者个人所有的于死之后留下的财产。遗产可以是金钱，也可以是实物；而抚恤金、补助费只能是金钱。第二，发放抚恤金、补助费的目的，在于抚慰死者家属，而遗产继承，则是为了保护公民个人合法的财产权益，使死者生前的合法财产不至于因死亡而消灭。第三，享受抚恤金待遇，必须是死者的直系亲属；而可以得到遗产的人，则除了直系亲属外，还可是其他人或者集体、国家。因此，一般而言，抚恤金、补助费是不能作为遗产继承的。但也有例外的情况，如果抚恤金、补助费是发给伤残者本人，则属于伤残者本人所有的财产，属于遗产范围。因此，本案中的死亡赔偿金、经济补偿费是给孙某近亲属的补偿，不能作为遗产处理。但为了方便当事人诉讼，通常情况下，法院会将此类补偿金在继承案件中一并予以分割。

本案中指定了受益人为孙乙的保险金也并非遗产。人寿保险的保险标的是人的生命、健康等。投保人与保险公司订立保险合同，并按约定缴纳保险费后，保险合同关系成立，保险人应在保险事故发生时，向受益人支付保险金。人寿保险合同中，受益人就是根据合同有权领取保险金的人，受益人由被保险人指定，可以是投保人，也可以是第三人。被保险人死亡后，受益人应得的保险金不能列入遗产范围，不能作为遗产继承，也不能用来清偿死者生前所欠的税款和所负的债务。这是因为，在保险合同订明受益人时，保险金的所有权已经明确为受益人所有。被保险人如未指明受益人，法律推定其受益人为其法定继承人。

综上所述，本案实际上并不是法定继承纠纷，而是共有财产分割纠纷。

【法条指引】

中华人民共和国民法典

第一千一百二十二条 遗产是自然人死亡时遗留的个人合法财产。依照法律规定或者根据其性质不得继承的遗产，不得继承。

2. 被继承人对财产未明确表示是否赠与，该财产应否作为遗产继承？

【维权要点】

现实生活中，被继承人给自己晚辈亲属结婚、买房、生子的财物，一般应当认定为是赠与，除非被继承人明确表示是一种借贷行为。因此，该财产不属于遗产，不能适用继承。

【典型案例】

吴某有两个儿子吴甲、吴乙，妻子于 2015 年去世。儿子们先后成家立业后，吴某独自一人生活。2018 年，吴甲的儿子结婚，吴某给付吴甲 1 万元为孙子准备婚礼。2020 年，吴乙的儿子准备结婚，吴某将 2.8 万元存款以次子吴乙的名义存入银行，准备用作孙子的结婚费用，但存折和密码均由吴某自己掌握。除此之外，吴某其他银行账户中还有 2 万元存款。2021年 12 月，吴某因病去世，未立遗嘱。吴某的两个儿子因继承遗产问题发生争议。由于双方不能达成一致意见，吴甲向人民法院提起诉讼。

【法官讲法】

本案中，吴某在死亡时没有留下遗嘱，其遗产应当依照法定继承进行分割。吴某给吴甲的儿子结婚用的 1 万元不能作为遗产加以继承。根据我国的传统习俗以及综合吴某的经济状况，这笔财产应当视为吴某出于对晚辈的关心和爱护，为帮助其顺利结婚和希望吴甲之子在婚后生活美满而赠与的财产。如果将该笔财产作为吴某的遗产，由吴甲和吴甲之子归还后再加以继承，显然违背了老人生前的意愿，辜负了老人的一片爱心。吴某以吴乙的名义存入银行的 2.8 万元应当作为遗产由兄弟两人继承。该笔遗产虽然是以吴乙的名义存入银行，但存折和密码均由吴某自己保管。这说明吴某没有将该笔财产赠送给吴乙的意思，应当按照法定继承的顺序和份额，由吴某的第一顺序继承人共同继承。至于吴某以个人名义存入银行的2 万元，应作为遗产加以继承。

一般来说，被继承人给自己晚辈亲属结婚、买房、生子的钱和财物，应当认定为是赠与，除非被继承人明确表示是一种借贷行为。被继承人以他人名义开户，自己持有存折和密码，因为钱还在自己的掌握中，并没有实际交付，缺少赠与的有效要件，该财产应归属遗产。针对该种情况，一方面被继承人应当在生前把自己财产的处理明确化，以防事后因财产继承造成家庭不睦；另一方面，继承人应当本着互谅互让、和睦团结的精神，协商处理继承问题。

【法条指引】

中华人民共和国民法典

第六百五十七条 赠与合同是赠与人将自己的财产无偿给予受赠人，受赠人表示接受赠与的合同。

3. 父亲去世后，子女是否可以自动取得父亲的有限责任公司股东资格？

【维权要点】

股权既不是纯粹的财产权，也不是纯粹的人身权，而是一种以财产性为主导的兼附人身性的综合财产权利。股东股权的表现形式是出资证明书，出资证明书中所体现的股权中的财产权，具有有价证券的性质，是可以被继承的。但继承出资并不意味着继承股东身份。继承人是否取得股东资格首先应看公司章程中是否有相关的规定，如果章程中没有规定，则应当经其他股东过半数同意，继承人方可取得股东资格，行使股东权；其他股东半数以上不同意转让的，不同意的股东应当购买该转让的股权；不购买的，视为同意转让。

【典型案例】

2015 年 5 月，秦某、戴某、杨某、李某等人分别出资设立了有限责任公司，该公司章程中未对股东去世后其出资如何处理作出约定。2021 年 3 月，戴某因病去世，戴某之女黄某在原股东秦某、杨某、李某不进行工商变更登记，不认可自己股东资格的情况下，向法院提起诉讼，要求继承股份，行使股东权。

【法官讲法】

首先，黄某继承的是具有有价证券性质的出资证明书。戴某基于出资行为，取得了与出资财产等值的股份份额，该股份份额表现为一种财产权益即股权。股权既非纯粹的财产权，亦非纯粹的人身权，而是一种以财产性为主导的兼附人身性的综合财产权利。它包括自益权和共益权。基于此权利，股东可从有限责任公司中分得利润，并得以参与管理、经营。股权中的人身权益与股东身份密不可分，随股东人身消灭而消灭，是不能被继承的。作为有限责任公司股东股权表现形式的出资证明书，虽然由于股东的死亡不再是股权完整的表现形式，但它仍然是一种可获得分配利益的凭证，体现了股权中的财产权，具有有价证券的性质，是可以被继承的。

其次，继承出资并不意味着继承股东身份。继承人是否取得股东资格首先应看公司章程中的规定，章程是各股东的真实意思表示，根据意思自治原则，在不违反法律、法规强制性规定的情况下，应予以尊重。但在章程未规定的情况下，法律未作规定。笔者认为，由于有限责任公司人合性的特征，继承权所继承的只能是股份财产权部分，对于股东资格可以比照公司法第71条的规定处理，即继承人是否取得股东身份，应由全体股东过半数同意，如果股东不同意继承人取得股东身份，其必须购买死亡股东的出资；如果不购买，则视为同意接纳继承人为股东，此时股东资格取得并非继承取得，而是加入取得，是基于股东之间达成的新合意。一旦取得股东资格，公司必须将其股东姓名、住所及继承的出资额记载于股东名册，并进行工商登记。即通过股权财产权和人身权的分离来实现对继承人继承权的保护和有限责任公司人合性特征的维护。

本案中，黄某并不能基于继承这一事实法律行为当然取得股东资格，如果公司过半数股东同意的话，黄某取得股东资格，可以行使股东权；反之，黄某只能把股份作价予以继承，股份由不同意的股东认购。

【法条指引】

中华人民共和国公司法

第七十一条 有限责任公司的股东之间可以相互转让其全部或者部分股权。

股东向股东以外的人转让股权，应当经其他股东过半数同意。股东应就其股权转让事项书面通知其他股东征求同意，其他股东自接到书面通知之日起满三十日未答复的，视为同意转让。其他股东半数以上不同意转让的，不同意的股东应当购买该转让的股权；不购买的，视为同意转让。

经股东同意转让的股权，在同等条件下，其他股东有优先购买权。两个以上股东主张行使优先购买权的，协商确定各自的购买比例；协商不成的，按照转让时各自的出资比例行使优先购买权。

公司章程对股权转让另有规定的，从其规定。

4. 遗嘱可以剥夺未成年人的继承权吗？

【维权要点】

我国遗产继承发生的根据有三种方式：法定继承、遗嘱继承和遗赠、遗赠扶养协议。继承开始后，遗赠扶养协议优先适用，其次是遗嘱继承，最后是法定继承。虽然遗嘱继承优先于法定继承适用，但公民立遗嘱时应当为缺乏劳动能力又没有生活来源的继承人保留必要的遗产份额。

【典型案例】

陈某与妻子张某于 2009 年结婚。婚后育有一子陈甲，2012 年张某去世，陈某将全部希望都寄托在儿子陈甲身上。由于被过分溺爱，陈甲养成了许多恶习，经常在学校与同学打架，而且拉帮结派、抽烟喝酒并经常偷东西，陈某多次管教都没有效果。2021 年，陈甲外出长达几个月没有音讯。在此期间，陈某因病去世，在住院期间都是由其邻居王某照顾。陈某去世前留下遗嘱：由于陈甲不务正业，且屡教不改，败坏陈家名声，因此不得继承陈某遗产，全部遗产由患病期间对其进行照料的王某继承。陈甲回家得知这一消息后，向法院提起诉讼，要求王某归还全部遗产。

【法官讲法】

民法典第 1123 条规定："继承开始后，按照法定继承办理；有遗嘱的，按照遗嘱继承或者遗赠办理；有遗赠扶养协议的，按照协议办理。"由此可见，我国遗产继承发生的根据有三种方式：法定继承、遗嘱继承和遗赠、遗赠扶养协议。本案涉及了第一种、第二种继承方式。遗嘱是指被继承人在生前按照法律规定的内容和方式对自己的财产预作处分，并在死亡时发生法律效力的法律行为。遗嘱有两种：一是遗嘱继承；二是遗赠。遗嘱继承是指在被继承人死亡后，按其生前所立的遗嘱内容，将其遗产转移给指定的法定继承人的一种继承方式。与法定继承相比，遗嘱继承虽也是一种继承方式，但其优先于法定继承，即被继承人生前如果立有合法有效的遗嘱，就应当首先按照遗嘱进行遗嘱继承；在没有遗嘱或者有遗嘱但遗嘱被人民法院认定无效，以及有遗嘱但遗嘱仅处分了部分财产的情况下，才按法定继承方式进行。而遗赠是指公民以遗嘱方式将其遗产的一部分和全部赠给国家、集体组织、社会团体或者法定继承人以外的人。遗赠是遗嘱的特殊形式。它与遗嘱的区别在于：（1）在遗赠中，获得财产的不是法定继承人，而是国家、集体组织、社会团体或者其他非法定继承人。而在遗嘱中获得财产的肯定是法定继承人中的一人或数人。（2）遗赠是一种单方法律行为，只要将遗赠内容载入遗嘱，不需要遗赠受领人同意即为有效。（3）遗赠受领人并不直接参与遗产的分配，而只是从继承人或其他遗嘱执行人那里取得遗赠财产。（4）一般情况下，遗赠受领人在受领遗赠中，不负有义务。但如果在遗赠中写明受赠人接受遗赠要完成遗赠人指定的一定义务时，受赠人必须履行遗赠指定的义务后，才能受领遗赠。

综上，依据现行法律规定，公民不仅可以通过设定遗嘱的方式改变继承人的范围、顺序和继承份额，而且还可以取消法定继承人的继承权，把财产遗赠给法定继承人以外的人。但是，为了保护未成年人的利益，对于未成年的法定继承人，法律是禁止以遗嘱方式剥夺其继承权的。民法典在规定遗嘱自由的同时，对遗嘱自由又作出了一些限制性的规定：（1）立遗嘱人必须具有民事行为能力。立遗嘱是一种民事法律行为，立遗嘱人必须具有完全民事行为能力，即遗嘱能力。民法典第1143条第1款规定："无民事行为能力人或者限制民事行为能力人所立的遗嘱无效。"（2）遗嘱必须是遗嘱人的真实意思表示。受胁迫、欺骗所立的遗嘱因其不符合遗嘱人的真实意思而无效；伪造的遗嘱无效；遗嘱被篡改的，篡改的内容无效。（3）遗嘱内容不得违反法律，不得损害国家、集体的利益。遗嘱内容若违反上述规定，违反的部分一律无效。（4）遗嘱应当为缺乏劳动能力又没有生活来源的继承人保留必要的遗产份额。由此可见，公民立遗嘱时不能剥夺法定继承人中无独立生活能力的未成年人的继承权，否则，该遗嘱无效。被遗嘱剥夺继承权的缺乏劳动能力又没有收入来源的未成年法定继承人可依法律规定继承其应继承的份额。必要时，还可以适当多分一部分遗产。另外，民法典第1125条规定："继承人有下列行为之一的，丧失继承权：（一）故意杀害被继承人；（二）为争夺遗产而杀害其他继承人；（三）遗弃被继承人，或者虐待被继承人情节严重；（四）伪造、篡改、隐匿或者销毁遗嘱，情节严重；（五）以欺诈、胁迫手段迫使或者妨碍被继承人设立、变更或者撤回遗嘱，情节严重。继承人有前款第三项至第五项行为，确有悔改表现，被继承人表示宽恕或者事后在遗嘱中将其列为继承人的，该继承人不丧失继承权。受遗赠人有本条第一款规定行为的，丧失受遗赠权。"陈甲并没有以上所列的行为，因此他有权继承其父亲陈某的遗产。本案中，陈某以儿子陈甲不务正业为由，剥夺其继承权是没有法律依据的。陈某的遗嘱没有给年仅12岁尚未成年的陈甲留下适当的遗产，以保证缺乏劳动能力又没有生活来源的儿子的正常生活，是违反法律规定的，因而其遗嘱部分无效。当然，陈某的遗嘱也不是全部无效，只要为陈甲保留必要的遗产份额，其他部分陈某仍可以自由处理。王某虽不是法定继承人，但作为受遗赠人仍有权继承陈某的遗产。因此本案中，王某应将部分遗产交还给陈甲，至于具体的份额可由法院裁决。综上所述，被继承人立遗嘱时，不应当剥夺未成年人的合法继承权。这不仅是法律制度规定的，也是社会主义道德要求的，更是保护未成年人健康成长的需要。

【法条指引】

中华人民共和国民法典

第一千一百二十三条 继承开始后，按照法定继承办理；有遗嘱的，按照遗嘱继承或者遗赠办理；有遗赠扶养协议的，按照协议办理。

第一千一百二十五条 继承人有下列行为之一的，丧失继承权：

（一）故意杀害被继承人；

（二）为争夺遗产而杀害其他继承人；

（三）遗弃被继承人，或者虐待被继承人情节严重；

（四）伪造、篡改、隐匿或者销毁遗嘱，情节严重；

（五）以欺诈、胁迫手段迫使或者妨碍被继承人设立、变更或者撤回遗嘱，情节严重。

继承人有前款第三项至第五项行为，确有悔改表现，被继承人表示宽恕或者事后在遗嘱中将其列为继承人的，该继承人不丧失继承权。

受遗赠人有本条第一款规定行为的，丧失受遗赠权。

第一千一百四十一条 遗嘱应当为缺乏劳动能力又没有生活来源的继

承人保留必要的遗产份额。

5. 遗嘱与遗赠扶养协议相互抵触，处理遗产时应当以哪个为准？

【维权要点】

遗赠扶养协议是指公民与扶养人之间签订的关于扶养该公民，该公民将财产遗赠给扶养人的协议。相对于遗嘱和遗赠来说，遗赠扶养协议的效力更高。被继承人生前同他人订有遗赠扶养协议，又同时立有遗嘱的，继承开始后，如果遗赠扶养协议同遗嘱没有抵触，遗产分别按照协议和遗嘱处理；如果有抵触的，按照协议处理，与协议有抵触的遗嘱全部或者部分无效。

【典型案例】

方某的伯父方某某因老伴早年去世，独生女儿在国外生活，只剩他孤身一人，年老体弱，丧失劳动能力，便在 2006 年与方某签订了遗赠扶养协议，约定生前他由方某赡养，死后由方某安葬，留下的一套房屋归方某所有。该协议由邻居证明。2020 年 5 月，方某的伯父病重，其女儿从国外回来照料，不久方某的伯父因病去世，由其女儿进行安葬。方某的伯父去世后，方某拿出遗赠扶养协议要求执行协议，而其堂姐却拿出父亲去世前写的遗产归女儿所有的遗嘱，因此拒绝将房子交给方某，方某一纸诉状将其堂姐告上法院。

【法官讲法】

遗赠扶养协议是当事人之间的一种合同关系，是指公民与扶养人之间签订的关于抚养该公民，该公民将财产遗赠给扶养人的协议。民法典第1158条规定："自然人可以与继承人以外的组织或者个人签订遗赠扶养协议。按照协议，该组织或者个人承担该自然人生养死葬的义务，享有受遗赠的权利。"《最高人民法院关于适用〈中华人民共和国民法典〉继承编的解释（一）》（以下简称《民法典继承编司法解释（一）》）第 3 条规定："被继承人生前与他人订有遗赠扶养协议，同时又立有遗嘱的，继承开始后，如果遗赠扶养协议与遗嘱没有抵触，遗产分别按协议和遗嘱处理；如果有抵触，按协议处理，与协议抵触的遗嘱全部或者部分无效。"

在本案中，方某伯父的遗嘱中关于房屋归其女儿所有的部分，是同遗赠扶养协议有抵触的，是无效的，应该按照方某同其伯父遗赠扶养协议的约定，归方某所有，其他的遗产由方某的堂姐按照遗嘱继承。但是，方某并没有完成遗赠扶养协议中的丧葬行为，因此方某应该偿还其堂姐支出的丧葬费用。

【法条指引】

中华人民共和国民法典

第一千一百二十三条 继承开始后，按照法定继承办理；有遗嘱的，按照遗嘱继承或者遗赠办理；有遗赠扶养协议的，按照协议办理。

第一千一百五十八条 自然人可以与继承人以外的组织或者个人签订遗赠扶养协议。按照协议，该组织或者个人承担该自然人生养死葬的义务，享有受遗赠的权利。

最高人民法院关于适用《中华人民共和国民法典》继承编的解释（一）

第三条 被继承人生前与他人订有遗赠扶养协议，同时又立有遗嘱的，继承开始后，如果遗赠扶养协议与遗嘱没有抵触，遗产分别按协议和遗嘱处理；如果有抵触，按协议处理，与协议抵触的遗嘱全部或者部分无效。

6. 私自篡改遗嘱，是否导致丧失全部继承权？

【维权要点】

伪造、篡改或者销毁遗嘱，违背了被继承人的意愿，情节严重的，丧失继承权。虽然篡改了遗嘱，但如果情节并不严重，则不一定丧失继承权，但篡改的内容无效。

【典型案例】

李吉中年丧妻，有两个儿子，一直没有再婚。两个儿子长大后，都有了工作。大儿子李明大学毕业后分配在外地工作，每月给父亲寄钱，每年都回家探望老人，力所能及地尽了赡养义务。而次子李朋，结婚后自立门户，很少看望老人，不履行赡养义务。老人孤单生活，凄凉寂寞。当邻居发现老人死后，先给李朋打电话，要他来料理父亲的后事。李朋一到家，对老人的凄情视而不顾，却在屋里东翻西找，最后在老人的枕头下摸出一个 13 万元的存折，里面还夹着一张字条。字条上写着："我有存款 13 万元留给儿子李明。"李朋看后灵机一动，随即将字条中的"明"字改成"朋"字，他认为做得天衣无缝。第二天李明从外地赶来，丧事办完后，李朋掏出字条交给李明说："你瞧瞧吧，这是爸爸临终前给我的。"李明看后却说："弟弟！不是我当哥哥的与你争这点钱，你这样做，可有点太伤老人的心！"李朋反而说："这是老人的遗嘱，他愿给谁就给谁，你瞧着眼热了是不是？有本事到法院告我去！"原来，父亲在生前曾写信告知李明，自己将 13 万元存折存放在枕头下，并将该笔钱留给李明，于是哥哥李明向法院起诉。

【法官讲法】

在遗嘱继承中，遗产的继承人及其继承遗产的数额等都是由被继承人在遗嘱中指定的，因此，遗嘱继承也叫指定继承。遗嘱继承制度确立后，法律赋予财产所有人不仅有依法处分自己生前所有财产的权利，而且还可以自由地处分自己死后遗产的权利。这样有利于促进晚辈孝敬长辈、赡养扶助老人。

对于本案，首先要查明老人的遗嘱真正的内容是什么。现在弟弟拿了老人枕头底下的字条，即遗嘱。哥哥手持老人临终前寄给他的一封信，也即遗嘱凭据。两份遗嘱的内容截然不同，互相矛盾。可经司法部门进行笔迹鉴定，揭穿弟弟李朋私自将所持的遗嘱"明"字改成了"朋"字的伎俩。遗嘱的真实意思是老人将 13 万元存款留给了大儿子李明，这是老人根据两个儿子生前对他的不同态度和实际表现作出的决定，也排除了老人生前自己改变遗嘱内容的可能性。

我国民法典第 1125 条第 1 款第 4 项规定：继承人伪造、篡改、隐匿或者销毁遗嘱，情节严重的，丧失继承权，如果篡改了遗嘱，但情节并不严重，不一定丧失继承权。根据民法典的规定，本案中，老人李吉 13 万元遗产应按照其遗嘱处理，全部由李明继承。

【法条指引】

中华人民共和国民法典

第一千一百二十五条 继承人有下列行为之一的，丧失继承权：

（一）故意杀害被继承人；

（二）为争夺遗产而杀害其他继承人；

（三）遗弃被继承人，或者虐待被继承人情节严重；

（四）伪造、篡改、隐匿或者销毁遗嘱，情节严重；

（五）以欺诈、胁迫手段迫使或者妨碍被继承人设立、变更或者撤回遗嘱，情节严重。

继承人有前款第三项至第五项行为，确有悔改表现，被继承人表示宽恕或者事后在遗嘱中将其列为继承人的，该继承人不丧失继承权。

受遗赠人有本条第一款规定行为的，丧失受遗赠权。

第一千一百四十三条 无民事行为能力人或者限制民事行为能力人所立的遗嘱无效。

遗嘱必须表示遗嘱人的真实意思，受欺诈、胁迫所立的遗嘱无效。

伪造的遗嘱无效。

遗嘱被篡改的，篡改的内容无效。

最高人民法院关于适用《中华人民共和国民法典》
继承编的解释（一）

第九条 继承人伪造、篡改、隐匿或者销毁遗嘱，侵害了缺乏劳动能力又无生活来源的继承人的利益，并造成其生活困难的，应当认定为民法典第一千一百二十五条第一款第四项规定的"情节严重"。

7. 胎儿是否享有继承权？

【维权要点】

遗产分割时，应当保留胎儿的继承份额。为胎儿保留的遗产份额的处理共有三种情况：当出生的胎儿为活体时，则由其享有实际权利，取得该份遗产；胎儿出生时为死体的，原来为其保留的遗产份额仍视为被继承人尚未分割的遗产，由被继承人的继承人依法分配；如果该胎儿出生时尚为活体，但不久后死亡的，则原来为其保留的遗产份额就应当属于他的遗产，由他的法定继承人按照法定继承方式继承。

【典型案例】

张某妻子早亡，一人独自养大一子（张甲）一女（张乙）。2020 年 1 月，张甲与外地姑娘刘某相识并建立了恋爱关系。但张某认为刘某不是本地人，两人结合多有不便，因此坚决反对。张甲和刘某不顾家长的反对，于 2021 年 1 月登记结婚。张某一怒之下，没有参加两人的婚礼。婚后不久，张甲因患急症经抢救无效死亡，身后没有留下任何财产。张某闻讯，悲恸欲绝，也于不久后辞世。张某身后留下住房一套，价值 100 万元；银行存款 8 万元；衣物、家具和其他财产共计 6 万元。在分割遗产时，张乙认为刘某是扫把星，导致张家家破人亡，主张由自己继承父亲的全部遗产；而刘某认为张甲先于张某死亡，其应当继承的遗产份额应当由自己已怀孕 4 个月的胎儿继承。双方因此发生争执，刘某向人民法院提起诉讼。

【法官讲法】

本案涉及的主要是对胎儿继承权的法律保护问题。我国民法典第 16 条规定："涉及遗产继承、接受赠与等胎儿利益保护的，胎儿视为具有民事权利能力。但是，胎儿娩出时为死体的，其民事权利能力自始不存在。"第 1155 条规定："遗产分割时，应当保留胎儿的继承份额。胎儿娩出时是死体的，保留的份额按照法定继承办理。"《民法典继承编司法解释（一）》第 31 条规定："应当为胎儿保留的遗产份额没有保留的，应从继承人所继承的遗产中扣回。为胎儿保留的遗产份额，如胎儿出生后死亡的，由其继承人继承；如胎儿娩出时是死体的，由被继承人的继承人继承。"根据上述法律规定，为胎儿保留遗产继承份额共有三种情况：（1）当出生的胎儿为活体时，则由其享有实际权利，取得该份遗产；（2）胎儿出生时为死体的，原来为其保留的遗产份额仍视为被继承人尚未分割的遗产，由被继承人的继承人依法分配；（3）如果该胎儿出生时尚为活体，但不久后死亡的，则原来为其保留的遗产份额就应当属于他的遗产，由他的法定继承人按照法定继承方式继承。

民法典第 1128 条规定："被继承人的子女先于被继承人死亡的，由被继承人的子女的直系晚辈血亲代位继承。被继承人的兄弟姐妹先于被继承人死亡的，由被继承人的兄弟姐妹的子女代位继承。代位继承人一般只能继承被代位继承人有权继承的遗产份额。"这就是法律规定的代位继承的情况。在胎儿所享有的继承权中也应当包括代位继承权。在本案中，张甲先于张某死亡，其继承的遗产份额应当由刘某怀孕的胎儿继承。民法典第 1130 条第 1 款规定："同一顺序继承人继承遗产的份额，一般应当均等。"张甲与张乙同为张某的第一顺序继承人，继承的遗产份额应当均等。相应地，刘某怀孕的胎儿代位继承的遗产份额应当与张乙均等，即为张某遗产的二分之一。在胎儿出生前，该遗产份额可以由刘某代管。如果胎儿出生时为活体的，由其实际继承该遗产份额；如果胎儿出生时为死体的，该遗产份额仍应当视为张某未分配的遗产，由张乙继承；如果胎儿出生后不久死亡的，为其保留的遗产份额由于胎儿出生时为活体，已经由新生儿继承从而成为他的财产，新生儿死亡后显然应由其母刘某继承。

【法条指引】

中华人民共和国民法典

第十六条 涉及遗产继承、接受赠与等胎儿利益保护的，胎儿视为具有民事权利能力。但是，胎儿娩出时为死体的，其民事权利能力自始不存在。

第一千一百二十八条 被继承人的子女先于被继承人死亡的，由被继承人的子女的直系晚辈血亲代位继承。

被继承人的兄弟姐妹先于被继承人死亡的，由被继承人的兄弟姐妹的子女代位继承。

代位继承人一般只能继承被代位继承人有权继承的遗产份额。

第一千一百三十条 同一顺序继承人继承遗产的份额，一般应当均等。

对生活有特殊困难又缺乏劳动能力的继承人，分配遗产时，应当予以照顾。

对被继承人尽了主要扶养义务或者与被继承人共同生活的继承人，分配遗产时，可以多分。

有扶养能力和有扶养条件的继承人，不尽扶养义务的，分配遗产时，应当不分或者少分。

继承人协商同意的，也可以不均等。

第一千一百五十五条　遗产分割时，应当保留胎儿的继承份额。胎儿娩出时是死体的，保留的份额按照法定继承办理。

最高人民法院关于适用《中华人民共和国民法典》继承编的解释（一）

第三十一条　应当为胎儿保留的遗产份额没有保留的，应从继承人所继承的遗产中扣回。

为胎儿保留的遗产份额，如胎儿出生后死亡的，由其继承人继承；如胎儿娩出时是死体的，由被继承人的继承人继承。

8. 被继承人同时死亡，遗产应当如何分配？

【维权要点】

相互有继承关系的数人在同一事件中死亡，难以确定死亡时间的，推定没有其他继承人的人先死亡。都有其他继承人，辈份不同的，推定长辈先死亡；辈份相同的，推定同时死亡，相互不发生继承。

【典型案例】

阮某（男）与谢某（女）于 2018 年结婚。谢某与前夫生有一儿子王某，未随两人共同生活。婚后，两人居住在阮某于 2016 年购置的一栋别墅中。2020 年 12 月，阮某与谢某不幸在家中被枪击身亡。阮某与谢某死亡后，经清理两人的遗产包括：别墅一栋，别墅内有两人结婚后购置的家具、电器、衣物、首饰和其他生活用品；两人婚后的存款 30 万元；阮某死亡后获得的人身保险赔偿金 80 万元。遗产由阮某的父母管理。阮某的父母为安葬死者支付了丧葬费 2.5 万元。阮某和谢某在共同生活期间所欠债务1.8 万元，由阮某父母代为偿还。2021 年 10 月，阮某的父母与谢某的唯一法定继承人王某因分割遗产发生争议。王某向人民法院提起诉讼，主张作为谢某唯一的法定继承人继承谢某的全部遗产。阮某的父母答辩称，王某争议的遗产超出了谢某遗产的范围，请求人民法院对王某的诉讼请求予以驳回。

【法官讲法】

被继承人死亡后没有遗嘱的适用法定继承。本案的关键是如何确定被继承人死亡的顺序。它直接关系到继承人的继承顺序和应继承的份额。在两个被继承人在同一事故中死亡的情形下，继承人为维护自己合法的权利，可以根据有利于自己的原则，决定是否要确定死亡顺序。死亡顺序有时可以通过法医鉴定出来。但本案中，阮某和谢某被入室抢劫的犯罪分子一起枪杀，案发后，两人均已死亡，法医鉴定无法准确判断两人的死亡顺序，也不能简单地以被继承人被枪击的先后断定其死亡的顺序。民法典第1121条第2款规定，相互有继承关系的数人在同一事件中死亡，难以确定死亡时间的，推定没有其他继承人的人先死亡。都有其他继承人，辈份不同的，推定长辈先死亡；辈份相同的，推定同时死亡，相互不发生继承。因此，应推定阮某与谢某同时死亡，两人相互不发生继承关系，他们各自的遗产由各自的法定继承人分别继承。阮某的法定继承人是阮某的父母；谢某的法定继承人是谢某与前夫所生之子王某。阮某的个人财产有别墅一栋、人身保险赔偿金80万元和阮某与谢某的夫妻共同财产的一半应当由其父母继承；阮某与谢某的丧葬费2.5万元和夫妻共同债务1.8万元应当从两人的存款中扣除，剩余的存款25.7万元作为夫妻共同财产予以分割，阮某的部分即12.85万元由其父母继承，谢某的部分由王某继承。两人共同财产中的家具、电器、衣物、首饰和其他生活用品等，应当按照不损伤财产价值和方便生活的原则予以均等分割，由两人的继承人分别继承。

【法条指引】

中华人民共和国民法典

第一千一百二十一条　继承从被继承人死亡时开始。

相互有继承关系的数人在同一事件中死亡，难以确定死亡时间的，推定没有其他继承人的人先死亡。都有其他继承人，辈份不同的，推定长辈先死亡；辈份相同的，推定同时死亡，相互不发生继承。

9. 法定继承人以外的人对被继承人履行了赡养义务，是否可以继承遗产？

【维权要点】

在遗产分配上，我国民法典分别规定了两种情况：一是法定继承人之间的分配；二是法定继承人以外的人之间的分配。根据民法典第1127条、第1129条的规定，第一顺序继承人包括：配偶、子女、父母；第二顺序继承人包括：兄弟姐妹、祖父母、外祖父母。丧偶儿媳对公婆、丧偶女婿对岳父母尽了主要赡养义务的，作为第一顺序继承人。继承开始后，由第一顺序继承人继承，第二顺序继承人不继承；没有第一顺序继承人继承的，由第二顺序继承人继承。

可见，孙辈对祖辈即便尽了主要赡养义务，也不能被视为第一顺序继承人。而是属于"继承人以外的依靠被继承人扶养的人，或者继承人以外的对被继承人扶养较多的人"，依据民法典第1131条的规定，可以分给适当的遗产。

【典型案例】

王某与前妻生育两个子女王甲和王乙，均已成家。2004年6月，王某与李某登记结婚，婚后两人与王甲的儿子王丙共同生活。2016年王某与李某建造了一栋约200平方米的二层砖木结构房屋。2021年1月18日，王某因病去世，其与李某共有存款20万元。王某生前主要由孙子王丙赡养。在继承的过程中，王甲、王乙、王丙与李某就遗产分割发生纠纷，诉至法庭。

【法官讲法】

法律是权利和义务的载体，也是一定数量权利、义务的总和。无论是强调权利还是强调义务，在逻辑上都具有同等的效果。因为权利的实现是以义务的履行作为条件的；义务的履行是以权利的实现作为目标的。权利与义务在数量上的相等，在关系上的对应，决定了在逻辑上只要权利实现了，义务也就履行了；只要义务履行了，权利也就实现了，我国关于继承的法律规定同样体现了上述原则。

根据民法典第 1127 条、第 1129 条的规定，第一顺序继承人包括配偶、子女、父母，丧偶儿媳对公婆、丧偶女婿对岳父母尽了主要赡养义务的，作为第一顺序继承人。第 1128 条规定："被继承人的子女先于被继承人死亡的，由被继承人的子女的直系晚辈血亲代位继承。被继承人的兄弟姐妹先于被继承人死亡的，由被继承人的兄弟姐妹的子女代位继承。代位继承人一般只能继承被代位继承人有权继承的遗产份额。"本案中，王甲仍然健在，王丙并不存在代位继承的情形，也不属于法定继承人的范围，所以将王丙视为第一顺序继承人缺乏法律依据。民法典第 1131 条规定："对继承人以外的依靠被继承人扶养的人，或者继承人以外的对被继承人扶养较多的人，可以分给适当的遗产。"这一条是承认非继承人酌情分得遗产的权利。可分得遗产的人包括两种：一是继承人以外的依靠被继承人扶养的人，二是继承人以外的对被继承人扶养较多的人。王丙属于第二种可分得遗产的人。《民法典继承编司法解释（一）》第 19 条规定："对被继承人生活提供了主要经济来源，或者在劳务等方面给予了主要扶助的，应当认定其尽了主要赡养义务或主要扶养义务。"王丙从小就同王某和李某共同生活，在王某去世之前，王丙对王某尽了生养送终的义务，应认定王丙对王某尽了较多的赡养义务。该条文也充分体现了我国法律对赡养老人行为的肯定。综合以上分析，王丙对王某的遗产可以适当分得一部分。

【法条指引】

中华人民共和国民法典

第一千一百二十七条 遗产按照下列顺序继承：

（一）第一顺序：配偶、子女、父母；

（二）第二顺序：兄弟姐妹、祖父母、外祖父母。

继承开始后，由第一顺序继承人继承，第二顺序继承人不继承；没有第一顺序继承人继承的，由第二顺序继承人继承。

本编所称子女，包括婚生子女、非婚生子女、养子女和有扶养关系的继子女。

本编所称父母，包括生父母、养父母和有扶养关系的继父母。

本编所称兄弟姐妹，包括同父母的兄弟姐妹、同父异母或者同母异父的兄弟姐妹、养兄弟姐妹、有扶养关系的继兄弟姐妹。

第一千一百二十八条 被继承人的子女先于被继承人死亡的，由被继承人的子女的直系晚辈血亲代位继承。

被继承人的兄弟姐妹先于被继承人死亡的，由被继承人的兄弟姐妹的子女代位继承。

代位继承人一般只能继承被代位继承人有权继承的遗产份额。

第一千一百二十九条 丧偶儿媳对公婆，丧偶女婿对岳父母，尽了主要赡养义务的，作为第一顺序继承人。

第一千一百三十一条 对继承人以外的依靠被继承人扶养的人，或者继承人以外的对被继承人扶养较多的人，可以分给适当的遗产。

最高人民法院关于适用《中华人民共和国民法典》继承编的解释（一）

第十九条 对被继承人生活提供了主要经济来源，或者在劳务等方面给予了主要扶助的，应当认定其尽了主要赡养义务或主要扶养义务。

10. 老人生前订立两份遗嘱，后立的自书遗嘱能否撤销先立的公证遗嘱？

【维权要点】

遗嘱人可以撤回、变更自己所立的遗嘱。立遗嘱后，遗嘱人实施与遗嘱内容相反的民事法律行为的，视为对遗嘱相关内容的撤回。立有数份遗嘱，内容相抵触的，以最后的遗嘱为准，无论该遗嘱是自书遗嘱、代书遗嘱、录音录像遗嘱、打印遗嘱、口头遗嘱还是公证遗嘱。在内容相抵触的情况下，任何形式的在后遗嘱均可视为对在先遗嘱的变更或撤回，在效力层级上，不再考虑遗嘱是否经过了公证。

【典型案例】

林某夫妇的生活起居长期由长子林甲照顾。2017 年二位老人亲自写下遗嘱，将属于他们的三居室楼房交由林甲继承，并对遗嘱进行了公证。但

2019 年初，林甲随女儿到外地生活。林某的二儿子林乙开始与林某夫妇共同生活照顾老人。2020 年初，林某夫妇重新写下一份遗嘱，表明那套三居室楼房由林乙继承，并特意注明以前的公证遗嘱作废。2021 年 6 月，林某夫妇相继因病去世，林甲与林乙为继承三居室楼房而诉至法庭。在案件审理过程中，存在两种不同的意见：一种意见认为，第一次的公证遗嘱是建立在林甲照顾林某夫妇生活的基础上，2019 年以后，林乙担负起照顾林某夫妇的义务，因此林某夫妇更改遗嘱是他们的真实意思，应该得到认可；另一种意见认为，自书遗嘱不能更改经过公证的遗嘱，因此林乙不能获取遗产。

【法官讲法】

我国民法典规定，遗嘱有公证遗嘱、自书遗嘱、代书遗嘱、打印遗嘱、录音录像遗嘱和口头遗嘱。自书遗嘱是指遗嘱人亲笔制作的书面遗嘱，遗嘱人有权依照法律的规定，根据自己的意志对死后的财产预先作出处分。自书遗嘱可按照下列程序订立：（1）遗嘱人书写遗嘱内容。遗嘱人应亲自书写遗嘱全文，这样既可以真实表达遗嘱人的意志，又可防止他人伪造、篡改、添加遗嘱内容。（2）遗嘱人在自己书写的遗嘱上写明书写的年、月、日。订立遗嘱的时间对遗嘱的效力有一定的影响，如不同书面遗嘱内容相矛盾时，应以时间在后的书面遗嘱为准。同时，订立遗嘱的时间有时也可证明遗嘱内容的真伪。（3）遗嘱人亲笔签名。（4）自书遗嘱中如需涂改、增删，应当在涂改、增删内容的旁边注明涂改、增删的字数，且应在涂改、增删处另行签名。《民法典继承编司法解释（一）》第 27 条规定："自然人在遗书中涉及死后个人财产处分的内容，确为死者的真实意思表示，有本人签名并注明了年、月、日，又无相反证据的，可以按自书遗嘱对待。"

公证遗嘱是指遗嘱人将其所立的遗嘱经过公证机构公证的遗嘱。我国民法典对于公证遗嘱的效力等级问题作了重大修改。民法典第 1142 条规定："遗嘱人可以撤回、变更自己所立的遗嘱。立遗嘱后，遗嘱人实施与遗嘱内容相反的民事法律行为的，视为对遗嘱相关内容的撤回。立有数份遗嘱，内容相抵触的，以最后的遗嘱为准。"即本条取消了公证遗嘱效力最高的规定。在内容相抵触的情况下，任何形式的在后遗嘱均可视为对在先遗嘱的变更或撤回，在效力层级上，不再考虑遗嘱是否经过了公证。

遗嘱是遗嘱人处分自己合法财产的意思表示，遗嘱的效力来自遗嘱人的真实意思表示。法律所规定的各类遗嘱形式只是遗嘱人意思表示的载体和表现形式，每类遗嘱形式都有优势和不足，不能仅以遗嘱表现形式的不同来确定遗嘱效力孰优孰劣。该条款的变化也体现了我国民法典继承制度的人性化和对当事人意思自治的尊重。因此，本案应采纳第一种意见，应按照 2020 年林某夫妇重新写下的遗嘱进行遗产分割，三居室楼房应由林乙继承。

【法条指引】

中华人民共和国民法典

第一千一百三十四条 自书遗嘱由遗嘱人亲笔书写，签名，注明年、月、日。

第一千一百三十九条 公证遗嘱由遗嘱人经公证机构办理。

第一千一百四十二条 遗嘱人可以撤回、变更自己所立的遗嘱。

立遗嘱后，遗嘱人实施与遗嘱内容相反的民事法律行为的，视为对遗嘱相关内容的撤回。

立有数份遗嘱，内容相抵触的，以最后的遗嘱为准。

最高人民法院关于适用《中华人民共和国民法典》继承编的解释（一）

第二十七条 自然人在遗书中涉及死后个人财产处分的内容，确为死者的真实意思表示，有本人签名并注明了年、月、日，又无相反证据的，可以按自书遗嘱对待。

11. 立遗嘱人的配偶作为代书遗嘱的见证人，该遗嘱是否有效？

【维权要点】

代书遗嘱必须有两个以上见证人在场见证。以下人员不能作为见证人：无民事行为能力人、限制民事行为能力人以及其他不具有见证能力的人；继承人、受遗赠人；与继承人、受遗赠人有利害关系的人。配偶是法定的第一顺序继承人，显然不能作为代书遗嘱的见证人。如果除去以上几类人员外，见证人不足两人的，代书遗嘱无效。

【典型案例】

张加旺现年已经73岁，自感身体一天不如一天，因此他想到该立一份遗嘱了，于是差妻子去请来本村较有名望的徐、宋两位先生来帮自己立遗嘱，可是由于宋先生有事出远门了，只有徐先生来了，着急立遗嘱的张加旺让徐先生写好遗嘱，自己在上面签名，又让徐先生和妻子作为见证人在遗嘱上签名。张加旺去世后，子女为遗产闹上法庭。在案件审理过程中，存在两种不同的意见：一种意见认为，这份遗嘱有效，因为这份代书遗嘱符合法律形式的要求；另一种意见认为，这份代书遗嘱无效，因为法律对代书遗嘱的见证人有特殊要求，遗嘱人的配偶作为见证人的遗嘱无效。

【法官讲法】

我国民法典规定，可以通过代书遗嘱的方式处理自己的遗产，这是立遗嘱人处理自己遗产的方式之一。民法典第1135条规定："代书遗嘱应当有两个以上见证人在场见证，由其中一人代书，并由遗嘱人、代书人和其他见证人签名，注明年、月、日。"本案中，从张加旺立遗嘱的过程看，这份代书遗嘱似乎符合法律要求，但法律对遗嘱见证人同时作出了严格的规定，并不是每一个人都可以作为遗嘱见证人。民法典第1140条规定："下列人员不能作为遗嘱见证人：（一）无民事行为能力人、限制民事行为能力人以及其他不具有见证能力的人；（二）继承人、受遗赠人；（三）与继承人、受遗赠人有利害关系的人。"《民法典继承编司法解释（一）》第24条规定："继承人、受遗赠人的债权人、债务人，共同经营的合伙人，也应当视为与继承人、受遗赠人有利害关系，不能作为遗嘱的见证人。"这些人不能作为遗嘱见证人的原因在于，无民事行为能力人、限制民事行为能力人本身不能完全理解自己的行为所带来的后果，他们往往容易被人利用，因此，他们作为遗嘱见证人起不到法律上所要求的见证作用。由于继承人、受遗赠人，与继承人、受遗赠人有利害关系的人与继承存在利害关系，因此有可能会使他们在见证过程中歪曲遗嘱人的遗嘱，作出有利于自己或自己近亲属利益的行为，这样也会损害遗嘱人和其他继承人、受遗赠人的利益，因此法律规定他们也不能作为遗嘱见证人。本案中，张加旺老人的配偶本身就是继承人，因此不能作为张加旺遗嘱的见证人。张加旺所立遗嘱不符合代书遗嘱中应当有两名以上见证人的要求，所以这份遗嘱无效，应该按照法定遗嘱分配遗产。

【法条指引】

中华人民共和国民法典

第一千一百三十五条　代书遗嘱应当有两个以上见证人在场见证，由其中一人代书，并由遗嘱人、代书人和其他见证人签名，注明年、月、日。

第一千一百四十条　下列人员不能作为遗嘱见证人：

（一）无民事行为能力人、限制民事行为能力人以及其他不具有见证能力的人；

（二）继承人、受遗赠人；

（三）与继承人、受遗赠人有利害关系的人。

最高人民法院关于适用《中华人民共和国民法典》继承编的解释（一）

第二十四条　继承人、受遗赠人的债权人、债务人，共同经营的合伙人，也应当视为与继承人、受遗赠人有利害关系，不能作为遗嘱的见证人。

12. 打印的遗嘱是否合法有效？

【维权要点】

遗嘱必须体现遗嘱人的真实意思表示。遗嘱人意思表示的方式可以是多种多样的，如交付遗嘱的草稿、直接口述、电话指示以及托人转达等。打印遗嘱应当有两个以上见证人在场见证。遗嘱人和见证人应当在遗嘱每一页签名，注明年、月、日。

【典型案例】

李先生生前立下一份遗嘱，将自己的全部遗产交由儿子继承。拟好后，李先生请朋友张先生为他打印，在打印好的遗嘱上亲笔签名，还有两名证人现场见证，并在每一页签名。2022年2月，李先生去世。李先生的女儿认为，父亲生前虽留有遗嘱，但遗嘱不是他亲笔书写，也没给母亲留下应有份额，这份遗嘱应是无效遗嘱。所以诉至法院，要求对李先生留下的遗产进行继承。李先生的儿子认为，父亲所立遗嘱是他的真实意思表示，并有他的签名，从形式到内容都符合法律规定，应认定为有效遗嘱。遗嘱已明确写明，父亲的个人财产归自己所有，因此，不同意原告的诉讼请求。在案件审理过程中，存在两种不同的意见：一种意见认为，李先生遗嘱的主文部分不是他亲笔书写，也不是请见证人代为书写，所以，这份遗嘱不应认定有效，应按法定继承依法分割李先生的遗产；另一种意见认为，李先生所立的遗嘱是由他本人事先草拟好，再交由他人代为打印，他人代为打印只是立遗嘱人实现意思表示的一种方式和途径，两者是目的和手段的关系。同时，请张先生代为打印时，有两名证人现场见证，符合民法典关于打印遗嘱的形式，应认定遗嘱有效。

【法官讲法】

本案例所涉及的打印遗嘱是民法典继承编新增加的遗嘱形式。民法典第1136条规定："打印遗嘱应当有两个以上见证人在场见证。遗嘱人和见证人应当在遗嘱每一页签名，注明年、月、日。"所谓打印遗嘱，是指先用电脑将遗嘱内容书写完整，然后用打印机将书写好的遗嘱打印出来的遗嘱。根据本条的规定，在用电脑书写遗嘱时，对使用何种字体、字号等书写形式并无要求。随着社会经济的发展，人们的物质生活水平逐步提高，电脑、打印机等已是触手可及的设备，更加便捷。但打印字体无法通过传统的笔迹鉴定方式确定遗嘱内容是否为遗嘱人所写，为保证打印遗嘱的内容体现遗嘱人的真实意愿，不至于被他人伪造、篡改，故规定打印遗嘱需要两个以上的见证人在场见证，见证人应全程参与订立遗嘱的过程，见证遗嘱的全套制作程序，而非仅仅签名。另外，遗嘱人和见证人应当在遗嘱的每一页都签上自己的名字并备注年、月、日。

本案中，李先生生前将自己拟制的遗嘱委托他人打印，遗嘱上每页都有他的亲笔签名，并有两个无利害关系的证人现场见证并签字，符合打印遗嘱的形式要件，所以，应认定遗嘱有效。

【法条指引】

中华人民共和国民法典

第一千一百三十六条　打印遗嘱应当有两个以上见证人在场见证。遗嘱人和见证人应当在遗嘱每一页签名，注明年、月、日。

13. 危急情况下订立口头遗嘱，病情好转后是否继续有效？

【维权要点】

遗嘱人在危急情况下，可以立口头遗嘱。口头遗嘱应当有两个以上见证人在场见证。危急情况消除后，遗嘱人能够以书面或者录音录像形式立遗嘱的，所立的口头遗嘱无效。

【典型案例】

黄平、黄安是兄妹俩。他们的父亲黄林在 2018 年 3 月突发中风，情况十分危急，在这种情况下，黄林当着医护人员的面立下口头遗嘱，说明自己去世后，房屋和存款由儿子黄平继承，他们母亲遗留下来的首饰由女儿黄安继承。经过医护人员的全力抢救，黄林有惊无险，病情得到控制并逐渐好转直至 2021 年去世。在黄林去世后，黄安认为应该平均分配黄林留下的遗产，黄平则认为应该按照父亲的口头遗嘱分配遗产，双方最终走上法庭。在案件审理过程中，存在两种不同的意见：一种意见认为，黄林在突发中风的危急时刻立下口头遗嘱，是他对自己遗产处理的一种真实意愿，在病情好转后他并没有改变自己的意愿，因此应该按照黄林的口头遗嘱分配遗产；另一种意见认为，黄林的口头遗嘱是在危急时刻作出的，在危急情况消除后，这份口头遗嘱自然失效，在黄林没有立下其他遗嘱的情况下，应该按照法定继承分配遗产。

【法官讲法】

口头遗嘱是指遗嘱人在危急情况下，以口述形式所立的遗嘱。由于口头遗嘱是以口述形式来确定遗嘱人的意思表示，而非书面形式，且具有紧急性，在司法实践中较易产生纠纷，在对其效力的认定上也存在一些争议，所以有必要对口头遗嘱的效力及认定进行探讨。根据我国民法典第1138条规定，遗嘱人在危急情况下，可以立口头遗嘱。口头遗嘱应当有两个以上见证人在场见证。危急情况消除后，遗嘱人能够以书面或者录音录像形式立遗嘱的，所立的口头遗嘱无效。由上述规定可以看出，有效的口头遗嘱应当具备以下几个要件：（1）遗嘱人必须是处在情况危急时刻；（2）遗嘱人立遗嘱时必须具有民事行为能力；（3）应当有两个以上的见证人在场见证；（4）遗嘱人要以口述形式表示其处理遗产的真实意思。上述四个要件缺一不可，不具备该四个要件的口头遗嘱当属无效遗嘱。在司法实践中，对口头遗嘱效力的认定要从口头遗嘱的四个要件上进行分析认定。

首先，法律规定的口头遗嘱只能是在危急情况下的应急措施，以危急情况为其适用要件，不是任何场合都可以适用的立遗嘱方式。主要有以下几种情况：（1）遗嘱人因病危濒临死亡时，在病榻上所立的口头遗嘱；（2）因自然灾害致使遗嘱人处于生命危险时，在遇难现场所立的口头遗嘱；（3）在战争中遗嘱人身负重伤，生命垂危时，在战场上所立的口头遗嘱；（4）遗嘱人遭遇不法侵害，生命垂危时，在遇害现场所立的口头遗嘱；（5）遗嘱人在航海、航空中遇到事故，生命有危险时，在航空器或船舶上所立的口头遗嘱。但上述口头遗嘱在危急情况解除后，遗嘱人能够用书面或者录音录像形式立遗嘱时，先前所立的口头遗嘱无效。我国民法典对口头遗嘱有效期未作时间规定，只是在条件上进行了限制。所以，在司法实践中确定口头遗嘱的效力时，不必考虑期限问题。这里所说的"危急情况"是指遗嘱人有生命危险，来不及或者不宜用其他形式立遗嘱的情况。当没有危急情况发生时，就不具备设立口头遗嘱的先决条件。所以，遗嘱人在通常情况下不能立口头遗嘱，即使立有口头遗嘱也是无效的。司法实践中常遇到农村中一些老人邀请家庭成员和村干部共同召开家庭会议，以安排其后事的形式所作的口头陈述。如果当时老人已处在危急时刻，可以认定为口头遗嘱；如果当时老人没有处在危急时刻，则不能认定为口头遗嘱。

其次，遗嘱人立遗嘱时必须具有民事行为能力。根据我国民法典规定，无民事行为能力人或者限制民事行为能力人所立的遗嘱无效。据此可知，法律要求遗嘱人立遗嘱时必须有行为能力，无行为能力人所立的遗嘱，即使其本人后来有了行为能力，仍属无效遗嘱。遗嘱人立遗嘱时有行为能力，后来丧失了行为能力，不影响遗嘱的效力。在实践中，应当审查遗嘱人口述遗嘱时是否是完全民事行为能力人、是否丧失了民事行为能力、是否神志清醒、是否能用语言清楚地表示出自己的真实意思。如遗嘱人当时不具有行为能力、已丧失行为能力、神志不清、不能清晰地用语言表达自己真实意思的情况下，所立的遗嘱无效。

再次，口头遗嘱需要有两个以上的见证人在场见证。对于见证人的主体资格问题与其他遗嘱见证人的排除范围相同。

最后，遗嘱人要以口述的形式表示其处理遗产的真实意思，即要用语言向见证人授遗。一般要用当地通用的见证人能够听懂的语言进行陈述，语言要准确明了，不能含混不清。如果遗嘱人采用了书面或录音录像形式所立的遗嘱则不是口头遗嘱。在司法实践中常会遇到针对旁人的提问，遗嘱人所作的摇头或者点头的表示，或者是以手势的形式来表达意思的情况。这种表示是否应认定为口头遗嘱存有争议。如将点头摇头和手势这种表示认定为口头遗嘱，此观点显然不符合立法原意。因为遗嘱人用点头或者摇头的方式表示其意思时，是必须借助他人的提问行为才能完成的，这并不完全是遗嘱人自己的意思表示，极易曲解遗嘱人的真实意思；而使用手势的方式表达意思时，由于不同的人对同一手势的理解也有不同，也容易产生歧义。同时，点头、摇头和手势均没有以语言表达方式表示其意思，不符合法律所规定的口述形式。所以，对点头、摇头或手势方式表示其意思的，均不能认定为口头遗嘱，对此种情况不能按遗嘱继承，应当按法定继承方式处理被继承人的遗产。但是对于聋哑人以手势方式来表示其意思的，而且是对在场的懂晓哑语的见证人所作的表示，应当认定为口头遗嘱。口头遗嘱必须是遗嘱人的真实意思表示，受胁迫、欺骗所立的口头遗嘱无效。见证人必须全面真实地将遗嘱人口头所述的处理其遗产的意思如实地转达给继承人或相关部门和机关，并尽量将遗嘱人的原话表述出来。由于民法典没有对口头遗嘱进行书面记录和录音的要求，极易造成见证人伪造、篡改口头遗嘱的情况发生。所以，见证人伪造遗嘱人的口头遗嘱无效，口头遗嘱被见证人篡改的，篡改的内容无效。

本案中，立遗嘱人黄林在中风病情好转后，完全有能力用书面或录音录像的方式设立遗嘱，这就使他在病发时所立口头遗嘱失效。在他没有采用其他有效方式设立遗嘱的情况下，只能按照法定继承的方式来分配遗产。黄平要求以黄林的口头遗嘱来分配遗产的要求不能得到支持。

【法条指引】

中华人民共和国民法典

第一千一百三十八条 遗嘱人在危急情况下，可以立口头遗嘱。口头遗嘱应当有两个以上见证人在场见证。危急情况消除后，遗嘱人能够以书面或者录音录像形式立遗嘱的，所立的口头遗嘱无效。

第一千一百四十三条 无民事行为能力人或者限制民事行为能力人所立的遗嘱无效。

遗嘱必须表示遗嘱人的真实意思，受欺诈、胁迫所立的遗嘱无效。

伪造的遗嘱无效。

遗嘱被篡改的，篡改的内容无效。

14. 妻子病重丈夫执笔的遗嘱，是代书遗嘱还是共同遗嘱？

【维权要点】

共同遗嘱是指两个或两个以上的遗嘱人将其共同一致的意思表示通过一个遗嘱表现出来，形成一个内容共同或相互关联的整体遗嘱。共同遗嘱具有四个法律特征：一份遗嘱中有两个或两个以上遗嘱人；遗嘱内容是遗嘱人共同的意思表示；共同遗嘱处分的一般是遗嘱人的共同财产；共同遗嘱内容具有严格的内在整体性。

【典型案例】

万女与万男系姐弟关系。2018 年他们父母的两间房屋被拆迁，两人的父母当时立下遗嘱，明确安置房在父母身故后归万女所有。后万女的父亲领取了房屋所有权证。2021 年，在万女母亲去世前，由万女父亲执笔，万女的父母又立了"遗嘱"一份，载明在万女母亲去世后，安置房赠与万男所有，万女父亲的生养死葬事宜均由万男负责，与其他子女无关。万女父母均在"遗嘱"中"赠与人"一栏签字。2022 年，万女的父亲又与万男订立赠与合同一份，将安置房赠与万男，房屋所有权证变更登记在万男名下。同年，万女诉至法庭，认为 2021 年的遗嘱不是其母亲的真实意思，且不符合代书遗嘱的法律规定，故请求确认父母于 2021 年所立的遗嘱无效，并撤销父亲涉及母亲的财产部分的赠与行为。在案件审理过程中，存在两种不同的意见：一种意见认为，根据法律规定，代书遗嘱应当由两个以上见证人在场见证，由其中一人代书，注明年、月、日，并由代书人、其他见证人和遗嘱人签名。原告母亲的遗嘱由原告父亲代书，但无其他见证人在场见证，故该代书遗嘱无效。根据 2018 年遗嘱，原告有权继承其母亲在安置房中的相应份额，原告父亲的赠与行为处分了原告的财产，该部分应为无效。另一种意见认为，原告父母于 2021 年所立"遗嘱"不属"代书遗嘱"，应当属于共同遗嘱。其内容与原告父母于 2018 年所立遗嘱的内容相抵触，应推定为 2018 年遗嘱被撤销，原告已无权继承该安置房。万女的父亲将安置房赠与万男属有权处分，应为有效。

【法官讲法】

在本案中，首先，2021 年遗嘱不是代书遗嘱。代书遗嘱是指由他人代为书写的遗嘱。在代书遗嘱中，代书人应当以"代书人"或"见证人"的名义出现，职责仅为代书和见证，其代书的内容来源于遗嘱人的意思表示，代书人本人不作出有关遗嘱内容的意思表示。2021 年遗嘱虽是由原告的父亲执笔，对于原告的母亲来讲，遗嘱似乎是由"他人代书"，但原告的父亲是作为"赠与人"签名，表明安置房由被告继承也是原告父亲的意思表示，所以不应认定其为"代书人"。

其次，2021 年遗嘱属共同遗嘱。所谓共同遗嘱是指两个或两个以上的遗嘱人将其共同一致的意思表示通过一个遗嘱表现出来，形成一个内容共同或相互关联的整体遗嘱。共同遗嘱具有四个法律特征：一是一份遗嘱中有两个或两个以上遗嘱人；二是遗嘱内容是遗嘱人共同的意思表示；三是共同遗嘱处分的一般是遗嘱人的共同财产；四是共同遗嘱内容具有严格的内在整体性。本案中，2021 年遗嘱完全符合共同遗嘱上述四个法律特征。一份遗嘱中的遗嘱人为两人，即原告的父母；遗嘱人具有共同的意思表示，原告父母都同意安置房由被告继承；该遗嘱处分的是原告父母，即遗嘱人的共同财产；原告父母的意思表示是将整间安置房由被告继承，而不仅仅处分各自的财产份额，在内容上具有整体性，属于共同遗嘱。由于万女父母2021年所立遗嘱属于共同遗嘱，在其内容与2018年双方所立遗嘱相抵触情况下，应视为2018年遗嘱被撤销，原告万女已经无权继承该房屋。万女父亲将房屋赠与万男的行为应视为有效。因此，万女主张得不到支持。

【法条指引】

中华人民共和国民法典

第一千一百三十四条　自书遗嘱由遗嘱人亲笔书写，签名，注明年、月、日。

第一千一百三十五条　代书遗嘱应当有两个以上见证人在场见证，由其中一人代书，并由遗嘱人、代书人和其他见证人签名，注明年、月、日。

第一千一百三十六条　打印遗嘱应当有两个以上见证人在场见证。遗嘱人和见证人应当在遗嘱每一页签名，注明年、月、日。

第一千一百三十七条　以录音录像形式立的遗嘱，应当有两个以上见证人在场见证。遗嘱人和见证人应当在录音录像中记录其姓名或者肖像，以及年、月、日。

第一千一百三十八条　遗嘱人在危急情况下，可以立口头遗嘱。口头遗嘱应当有两个以上见证人在场见证。危急情况消除后，遗嘱人能够以书面或者录音录像形式立遗嘱的，所立的口头遗嘱无效。

15. 继子女能否同时继承继父母和生父母的遗产?

【维权要点】

继父母与继子女关系有两种：一种是没有形成抚养关系的继父母子女关系，他们之间没有法定的权利义务关系；另一种则是形成抚养关系的继父母与继子女关系，他们之间产生如同生父母子女间一样的权利和义务关系。在后一种情形下，当继父母死亡留有遗产时，没有丧失继承权的继子女，享有与婚生子女同等的继承权，而且继子女与生父母之间的权利义务关系也并不因此而消除。因此，继子女既有权继承继父母的遗产，又有权继承生父母的遗产，这一点与养父母子女关系明显不同。

【典型案例】

2013 年汪某（男）与刘某（女）经人介绍结婚，其中汪某为再婚。婚后，双方共同抚养汪某与前妻所生男孩汪甲（8 岁），2016 年双方又生一男孩汪乙。2019 年 3 月，两人因感情破裂经法院判决离婚，双方所生男孩汪乙由刘某抚养，汪某每月给付汪乙抚养费 1000 元，汪甲则由生父汪某抚养。汪某认为，刘某与汪甲已经形成有抚养关系的继母子关系，刘某也应当继续负担汪甲的抚养费用，因此主张双方互不支付孩子抚养费。其后汪某一直没有给付汪乙抚养费。2020 年 4 月，刘某与赵某相识，赵某与前妻生有一女赵甲（14 岁），同年刘某与赵某结婚，汪乙与赵甲和他们共同生活。2021 年 1 月，赵某由于在工作中中毒身亡，留有 10 万元遗产，赵甲认为刘某是父亲赵某的妻子，因此可以分得一份遗产，但汪乙不是赵某的亲生儿子，因此无权继承，剩余部分应全部归自己所有。2022 年 3 月，汪某由于脑出血去世，留有遗产 7 万元。刘某认为，汪乙也是汪某的亲生儿子，因此也应当有继承权。但汪甲认为刘某已经带着汪乙改嫁，因此两人都无权继承汪某的财产。于是，刘某向人民法院提起诉讼，要求维护汪乙对继父赵某与生父汪某所留遗产的继承权。

【法官讲法】

继父母与继子女关系，是因父母一方死亡，他方带子女再行结婚；或因父母离婚，抚养子女的一方再行结婚，在继父母与继子女间形成的亲属关系。继父母与继子女关系有两种：一种是没有形成抚养关系的继父母子女关系，他们之间没有法定的权利义务关系，他们之间只是姻亲关系；另一种则是形成抚养关系的继父母与继子女关系，他们之间产生如同生父母子女间一样的权利和义务关系。在形成抚养关系的继父母子女关系中，继子女享有一定权利，同时也应当履行一定的义务。继子女在未成年时有受继父母抚养教育的权利，双方共同生活期间，继子女的生父或生母死亡，与继子女共同生活的继父或继母仍应继续抚养继子女，继子女的生父母一方要求将继子女领回抚养的除外。当继父母死亡留有遗产时，没有丧失继承权的继子女，享有与婚生子女同等的继承权。继父母因对继子女的实际抚养而形成拟制的血亲关系，从而具有了法律上的父母子女之间的权利义务关系，包括对父母遗产所具有的继承权。民法典第 1072 条规定："继父母与继子女间，不得虐待或者歧视。继父或者继母和受其抚养教育的继子女间的权利义务关系，适用本法关于父母子女关系的规定。"由此可见，有无实际的抚养关系是继子女与继父母之间有无继承关系的前提。本案中，汪乙随母亲刘某改嫁，与继父赵某共同生活并受其抚养教育，汪乙与继父赵某之间形成了实际的抚养关系，因此汪乙有权作为第一顺序继承人继承与其有抚养关系的继父赵某的财产。而赵甲作为赵某的亲生女儿，刘某作为赵某的配偶，也是第一顺序继承人，因此赵某的遗产应当分为三份，刘某、汪乙、赵甲各一份。

继子女与继父母之间因形成事实上的抚养关系而产生法律上的父母子女关系，那么此时的继子女与生父母之间的权利义务关系是否解除呢？在收养关系中，一旦养父母与养子女之间的收养关系合法成立，则他们之间就产生法律上的权利义务关系，相应的养子女与亲生父母间的权利义务关系随之消灭。继父母子女关系与养父母子女关系不同，继父母子女关系不适用这一规则。即使继父母与继子女之间产生事实上的抚养关系，形成了拟制的血亲关系，继子女与生父母之间的权利义务关系也并不因此而消除。因为父母与亲生子女之间的关系是一种天然的血缘关系，父母子女关系并不会因父母的离婚而解除，也不会因父母离婚后一方的再婚而消除。不仅血缘关系不能够消灭，父母与子女之间的权利义务关系也不能够消灭。除了在收养关系中形成的养父母子女关系之外，其他任何关系都不能解除父母子女之间的权利义务关系。

本案中，汪乙与生父汪某之间的父子关系不因他与继父赵某之间形成事实上的抚养关系而消灭。因此，他既有权继承继父的遗产，又有权继承生父的遗产。《民法典继承编司法解释（一）》第 11 条第 1 款明确规定："继子女继承了继父母遗产的，不影响其继承生父母的遗产。"可见，本案中，汪乙完全具有与汪甲同等的对生父遗产的继承权。另外，刘某与汪某结婚后，汪某与前妻所生的孩子汪甲也随他们共同生活，因此刘某与汪甲的继母子关系成立。但是当刘某与汪某的婚姻关系解除后，因刘某不再抚养汪甲，因此，刘某与汪甲之间的继母子关系解除。这同养父母子女关系是不同的，当养父母离婚后，他们的权利义务关系并未全部解除，养父母仍应当承担对未成年养子女的抚养义务。而继父母离婚后，如果继父或继母不愿意再抚养继子女的，那么继父母子女之间的权利义务关系即自然解除。本案中，刘某与汪某离婚后，汪甲由其生父汪某抚养，刘某不再抚养汪甲，则刘某与汪甲的继母子关系即自然解除。汪某要求刘某继续承担汪甲的抚养费用，不符合法律规定。但汪某应承担亲生子汪乙的抚养费用。综上所述，继子女可以同时继承继父母与生父母的遗产。

【法条指引】

中华人民共和国民法典

第一千零七十二条 继父母与继子女间，不得虐待或者歧视。

继父或者继母和受其抚养教育的继子女间的权利义务关系，适用本法关于父母子女关系的规定。

最高人民法院关于适用《中华人民共和国民法典》
继承编的解释（一）

第十一条 继子女继承了继父母遗产的，不影响其继承生父母的遗产。

继父母继承了继子女遗产的，不影响其继承生子女的遗产。

16. 协议中约定附条件供孩子上学，能否以此为据继承财产？

【维权要点】

遗赠作为遗嘱继承的一种特殊形式，也必须符合遗嘱继承的构成要件。同时，遗嘱继承或者遗赠附有义务的，继承人或者受遗赠人应当履行义务。没有正当理由不履行义务的，经利害关系人或者有关组织请求，人民法院可以取消其接受附义务部分遗产的权利。

【典型案例】

2012年5月28日，年仅50岁的独身中学教师韦刚突然死亡，遗产有二层楼房5间、瓦房4间、4张存折共计金额2000元及现金5020元。因韦刚没有任何法定继承人，他所工作的乡教育组出面，拿出2000元，另有韦刚的遗产2600元，共计4600元，作为丧葬费交给韦刚的堂兄韦金，让其出面处理后事。韦金按当地民间习俗将韦刚安葬。在安葬韦刚时，韦金及其弟韦银均没有出资。其后，兄弟二人为分割韦刚的遗产发生争执。韦银以与韦刚签有协议为由，将兄长告上法庭，请求依法继承韦刚的遗产。韦银提供给法庭的协议签于 2009 年 8 月 20 日，是由陈某执笔书写的。协议约定：（1）韦刚愿把父亲生前的责任田让韦银耕种，但可根据情况随时收回。（2）韦刚若有其他情况出现，韦银应尽力帮助和照顾。（3）韦银经常教育其两个孩子养成孝顺侍奉韦刚的习惯，韦刚拿出积蓄供其两个孩子上学使用。（4）若韦银违反以上三条，韦刚不但随时收回其父亲的责任田，韦刚的家业及全部积蓄去世后也不归韦银的两个孩子所有。但韦金不承认有该协议，并指出韦银及其两个孩子平时很少去看望韦刚。本案的焦点是韦银提供的协议是否可以作为韦刚的遗嘱，是否可以适用于韦刚的遗产，在案件审理中存有两种意见：一种意见认为，这份协议可以看作是韦刚对自己遗产的处理决定，因为该协议后三条并非全部是责任田的内容，第四条实际是韦刚将自己的财产在死后附条件赠与韦银的两个孩子。因此，韦刚的遗产应由韦银的两个孩子继承。另一种意见认为，韦银所提供的韦刚生前与其签订的协议，只能证明韦刚对其父亲生前的责任田的处理，而不是对个人的财产进行处分。原告、被告对韦刚生前均未尽赡养义务。韦银要求判令韦刚的遗产归其所有，于法无据，韦刚的遗产依法应归国家所有。

【法官讲法】

遗赠，是指公民以遗嘱方式将其遗产中财产权利的一部分或全部赠给国家、集体组织、社会团体或法定继承人以外的个人，在遗嘱人死后发生法律效力的法律行为。立遗嘱人为遗赠人，接受遗赠的人为受遗赠人。

遗赠具有以下法律特征：（1）遗赠是单方面的法律行为。遗嘱人通过遗嘱将个人财产遗赠给他人时，并不需要征得其同意。遗赠人在生前亦可单方取消遗赠。同样，受遗赠人可以接受遗赠，也可以不接受遗赠。（2）遗赠是无偿的、自愿的，死后才发生法律效力的法律行为。（3）受遗赠人是法定继承人以外的其他人，包括国家、集体组织、社会团体和个人。（4）遗赠的标的只能是遗产中的财产权利，而不能是财产义务（如债务）。如果遗产中的所有权和债权的标的之价值大于债务标的之价值，遗赠人可将全部遗产赠给受遗赠人，最终受遗赠人应得到财产利益。（5）受遗赠权不能由他人代替行使。当受遗赠人先于遗赠人死亡，其受遗赠权便自然消失。当受遗赠人不愿接受遗赠，他也不能将该遗赠财产转给他人。但是，当继承开始后，受遗赠人表示接受遗赠，并于遗产分割前死亡的，其接受遗赠的权利转移给他的继承人。（6）清偿遗赠人的债务优先于执行遗赠。我国民法典第 1162 条规定："执行遗赠不得妨碍清偿遗赠人依法应当缴纳的税款和债务。"（7）遗赠人行使遗赠权不得违背法律规定。遗赠作为一项遗产处分，必须符合法律规定。遗赠作为遗嘱继承的一种特殊形式，也必须符合遗嘱继承的构成要件。根据民法典规定，遗嘱人找人代书遗嘱时都要求两个以上见证人在场见证，见证人的证明直接关系到代书遗嘱的效力。

本案中，韦银与韦刚生前所签订的协议只能证明韦刚对其父亲生前责任田的处理，并不能说明对自己个人财产作出处分，且仅有陈某一人证明。不符合法律规定的遗赠行为的生效条件，故韦银依此协议主张遗产权利，理由不能成立。即便假设该遗赠协议有效，也属于一种附条件的遗赠，所附条件为"韦刚若有其他情况出现，韦银应尽力帮助和照顾"，"韦银经常教育其两个孩子养成孝顺侍奉韦刚的习惯"，这是韦银接受遗赠应当履行的义务。而事实上韦银并没有尽赡养义务。民法典第 1144 条规定："遗嘱继承或者遗赠附有义务的，继承人或者受遗赠人应当履行义务。没有正当理由不履行义务的，经利害关系人或者有关组织请求，人民法院可以取消其接受附义务部分遗产的权利。"

同时，韦金和韦银仅是韦刚的堂兄弟，既不是第一顺序继承人，也不是第二顺序继承人，二人对韦刚生前均未尽赡养义务，因此，二人无权得到韦刚的遗产。民法典第 1160 条规定："无人继承又无人受遗赠的遗产，归国家所有，用于公益事业；死者生前是集体所有制组织成员的，归所在集体所有制组织所有。"因此，韦刚的遗产依法应归国家所有。

【法条指引】

中华人民共和国民法典

第一千一百四十四条 遗嘱继承或者遗赠附有义务的，继承人或者受遗赠人应当履行义务。没有正当理由不履行义务的，经利害关系人或者有关组织请求，人民法院可以取消其接受附义务部分遗产的权利。

第一千一百六十条 无人继承又无人受遗赠的遗产，归国家所有，用于公益事业；死者生前是集体所有制组织成员的，归所在集体所有制组织所有。

第一千一百六十二条 执行遗赠不得妨碍清偿遗赠人依法应当缴纳的税款和债务。

最高人民法院关于适用《中华人民共和国民法典》继承编的解释（一）

第二十九条 附义务的遗嘱继承或者遗赠，如义务能够履行，而继承人、受遗赠人无正当理由不履行，经受益人或者其他继承人请求，人民法院可以取消其接受附义务部分遗产的权利，由提出请求的继承人或者受益人负责按遗嘱人的意愿履行义务，接受遗产。

17. 债务人因害怕还债而自愿放弃继承权，债权人能否行使撤销权？

【维权要点】

继承人可以自愿放弃继承权，但不能危及他人同等重要合法权利的实现。继承人因放弃继承权，致其不能履行法定义务的，放弃继承权的行为无效。债务人由于不想还债而放弃继承权，致使其不能偿付有关债务，侵害了债权人的合法债权，其放弃继承权的行为无效，债权人可以请求人民法院依法撤销其放弃继承权的行为。

【典型案例】

2020年8月，赵某向周某借款50万元做生意。由于没有看准市场行情，亏损严重，在设法归还了周某20万元借款后，余款再也无力偿还。2022年11月，赵某的父亲病故，留下遗产60万元。作为子女的赵某放弃继承权，将其父遗产全部归其母所有。周某得知此事后，找到赵某要求其从父亲遗产中拿出30万元还债，余款再归其母所有。赵某坚决不同意。周某诉至法庭，要求撤销赵某放弃继承权的行为，并依法判令其归还欠款。在案件审理过程中，存在两种不同的意见：一种意见认为，要不要遗产是继承人的权利，他人无权干涉，赵某放弃对父亲遗产的继承，并且将遗产全部转给母亲的做法并无不妥，周某无权撤销赵某的行为；另一种意见认为，任何一种行为的作出，均不能损害他人的利益，赵某放弃继承的行为虽然是他自己的意思表示，但他的这一行为影响了他的偿债能力，从而侵害了周某的利益，因此应该予以撤销。

【法官讲法】

撤销权属于我国民法中的债权保全制度的一种形式，是指债权人对于债务人危害债权实施的行为，向法院请求撤销该行为的权利。我国民法典第 538 条规定："债务人以放弃其债权、放弃债权担保、无偿转让财产等方式无偿处分财产权益，或者恶意延长其到期债权的履行期限，影响债权人的债权实现的，债权人可以请求人民法院撤销债务人的行为。"

撤销权的成立一般应具备两个要件。第一，债务人实施了一定的有害于债权人债权的行为。这是撤销权成立的客观要件。判断这种客观要件，首先是债务人实施了处分其债权或财产权的行为，如果债务人处分的权利不是债权或财产权，则其行为不属于可撤销的行为；其次，债务人的行为已经发生法律效力；最后，债务人的行为将严重危害债权的实现。是否危害债权人债权的标准是债权人的债权能否得到完全的清偿。第二，债务人与第三人明知其行为有损于债权人利益而为之。这是撤销权成立的主观要件。

撤销权制度所蕴含的基本价值取向是权利的行使不得逾越权利的本质要求。权利行使固然是私法自治的核心内容，但任何权利的行使都不得违背平等、正当的内在本质，不能损害他人的正当、合法权利，否则便是权利的滥用。权利滥用是指民事权利主体外表上虽属于行使权利，但在实际上是背离权利本质或超越权利界限的违法行为。法律对此行为予以否认或限制其效力，即为禁止权利滥用原则。该原则旨在平衡当事人利益与社会、国家利益的均衡，其本质在于个人之间，个人与社会、国家之间发生利害冲突时的利益调和。也就是说，该原则从法律上对权利的正当界限作出了一个合理的说明。权利之行使，不得违反社会公共利益或者以损害他人为主要目的。

继承人以抛弃方式行使继承权本身并不违背私法自治原则，国家权力不会干涉；但是，如果危及他人同等重要的合法权利的实现，就应当受到限制。《民法典继承编司法解释（一）》第 32 条规定："继承人因放弃继承权，致其不能履行法定义务的，放弃继承权的行为无效。"本案中，赵某在负有债务的情况下放弃继承权，致使其不能偿付有关债务，侵害了债权人周某的合法债权，其放弃继承权的行为无效，人民法院应依法撤销赵某放弃继承权的行为。

【法条指引】

中华人民共和国民法典

第五百三十八条　债务人以放弃其债权、放弃债权担保、无偿转让财产等方式无偿处分财产权益，或者恶意延长其到期债权的履行期限，影响债权人的债权实现的，债权人可以请求人民法院撤销债务人的行为。

最高人民法院关于适用《中华人民共和国民法典》
继承编的解释（一）

第三十二条　继承人因放弃继承权，致其不能履行法定义务的，放弃继承权的行为无效。

18. 被继承人的兄弟姐妹先于被继承人死亡的，被继承人的兄弟姐妹的子女是否可以代位继承？

【维权要点】

被继承人的兄弟姐妹先于被继承人死亡的，由被继承人的兄弟姐妹的子女代位继承。代位继承人一般只能继承被代位继承人有权继承的遗产份额。

【典型案例】

孙某是无儿无女的孤鳏老人，唯一的哥哥于 2015 年去世，平时以捡废品为生，去世后留下 2 万元存款。为此，孙某的侄女、邻居、孙某所在的村委会都来主张孙某财产的继承权。孙某的侄女与孙某素无往来，邻居倒是有时接济、照料孙某。三方争执不下，最终孙某的侄女诉至法院。在案件审理过程中，存在两种不同的意见：一种意见认为，邻居在孙某生前对他进行过接济和帮助，按照民法典第 1131 条"对继承人以外的依靠被继承人扶养的人，或者继承人以外的对被继承人扶养较多的人，可以分给适当的遗产"的规定，这 2 万元遗产应该分配给邻居；另一种意见认为，应该按照民法典第1128条第2款"被继承人的兄弟姐妹先于被继承人死亡的,由被继承人的兄弟姐妹的子女代位继承"的规定将遗产分配给孙某的侄女。

【法官讲法】

代位继承,是指被继承人的子女先于被继承人死亡的,由被继承人子女的晚辈直系血亲代替先死亡的长辈直系血亲继承被继承人遗产;在被继承人无配偶、子女、父母继承其遗产,被继承人的兄弟姐妹先于被继承人死亡的,由被继承人兄弟姐妹的子女代替先死亡的父母继承被继承人遗产的一项法定继承制度,又称间接继承。

我国原继承法第11条规定,被继承人的子女先于被继承人死亡的,由被继承人的子女的晚辈直系血亲代位继承。该条规定将被代位人的范围限定于被继承人的子女,是因为从我国当时的国情看,每个家庭的本支内人丁兴旺,有足够的人轮流照顾被继承人。为保护本支晚辈直系血亲的利益作出了被代位人范围较小的规定。但我国30多年的独生子女政策导致现在中国家庭普遍出现了倒金字塔形结构,与继承法立法时的社会背景已有很大不同,若不扩大被代位人的范围,可能会出现独生子女丧失继承权后被继承人的遗产无人可继、收归国家的结果。因此,将被继承人兄弟姐妹的子女纳入代位继承范围,可以保障私有财产在血缘家族内部流转,减少产生无人继承状况,同时促进亲属关系的发展,鼓励亲属间相互扶助。

具体到本案,孙某生前未立任何遗嘱,孙某的侄女是他哥哥的女儿,有权作为继承人代位继承孙某的遗产。邻居并非法定继承人,但鉴于她对孙某进行过接济帮助,可视为对孙某扶养较多的人,可以按照民法典第1131条"对继承人以外的依靠被继承人扶养的人,或者继承人以外的对被继承人扶养较多的人,可以分给适当的遗产"的规定适当分配给其一定遗产。

【法条指引】

中华人民共和国民法典

第一千一百二十八条 被继承人的子女先于被继承人死亡的,由被继承人的子女的直系晚辈血亲代位继承。

被继承人的兄弟姐妹先于被继承人死亡的,由被继承人的兄弟姐妹的子女代位继承。

代位继承人一般只能继承被代位继承人有权继承的遗产份额。

第一千一百三十一条 对继承人以外的依靠被继承人扶养的人，或者继承人以外的对被继承人扶养较多的人，可以分给适当的遗产。

19. 法定继承人同时又是代位继承人和转继承人的，遗产如何分配？

【维权要点】

处理好遗产分配关系，关键是要搞清楚几个概念，确定好继承人的地位。法定继承是相对于遗嘱继承而言的，是指在被继承人没有对其遗产的处理立有遗嘱的情况下，由法律直接规定继承人的范围、继承顺序和遗产分配的一种继承形式。代位继承又称间接继承，是法定继承中的一种特殊情况，是指当被继承人的子女、兄弟姐妹先于被继承人死亡的，由被继承人子女的直系晚辈血亲或兄弟姐妹的子女代替先死亡的长辈直系血亲继承被继承人遗产的一种继承形式。转继承又称二次继承，是指继承人在继承开始后遗产分割之前死亡，死亡继承人应继承的遗产转由其合法继承人承受的一种继承法律制度。代位继承只发生在法定继承之中，而转继承既可以发生在法定继承中也可以发生在遗嘱继承中。在以上概念中，取得继承权的人分别称为（普通）法定继承人、代位继承人、转继承人。当某一继承人兼具（普通）法定继承人、代位继承人和转继承人的身份时，要按照继承发生的顺序，依次划分好继承遗产的份额。

【典型案例】

陈某（男）与郑某（女）有三个子女：长子陈甲、次子陈乙、长女陈丙。陈甲与魏某于1996年结婚，婚后生有一子陈某某。两人于2002年因感情不和离婚。离婚后，陈某某由陈甲抚养。2005年，陈甲在一次空难中死亡。保险公司支付保险赔偿金10万元（未指定受益人）；民航局支付赔偿金72560元；陈甲所在单位一次性发给抚恤金2965元、安葬费800元，按月付给陈某某生活补助费每月159.80元。上述款项由郑某领取，并从中支付了陈甲的安葬费7260元。陈甲死亡后，陈某某随郑某生活，经其母魏某同意，被送进某小学读书。郑某为其支付学费14535元。2006年，陈某某死亡。同年底，陈某某回到母亲魏某身边生活。但陈甲的遗产未分割。

2007 年，陈某某因索要遗产与郑某发生纠纷，由其母魏某为法定代理人，向人民法院提起诉讼，请求继承其父遗产中应得的份额 8 万元。郑某辩称，陈甲遇难后所得的上述款项属实，但安葬陈甲和支付陈某某的学费已花去 2 万余元，陈某某实际应得的款项为 44292 元。

　　在本案审理过程中，有两种不同意见：一种意见认为，被继承人陈甲的保险赔款和赔偿金共计 172560 元为其遗产，应按法定继承处理。陈某某为未成年人，无劳动能力，应当适当多分遗产。被继承人陈甲的上述遗产依法应由其母郑某、其父陈某各自继承 55020 元，由其子陈某某继承 62520 元。郑某称为安葬陈甲和支付陈某某的学费开支的 2 万多元应从遗产中扣除，没有法律依据，不应支持。陈甲所在单位给付的抚恤金 2965 元不属遗产范围，应由与其生前共同生活的人分享，即由郑某、陈某和陈某某各分得 988.30 元。陈某某的生活费归其个人所有。陈某去世后，其所留遗产 56008 元，先析出半数 28004 元归其妻郑某所有，剩余部分由郑某、陈甲、陈乙、陈丙共同继承，每人应继承 7001 元。陈甲先于其父死亡，其所继承的部分由其晚辈直系亲属即陈某某代位继承。

　　另一种意见认为，郑某为安葬陈甲所支付的 7260 元，扣除陈甲所在单位给付的 800 元，其实际支付 6460 元，应从陈甲遗产 172560 元中扣除，余 166100 元为实际可分割的遗产。陈某某年幼，可适当多分遗产。依法应由陈甲的父母各继承 5 万元，由其子继承 66100 元。抚恤金不属遗产范围，应由郑某、陈某、陈某某平均分享。陈某某的生活补助费归其个人所有。继承开始后，陈某没有表示放弃继承，并于遗产分割前死亡，其继承遗产的权利转移给他的合法继承人郑某、陈乙、陈丙，三人按同等份额继承。陈某某的学费应由其监护人承担，郑某在陈某某有法定抚养人的情况下没有义务承担陈某某的学费，其已支付的学费应从陈某某继承的份额中扣除。上述意见将丧葬费和陈某某的学费未予处理不妥，将陈某的继承权利之一半归郑某，另一半作为遗产并由陈某某代位继承没有法律依据。

【法官讲法】

　　本案涉及的是法定继承同时发生转继承和转继承中的代位继承的问题。

　　首先，在共同继承的特定条件下，遗产占有人可以为特定事项单方处分共有遗产。被继承人死亡，继承开始，继承人即取得被继承人的遗产继承权。在继承人为数人且遗产未分割前形成共同继承，各继承人对遗产共同享有所有权，部分继承人一般不得单方处分共有遗产。但在实际生活中，随着被继承人死亡而来的不仅是继承的开始，而且产生了安葬被继承人的义务。在法定继承下，这种义务往往是由继承人来承担的，无论被继承人是否留有遗产。如果根据被继承人生前与各继承人之间的生活抚养（扶养）实际关系，各继承人都负有为安葬被继承人而支付丧葬费的大致均等的义务。如被继承人留有足够的遗产，则应承认遗产占有人有权为安葬被继承人而从其遗产中支付安葬费。在本案中陈甲死亡，其遗产按法定继承为其父母陈某、郑某和其子陈某某所继承。继承人郑某同时又是陈甲遗产的实际占有人，其依法应为陈甲遗产的保管人，拥有陈甲遗产继承人之代理人的法律地位，有义务代理其他继承人管理遗产。同时，因陈甲生前与其父母陈某、郑某有相互抚养赡养关系，且对其子陈某某尽了抚养义务，而郑某、陈某、陈某某在陈甲死后共同取得了遗产继承权，故应认为他们负有安葬陈甲的大致均等的义务。因此，遗产占有人郑某为安葬陈甲而先行从占有的遗产中支付安葬费，是合理的，并应从遗产中扣除，扣除后剩余的遗产再由各个继承人分割。

其次，郑某为陈某某支付的学费，应由陈某某从其应继承的遗产份额中返还。在本案中，郑某为陈某某支付的学费实际上是从陈甲的遗产中支付的。但郑某并无义务为陈某某支付学费，此也不属遗产占有人为特定事项单方处分共有遗产的例外。此应属陈某某对其应继承的遗产先行取得的部分，故在遗产分割时应从其应得的部分中予以扣除。

再次，本案的显著特点是，陈某某既是普通法定继承人，又是代位继承人，还是转继承人，三种身份集于一身。一方面，应明确在代位继承中，代位继承人首先取得的是被代位继承人继承被继承人遗产的继承期待权，从而取得代位身份，在被继承人死亡后，方取得对被继承人遗产的继承既得权。如果继承中继承人已经获得了继承既得权，则他（她）的继承人就只能是普通继承或转继承。在本案中，陈甲先于其父陈某死亡，陈某某在依普通继承取得对陈甲遗产的继承既得权的同时，还获得代位继承人身份，代表享有陈甲生前对陈某遗产的继承期待权，此期待权在陈某死后转化为继承既得权。另一方面，由于陈某在陈甲死后遗产分割前死亡，其遗产应由其继承人郑某、陈乙、陈丙和代位继承人陈某某转继承。关于陈某遗产的范围，在本案中应为其生前与郑某分别获得的对陈甲遗产的继承既得权的一半，而不是其生前单方从陈甲处所获得的继承既得权的一半。从整个继承过程来看，继承对陈某某可以分为两部分：其一是对陈甲遗产的普通继承；其二是对陈某遗产的代位继承和转继承，而代位继承和转继承在本案中是巧合的。

上述两种不同的意见各有其合理之处，也各有其不妥之处。在普通继承部分和对陈甲的丧葬费、陈某某的学费的问题上，按第二种意见处理为宜；关于转继承和代位继承部分，应当综合两种意见，陈某在陈甲死后遗产分割前死亡，其遗产应由其继承人郑某、陈甲、陈乙、陈丙继承。陈甲先于其父死亡，其所继承的部分由其直系晚辈亲属即陈某某代位继承。陈某的遗产的范围应为其生前与郑某分别获得的对陈甲遗产的继承既得权之和的一半，即 5 万元，而不是其生前单方从陈甲处所获得的继承既得权的一半（如第一种意见所说的先析出半数归其妻郑某所有）。各继承人均为第一顺序继承人，应按同等份额继承。

【法条指引】

中华人民共和国民法典

第一千一百二十八条 被继承人的子女先于被继承人死亡的，由被继承人的子女的直系晚辈血亲代位继承。

被继承人的兄弟姐妹先于被继承人死亡的，由被继承人的兄弟姐妹的子女代位继承。

代位继承人一般只能继承被代位继承人有权继承的遗产份额。

第一千一百五十二条 继承开始后，继承人于遗产分割前死亡，并没有放弃继承的，该继承人应当继承的遗产转给其继承人，但是遗嘱另有安排的除外。

最高人民法院关于适用《中华人民共和国民法典》婚姻家庭编的解释（一）

第三十八条 婚姻关系存续期间，除民法典第一千零六十六条规定情形以外，夫妻一方请求分割共同财产的，人民法院不予支持。

附　　录

中华人民共和国民法典（节录）

（2020 年 5 月 28 日第十三届全国人民代表大会第三次会议通过　自 2021 年 1 月 1 日起施行）

第一编　总　　则

第二章　自然人

第一节　民事权利能力和民事行为能力

第十三条　自然人从出生时起到死亡时止，具有民事权利能力，依法享有民事权利，承担民事义务。

第十四条　自然人的民事权利能力一律平等。

第十五条　自然人的出生时间和死亡时间，以出生证明、死亡证明记载的时间为准；没有出生证明、死亡证明的，以户籍登记或者其他有效身份登记记载的时间为准。有其他证据足以推翻以上记载时间的，以该证据证明的时间为准。

第十六条　涉及遗产继承、接受赠与等胎儿利益保护的，胎儿视为具有民事权利能力。但是，胎儿娩出时为死体的，其民事权利能力自始不存在。

第十七条　十八周岁以上的自然人为成年人。不满十八周岁的自然人为未成年人。

第十八条　成年人为完全民事行为能力人，可以独立实施民事法律行为。

十六周岁以上的未成年人，以自己的劳动收入为主要生活来源的，视为完全民事行为能力人。

第十九条　八周岁以上的未成年人为限制民事行为能力人，实施民事法律行为由其法定代理人代理或者经其法定代理人同意、追认；但是，可以独立实施纯获利益的民事法律行为或者与其年龄、智力相适应的民事法律行为。

第二十条　不满八周岁的未成年人为无民事行为能力人，由其法定代理人代理实施民事法律行为。

第二十一条　不能辨认自己行为的成年人为无民事行为能力人，由其法定代理人代理实施民事法律行为。

八周岁以上的未成年人不能辨认自己行为的，适用前款规定。

第二十二条　不能完全辨认自己行为的成年人为限制民事行为能力人，实施民事法律行为由其法定代理人代理或者经其法定代理人同意、追认；但是，可以独立实施纯获利益的民事法律行为或者与其智力、精神健康状况相适应的民事法律行为。

第二十三条　无民事行为能力人、限制民事行为能力人的监护人是其法定代理人。

第二十四条　不能辨认或者不能完全辨认自己行为的成年人，其利害关系人或者有关组织，可以向人民法院申请认定该成年人为无民事行为能力人或者限制民事行为能力人。

被人民法院认定为无民事行为能力人或者限制民事行为能力人的，经本人、利害关系人或者有关组织申请，人民法院可以根据其智力、精神健康恢复的状况，认定该成年人恢复为限制民事行为能力人或者完全民事行为能力人。

本条规定的有关组织包括：居民委员会、村民委员会、学校、医疗机构、妇女联合会、残疾人联合会、依法设立的老年人组织、民政部门等。

第二十五条　自然人以户籍登记或者其他有效身份登记记载的居所为住所；经常居所与住所不一致的，经常居所视为住所。

第二节　监　护

第二十六条　父母对未成年子女负有抚养、教育和保护的义务。

成年子女对父母负有赡养、扶助和保护的义务。

第二十七条 父母是未成年子女的监护人。

未成年人的父母已经死亡或者没有监护能力的，由下列有监护能力的人按顺序担任监护人：

（一）祖父母、外祖父母；

（二）兄、姐；

（三）其他愿意担任监护人的个人或者组织，但是须经未成年人住所地的居民委员会、村民委员会或者民政部门同意。

第二十八条 无民事行为能力或者限制民事行为能力的成年人，由下列有监护能力的人按顺序担任监护人：

（一）配偶；

（二）父母、子女；

（三）其他近亲属；

（四）其他愿意担任监护人的个人或者组织，但是须经被监护人住所地的居民委员会、村民委员会或者民政部门同意。

第二十九条 被监护人的父母担任监护人的，可以通过遗嘱指定监护人。

第三十条 依法具有监护资格的人之间可以协议确定监护人。协议确定监护人应当尊重被监护人的真实意愿。

第三十一条 对监护人的确定有争议的，由被监护人住所地的居民委员会、村民委员会或者民政部门指定监护人，有关当事人对指定不服的，可以向人民法院申请指定监护人；有关当事人也可以直接向人民法院申请指定监护人。

居民委员会、村民委员会、民政部门或者人民法院应当尊重被监护人的真实意愿，按照最有利于被监护人的原则在依法具有监护资格的人中指定监护人。

依据本条第一款规定指定监护人前，被监护人的人身权利、财产权利以及其他合法权益处于无人保护状态的，由被监护人住所地的居民委员会、村民委员会、法律规定的有关组织或者民政部门担任临时监护人。

监护人被指定后，不得擅自变更；擅自变更的，不免除被指定的监护人的责任。

第三十二条 没有依法具有监护资格的人的，监护人由民政部门担任，也可以由具备履行监护职责条件的被监护人住所地的居民委员会、村民委员会担任。

第三十三条　具有完全民事行为能力的成年人，可以与其近亲属、其他愿意担任监护人的个人或者组织事先协商，以书面形式确定自己的监护人，在自己丧失或者部分丧失民事行为能力时，由该监护人履行监护职责。

第三十四条　监护人的职责是代理被监护人实施民事法律行为，保护被监护人的人身权利、财产权利以及其他合法权益等。

监护人依法履行监护职责产生的权利，受法律保护。

监护人不履行监护职责或者侵害被监护人合法权益的，应当承担法律责任。

因发生突发事件等紧急情况，监护人暂时无法履行监护职责，被监护人的生活处于无人照料状态的，被监护人住所地的居民委员会、村民委员会或者民政部门应当为被监护人安排必要的临时生活照料措施。

第三十五条　监护人应当按照最有利于被监护人的原则履行监护职责。监护人除为维护被监护人利益外，不得处分被监护人的财产。

未成年人的监护人履行监护职责，在作出与被监护人利益有关的决定时，应当根据被监护人的年龄和智力状况，尊重被监护人的真实意愿。

成年人的监护人履行监护职责，应当最大程度地尊重被监护人的真实意愿，保障并协助被监护人实施与其智力、精神健康状况相适应的民事法律行为。对被监护人有能力独立处理的事务，监护人不得干涉。

第三十六条　监护人有下列情形之一的，人民法院根据有关个人或者组织的申请，撤销其监护人资格，安排必要的临时监护措施，并按照最有利于被监护人的原则依法指定监护人：

（一）实施严重损害被监护人身心健康的行为；

（二）怠于履行监护职责，或者无法履行监护职责且拒绝将监护职责部分或者全部委托给他人，导致被监护人处于危困状态；

（三）实施严重侵害被监护人合法权益的其他行为。

本条规定的有关个人、组织包括：其他依法具有监护资格的人，居民委员会、村民委员会、学校、医疗机构、妇女联合会、残疾人联合会、未成年人保护组织、依法设立的老年人组织、民政部门等。

前款规定的个人和民政部门以外的组织未及时向人民法院申请撤销监

护人资格的，民政部门应当向人民法院申请。

第三十七条 依法负担被监护人抚养费、赡养费、扶养费的父母、子女、配偶等，被人民法院撤销监护人资格后，应当继续履行负担的义务。

第三十八条 被监护人的父母或者子女被人民法院撤销监护人资格后，除对被监护人实施故意犯罪的外，确有悔改表现的，经其申请，人民法院可以在尊重被监护人真实意愿的前提下，视情况恢复其监护人资格，人民法院指定的监护人与被监护人的监护关系同时终止。

第三十九条 有下列情形之一的，监护关系终止：

（一）被监护人取得或者恢复完全民事行为能力；

（二）监护人丧失监护能力；

（三）被监护人或者监护人死亡；

（四）人民法院认定监护关系终止的其他情形。

监护关系终止后，被监护人仍然需要监护的，应当依法另行确定监护人。

第三节　宣告失踪和宣告死亡

第四十条 自然人下落不明满二年的，利害关系人可以向人民法院申请宣告该自然人为失踪人。

第四十一条 自然人下落不明的时间自其失去音讯之日起计算。战争期间下落不明的，下落不明的时间自战争结束之日或者有关机关确定的下落不明之日起计算。

第四十二条 失踪人的财产由其配偶、成年子女、父母或者其他愿意担任财产代管人的人代管。

代管有争议，没有前款规定的人，或者前款规定的人无代管能力的，由人民法院指定的人代管。

第四十三条 财产代管人应当妥善管理失踪人的财产，维护其财产权益。

失踪人所欠税款、债务和应付的其他费用，由财产代管人从失踪人的财产中支付。

财产代管人因故意或者重大过失造成失踪人财产损失的，应当承担赔偿责任。

第四十四条 财产代管人不履行代管职责、侵害失踪人财产权益或者丧失代管能力的，失踪人的利害关系人可以向人民法院申请变更财产代管人。

财产代管人有正当理由的，可以向人民法院申请变更财产代管人。

人民法院变更财产代管人的，变更后的财产代管人有权请求原财产代管人及时移交有关财产并报告财产代管情况。

第四十五条　失踪人重新出现，经本人或者利害关系人申请，人民法院应当撤销失踪宣告。

失踪人重新出现，有权请求财产代管人及时移交有关财产并报告财产代管情况。

第四十六条　自然人有下列情形之一的，利害关系人可以向人民法院申请宣告该自然人死亡：

（一）下落不明满四年；

（二）因意外事件，下落不明满二年。

因意外事件下落不明，经有关机关证明该自然人不可能生存的，申请宣告死亡不受二年时间的限制。

第四十七条　对同一自然人，有的利害关系人申请宣告死亡，有的利害关系人申请宣告失踪，符合本法规定的宣告死亡条件的，人民法院应当宣告死亡。

第四十八条　被宣告死亡的人，人民法院宣告死亡的判决作出之日视为其死亡的日期；因意外事件下落不明宣告死亡的，意外事件发生之日视为其死亡的日期。

第四十九条　自然人被宣告死亡但是并未死亡的，不影响该自然人在被宣告死亡期间实施的民事法律行为的效力。

第五十条　被宣告死亡的人重新出现，经本人或者利害关系人申请，人民法院应当撤销死亡宣告。

第五十一条　被宣告死亡的人的婚姻关系，自死亡宣告之日起消除。死亡宣告被撤销的，婚姻关系自撤销死亡宣告之日起自行恢复。但是，其配偶再婚或者向婚姻登记机关书面声明不愿意恢复的除外。

第五十二条　被宣告死亡的人在被宣告死亡期间，其子女被他人依法收养的，在死亡宣告被撤销后，不得以未经本人同意为由主张收养行为无效。

第五十三条 被撤销死亡宣告的人有权请求依照本法第六编取得其财产的民事主体返还财产；无法返还的，应当给予适当补偿。

利害关系人隐瞒真实情况，致使他人被宣告死亡而取得其财产的，除应当返还财产外，还应当对由此造成的损失承担赔偿责任。

第四节 个体工商户和农村承包经营户

第五十四条 自然人从事工商业经营，经依法登记，为个体工商户。个体工商户可以起字号。

第五十五条 农村集体经济组织的成员，依法取得农村土地承包经营权，从事家庭承包经营的，为农村承包经营户。

第五十六条 个体工商户的债务，个人经营的，以个人财产承担；家庭经营的，以家庭财产承担；无法区分的，以家庭财产承担。

农村承包经营户的债务，以从事农村土地承包经营的农户财产承担；事实上由农户部分成员经营的，以该部分成员的财产承担。

第七章 代　　理

第一节 一般规定

第一百六十一条 民事主体可以通过代理人实施民事法律行为。

依照法律规定、当事人约定或者民事法律行为的性质，应当由本人亲自实施的民事法律行为，不得代理。

第一百六十二条 代理人在代理权限内，以被代理人名义实施的民事法律行为，对被代理人发生效力。

第一百六十三条 代理包括委托代理和法定代理。

委托代理人按照被代理人的委托行使代理权。法定代理人依照法律的规定行使代理权。

第一百六十四条 代理人不履行或者不完全履行职责，造成被代理人损害的，应当承担民事责任。

代理人和相对人恶意串通，损害被代理人合法权益的，代理人和相对人应当承担连带责任。

第二节 委托代理

第一百六十五条 委托代理授权采用书面形式的，授权委托书应当载明代理人的姓名或者名称、代理事项、权限和期限，并由被代理人签名或者盖章。

第一百六十六条　数人为同一代理事项的代理人的，应当共同行使代理权，但是当事人另有约定的除外。

第一百六十七条　代理人知道或者应当知道代理事项违法仍然实施代理行为，或者被代理人知道或者应当知道代理人的代理行为违法未作反对表示的，被代理人和代理人应当承担连带责任。

第一百六十八条　代理人不得以被代理人的名义与自己实施民事法律行为，但是被代理人同意或者追认的除外。

代理人不得以被代理人的名义与自己同时代理的其他人实施民事法律行为，但是被代理的双方同意或者追认的除外。

第一百六十九条　代理人需要转委托第三人代理的，应当取得被代理人的同意或者追认。

转委托代理经被代理人同意或者追认的，被代理人可以就代理事务直接指示转委托的第三人，代理人仅就第三人的选任以及对第三人的指示承担责任。

转委托代理未经被代理人同意或者追认的，代理人应当对转委托的第三人的行为承担责任；但是，在紧急情况下代理人为了维护被代理人的利益需要转委托第三人代理的除外。

第一百七十条　执行法人或者非法人组织工作任务的人员，就其职权范围内的事项，以法人或者非法人组织的名义实施的民事法律行为，对法人或者非法人组织发生效力。

法人或者非法人组织对执行其工作任务的人员职权范围的限制，不得对抗善意相对人。

第一百七十一条　行为人没有代理权、超越代理权或者代理权终止后，仍然实施代理行为，未经被代理人追认的，对被代理人不发生效力。

相对人可以催告被代理人自收到通知之日起三十日内予以追认。被代理人未作表示的，视为拒绝追认。行为人实施的行为被追认前，善意相对人有撤销的权利。撤销应当以通知的方式作出。

行为人实施的行为未被追认的，善意相对人有权请求行为人履行债务或者就其受到的损害请求行为人赔偿。但是，赔偿的范围不得超过被代理人追认时相对人所能获得的利益。

相对人知道或者应当知道行为人无权代理的，相对人和行为人按照各自的过错承担责任。

第一百七十二条　行为人没有代理权、超越代理权或者代理权终止后，仍然实施代理行为，相对人有理由相信行为人有代理权的，代理行为有效。

第三节　代理终止

第一百七十三条　有下列情形之一的，委托代理终止：

（一）代理期限届满或者代理事务完成；

（二）被代理人取消委托或者代理人辞去委托；

（三）代理人丧失民事行为能力；

（四）代理人或者被代理人死亡；

（五）作为代理人或者被代理人的法人、非法人组织终止。

第一百七十四条　被代理人死亡后，有下列情形之一的，委托代理人实施的代理行为有效：

（一）代理人不知道且不应当知道被代理人死亡；

（二）被代理人的继承人予以承认；

（三）授权中明确代理权在代理事务完成时终止；

（四）被代理人死亡前已经实施，为了被代理人的继承人的利益继续代理。

作为被代理人的法人、非法人组织终止的，参照适用前款规定。

第一百七十五条　有下列情形之一的，法定代理终止：

（一）被代理人取得或者恢复完全民事行为能力；

（二）代理人丧失民事行为能力；

（三）代理人或者被代理人死亡；

（四）法律规定的其他情形。

第八章　民事责任

第一百七十六条　民事主体依照法律规定或者按照当事人约定，履行民事义务，承担民事责任。

第一百七十七条　二人以上依法承担按份责任，能够确定责任大小的，各自承担相应的责任；难以确定责任大小的，平均承担责任。

第一百七十八条　二人以上依法承担连带责任的，权利人有权请求部分或者全部连带责任人承担责任。

连带责任人的责任份额根据各自责任大小确定；难以确定责任大小的，平均承担责任。实际承担责任超过自己责任份额的连带责任人，有权向其他连带责任人追偿。

连带责任，由法律规定或者当事人约定。

第一百七十九条　承担民事责任的方式主要有：

（一）停止侵害；

（二）排除妨碍；

（三）消除危险；

（四）返还财产；

（五）恢复原状；

（六）修理、重作、更换；

（七）继续履行；

（八）赔偿损失；

（九）支付违约金；

（十）消除影响、恢复名誉；

（十一）赔礼道歉。

法律规定惩罚性赔偿的，依照其规定。

本条规定的承担民事责任的方式，可以单独适用，也可以合并适用。

第一百八十条　因不可抗力不能履行民事义务的，不承担民事责任。法律另有规定的，依照其规定。

不可抗力是不能预见、不能避免且不能克服的客观情况。

第一百八十一条　因正当防卫造成损害的，不承担民事责任。

正当防卫超过必要的限度，造成不应有的损害的，正当防卫人应当承担适当的民事责任。

第一百八十二条　因紧急避险造成损害的，由引起险情发生的人承担民事责任。

危险由自然原因引起的，紧急避险人不承担民事责任，可以给予适当补偿。

紧急避险采取措施不当或者超过必要的限度，造成不应有的损害的，紧急避险人应当承担适当的民事责任。

第一百八十三条 因保护他人民事权益使自己受到损害的，由侵权人承担民事责任，受益人可以给予适当补偿。没有侵权人、侵权人逃逸或者无力承担民事责任，受害人请求补偿的，受益人应当给予适当补偿。

第一百八十四条 因自愿实施紧急救助行为造成受助人损害的，救助人不承担民事责任。

第一百八十五条 侵害英雄烈士等的姓名、肖像、名誉、荣誉，损害社会公共利益的，应当承担民事责任。

第一百八十六条 因当事人一方的违约行为，损害对方人身权益、财产权益的，受损害方有权选择请求其承担违约责任或者侵权责任。

第一百八十七条 民事主体因同一行为应当承担民事责任、行政责任和刑事责任的，承担行政责任或者刑事责任不影响承担民事责任；民事主体的财产不足以支付的，优先用于承担民事责任。

第九章　诉讼时效

第一百八十八条 向人民法院请求保护民事权利的诉讼时效期间为三年。法律另有规定的，依照其规定。

诉讼时效期间自权利人知道或者应当知道权利受到损害以及义务人之日起计算。法律另有规定的，依照其规定。但是，自权利受到损害之日起超过二十年的，人民法院不予保护，有特殊情况的，人民法院可以根据权利人的申请决定延长。

第一百八十九条 当事人约定同一债务分期履行的，诉讼时效期间自最后一期履行期限届满之日起计算。

第一百九十条 无民事行为能力人或者限制民事行为能力人对其法定代理人的请求权的诉讼时效期间，自该法定代理终止之日起计算。

第一百九十一条 未成年人遭受性侵害的损害赔偿请求权的诉讼时效期间，自受害人年满十八周岁之日起计算。

第一百九十二条 诉讼时效期间届满的，义务人可以提出不履行义务的抗辩。

诉讼时效期间届满后，义务人同意履行的，不得以诉讼时效期间届满为由抗辩；义务人已经自愿履行的，不得请求返还。

第一百九十三条　人民法院不得主动适用诉讼时效的规定。

第一百九十四条　在诉讼时效期间的最后六个月内，因下列障碍，不能行使请求权的，诉讼时效中止：

（一）不可抗力；

（二）无民事行为能力人或者限制民事行为能力人没有法定代理人，或者法定代理人死亡、丧失民事行为能力、丧失代理权；

（三）继承开始后未确定继承人或者遗产管理人；

（四）权利人被义务人或者其他人控制；

（五）其他导致权利人不能行使请求权的障碍。

自中止时效的原因消除之日起满六个月，诉讼时效期间届满。

第一百九十五条　有下列情形之一的，诉讼时效中断，从中断、有关程序终结时起，诉讼时效期间重新计算：

（一）权利人向义务人提出履行请求；

（二）义务人同意履行义务；

（三）权利人提起诉讼或者申请仲裁；

（四）与提起诉讼或者申请仲裁具有同等效力的其他情形。

第一百九十六条　下列请求权不适用诉讼时效的规定：

（一）请求停止侵害、排除妨碍、消除危险；

（二）不动产物权和登记的动产物权的权利人请求返还财产；

（三）请求支付抚养费、赡养费或者扶养费；

（四）依法不适用诉讼时效的其他请求权。

第一百九十七条　诉讼时效的期间、计算方法以及中止、中断的事由由法律规定，当事人约定无效。

当事人对诉讼时效利益的预先放弃无效。

第一百九十八条　法律对仲裁时效有规定的，依照其规定；没有规定的，适用诉讼时效的规定。

第一百九十九条　法律规定或者当事人约定的撤销权、解除权等权利的存续期间，除法律另有规定外，自权利人知道或者应当知道权利产生之日起计算，不适用有关诉讼时效中止、中断和延长的规定。存续期间届满，撤销权、解除权等权利消灭。

第十章　期间计算

第二百条　民法所称的期间按照公历年、月、日、小时计算。

第二百零一条　按照年、月、日计算期间的，开始的当日不计入，自下一日开始计算。

按照小时计算期间的，自法律规定或者当事人约定的时间开始计算。

第二百零二条　按照年、月计算期间的，到期月的对应日为期间的最后一日；没有对应日的，月末日为期间的最后一日。

第二百零三条　期间的最后一日是法定休假日的，以法定休假日结束的次日为期间的最后一日。

期间的最后一日的截止时间为二十四时；有业务时间的，停止业务活动的时间为截止时间。

第二百零四条　期间的计算方法依照本法的规定，但是法律另有规定或者当事人另有约定的除外。

第五编　婚姻家庭

第一章　一般规定

第一千零四十条　本编调整因婚姻家庭产生的民事关系。

第一千零四十一条　婚姻家庭受国家保护。

实行婚姻自由、一夫一妻、男女平等的婚姻制度。

保护妇女、未成年人、老年人、残疾人的合法权益。

第一千零四十二条　禁止包办、买卖婚姻和其他干涉婚姻自由的行为。禁止借婚姻索取财物。

禁止重婚。禁止有配偶者与他人同居。

禁止家庭暴力。禁止家庭成员间的虐待和遗弃。

第一千零四十三条　家庭应当树立优良家风，弘扬家庭美德，重视家庭文明建设。

夫妻应当互相忠实，互相尊重，互相关爱；家庭成员应当敬老爱幼，互相帮助，维护平等、和睦、文明的婚姻家庭关系。

第一千零四十四条　收养应当遵循最有利于被收养人的原则，保障被收养人和收养人的合法权益。

禁止借收养名义买卖未成年人。

第一千零四十五条　亲属包括配偶、血亲和姻亲。

配偶、父母、子女、兄弟姐妹、祖父母、外祖父母、孙子女、外孙子女为近亲属。

配偶、父母、子女和其他共同生活的近亲属为家庭成员。

第二章　结　　婚

第一千零四十六条　结婚应当男女双方完全自愿，禁止任何一方对另一方加以强迫，禁止任何组织或者个人加以干涉。

第一千零四十七条　结婚年龄，男不得早于二十二周岁，女不得早于二十周岁。

第一千零四十八条　直系血亲或者三代以内的旁系血亲禁止结婚。

第一千零四十九条　要求结婚的男女双方应当亲自到婚姻登记机关申请结婚登记。符合本法规定的，予以登记，发给结婚证。完成结婚登记，即确立婚姻关系。未办理结婚登记的，应当补办登记。

第一千零五十条　登记结婚后，按照男女双方约定，女方可以成为男方家庭的成员，男方可以成为女方家庭的成员。

第一千零五十一条　有下列情形之一的，婚姻无效：

（一）重婚；

（二）有禁止结婚的亲属关系；

（三）未到法定婚龄。

第一千零五十二条　因胁迫结婚的，受胁迫的一方可以向人民法院请求撤销婚姻。

请求撤销婚姻的，应当自胁迫行为终止之日起一年内提出。

被非法限制人身自由的当事人请求撤销婚姻的，应当自恢复人身自由之日起一年内提出。

第一千零五十三条 一方患有重大疾病的，应当在结婚登记前如实告知另一方；不如实告知的，另一方可以向人民法院请求撤销婚姻。

请求撤销婚姻的，应当自知道或者应当知道撤销事由之日起一年内提出。

第一千零五十四条 无效的或者被撤销的婚姻自始没有法律约束力，当事人不具有夫妻的权利和义务。同居期间所得的财产，由当事人协议处理；协议不成的，由人民法院根据照顾无过错方的原则判决。对重婚导致的无效婚姻的财产处理，不得侵害合法婚姻当事人的财产权益。当事人所生的子女，适用本法关于父母子女的规定。

婚姻无效或者被撤销的，无过错方有权请求损害赔偿。

第三章　家庭关系

第一节　夫妻关系

第一千零五十五条 夫妻在婚姻家庭中地位平等。

第一千零五十六条 夫妻双方都有各自使用自己姓名的权利。

第一千零五十七条 夫妻双方都有参加生产、工作、学习和社会活动的自由，一方不得对另一方加以限制或者干涉。

第一千零五十八条 夫妻双方平等享有对未成年子女抚养、教育和保护的权利，共同承担对未成年子女抚养、教育和保护的义务。

第一千零五十九条 夫妻有相互扶养的义务。

需要扶养的一方，在另一方不履行扶养义务时，有要求其给付扶养费的权利。

第一千零六十条 夫妻一方因家庭日常生活需要而实施的民事法律行为，对夫妻双方发生效力，但是夫妻一方与相对人另有约定的除外。

夫妻之间对一方可以实施的民事法律行为范围的限制，不得对抗善意相对人。

第一千零六十一条 夫妻有相互继承遗产的权利。

第一千零六十二条 夫妻在婚姻关系存续期间所得的下列财产，为夫妻的共同财产，归夫妻共同所有：

（一）工资、奖金、劳务报酬；

（二）生产、经营、投资的收益；

（三）知识产权的收益；

（四）继承或者受赠的财产，但是本法第一千零六十三条第三项规定的除外；

（五）其他应当归共同所有的财产。

夫妻对共同财产，有平等的处理权。

第一千零六十三条　下列财产为夫妻一方的个人财产：

（一）一方的婚前财产；

（二）一方因受到人身损害获得的赔偿或者补偿；

（三）遗嘱或者赠与合同中确定只归一方的财产；

（四）一方专用的生活用品；

（五）其他应当归一方的财产。

第一千零六十四条　夫妻双方共同签名或者夫妻一方事后追认等共同意思表示所负的债务，以及夫妻一方在婚姻关系存续期间以个人名义为家庭日常生活需要所负的债务，属于夫妻共同债务。

夫妻一方在婚姻关系存续期间以个人名义超出家庭日常生活需要所负的债务，不属于夫妻共同债务；但是，债权人能够证明该债务用于夫妻共同生活、共同生产经营或者基于夫妻双方共同意思表示的除外。

第一千零六十五条　男女双方可以约定婚姻关系存续期间所得的财产以及婚前财产归各自所有、共同所有或者部分各自所有、部分共同所有。约定应当采用书面形式。没有约定或者约定不明确的，适用本法第一千零六十二条、第一千零六十三条的规定。

夫妻对婚姻关系存续期间所得的财产以及婚前财产的约定，对双方具有法律约束力。

夫妻对婚姻关系存续期间所得的财产约定归各自所有，夫或者妻一方对外所负的债务，相对人知道该约定的，以夫或者妻一方的个人财产清偿。

第一千零六十六条　婚姻关系存续期间，有下列情形之一的，夫妻一方可以向人民法院请求分割共同财产：

（一）一方有隐藏、转移、变卖、毁损、挥霍夫妻共同财产或者伪造夫妻共同债务等严重损害夫妻共同财产利益的行为；

（二）一方负有法定扶养义务的人患重大疾病需要医治，另一方不同意支付相关医疗费用。

第二节　父母子女关系和其他近亲属关系

第一千零六十七条　父母不履行抚养义务的，未成年子女或者不能独立生活的成年子女，有要求父母给付抚养费的权利。

成年子女不履行赡养义务的，缺乏劳动能力或者生活困难的父母，有要求成年子女给付赡养费的权利。

第一千零六十八条　父母有教育、保护未成年子女的权利和义务。未成年子女造成他人损害的，父母应当依法承担民事责任。

第一千零六十九条　子女应当尊重父母的婚姻权利，不得干涉父母离婚、再婚以及婚后的生活。子女对父母的赡养义务，不因父母的婚姻关系变化而终止。

第一千零七十条　父母和子女有相互继承遗产的权利。

第一千零七十一条　非婚生子女享有与婚生子女同等的权利，任何组织或者个人不得加以危害和歧视。

不直接抚养非婚生子女的生父或者生母，应当负担未成年子女或者不能独立生活的成年子女的抚养费。

第一千零七十二条　继父母与继子女间，不得虐待或者歧视。

继父或者继母和受其抚养教育的继子女间的权利义务关系，适用本法关于父母子女关系的规定。

第一千零七十三条　对亲子关系有异议且有正当理由的，父或者母可以向人民法院提起诉讼，请求确认或者否认亲子关系。

对亲子关系有异议且有正当理由的，成年子女可以向人民法院提起诉讼，请求确认亲子关系。

第一千零七十四条　有负担能力的祖父母、外祖父母，对于父母已经死亡或者父母无力抚养的未成年孙子女、外孙子女，有抚养的义务。

有负担能力的孙子女、外孙子女，对于子女已经死亡或者子女无力赡养的祖父母、外祖父母，有赡养的义务。

第一千零七十五条　有负担能力的兄、姐，对于父母已经死亡或者父母无力抚养的未成年弟、妹，有扶养的义务。

由兄、姐扶养长大的有负担能力的弟、妹，对于缺乏劳动能力又缺乏生活来源的兄、姐，有扶养的义务。

第四章　离　　婚

第一千零七十六条　夫妻双方自愿离婚的，应当签订书面离婚协议，并亲自到婚姻登记机关申请离婚登记。

离婚协议应当载明双方自愿离婚的意思表示和对子女抚养、财产以及债务处理等事项协商一致的意见。

第一千零七十七条　自婚姻登记机关收到离婚登记申请之日起三十日内，任何一方不愿意离婚的，可以向婚姻登记机关撤回离婚登记申请。

前款规定期限届满后三十日内，双方应当亲自到婚姻登记机关申请发给离婚证；未申请的，视为撤回离婚登记申请。

第一千零七十八条　婚姻登记机关查明双方确实是自愿离婚，并已经对子女抚养、财产以及债务处理等事项协商一致的，予以登记，发给离婚证。

第一千零七十九条　夫妻一方要求离婚的，可以由有关组织进行调解或者直接向人民法院提起离婚诉讼。

人民法院审理离婚案件，应当进行调解；如果感情确已破裂，调解无效的，应当准予离婚。

有下列情形之一，调解无效的，应当准予离婚：

（一）重婚或者与他人同居；

（二）实施家庭暴力或者虐待、遗弃家庭成员；

（三）有赌博、吸毒等恶习屡教不改；

（四）因感情不和分居满二年；

（五）其他导致夫妻感情破裂的情形。

一方被宣告失踪，另一方提起离婚诉讼的，应当准予离婚。

经人民法院判决不准离婚后，双方又分居满一年，一方再次提起离婚诉讼的，应当准予离婚。

第一千零八十条　完成离婚登记，或者离婚判决书、调解书生效，即解除婚姻关系。

第一千零八十一条 现役军人的配偶要求离婚，应当征得军人同意，但是军人一方有重大过错的除外。

第一千零八十二条 女方在怀孕期间、分娩后一年内或者终止妊娠后六个月内，男方不得提出离婚；但是，女方提出离婚或者人民法院认为确有必要受理男方离婚请求的除外。

第一千零八十三条 离婚后，男女双方自愿恢复婚姻关系的，应当到婚姻登记机关重新进行结婚登记。

第一千零八十四条 父母与子女间的关系，不因父母离婚而消除。离婚后，子女无论由父或者母直接抚养，仍是父母双方的子女。

离婚后，父母对于子女仍有抚养、教育、保护的权利和义务。

离婚后，不满两周岁的子女，以由母亲直接抚养为原则。已满两周岁的子女，父母双方对抚养问题协议不成的，由人民法院根据双方的具体情况，按照最有利于未成年子女的原则判决。子女已满八周岁的，应当尊重其真实意愿。

第一千零八十五条 离婚后，子女由一方直接抚养的，另一方应当负担部分或者全部抚养费。负担费用的多少和期限的长短，由双方协议；协议不成的，由人民法院判决。

前款规定的协议或者判决，不妨碍子女在必要时向父母任何一方提出超过协议或者判决原定数额的合理要求。

第一千零八十六条 离婚后，不直接抚养子女的父或者母，有探望子女的权利，另一方有协助的义务。

行使探望权利的方式、时间由当事人协议；协议不成的，由人民法院判决。

父或者母探望子女，不利于子女身心健康的，由人民法院依法中止探望；中止的事由消失后，应当恢复探望。

第一千零八十七条 离婚时，夫妻的共同财产由双方协议处理；协议不成的，由人民法院根据财产的具体情况，按照照顾子女、女方和无过错方权益的原则判决。

对夫或者妻在家庭土地承包经营中享有的权益等，应当依法予以保护。

第一千零八十八条 夫妻一方因抚育子女、照料老年人、协助另一方工作等负担较多义务的，离婚时有权向另一方请求补偿，另一方应当给予补偿。具体办法由双方协议；协议不成的，由人民法院判决。

第一千零八十九条　离婚时，夫妻共同债务应当共同偿还。共同财产不足清偿或者财产归各自所有的，由双方协议清偿；协议不成的，由人民法院判决。

第一千零九十条　离婚时，如果一方生活困难，有负担能力的另一方应当给予适当帮助。具体办法由双方协议；协议不成的，由人民法院判决。

第一千零九十一条　有下列情形之一，导致离婚的，无过错方有权请求损害赔偿：

（一）重婚；

（二）与他人同居；

（三）实施家庭暴力；

（四）虐待、遗弃家庭成员；

（五）有其他重大过错。

第一千零九十二条　夫妻一方隐藏、转移、变卖、毁损、挥霍夫妻共同财产，或者伪造夫妻共同债务企图侵占另一方财产的，在离婚分割夫妻共同财产时，对该方可以少分或者不分。离婚后，另一方发现有上述行为的，可以向人民法院提起诉讼，请求再次分割夫妻共同财产。

第五章　收　　养

第一节　收养关系的成立

第一千零九十三条　下列未成年人，可以被收养：

（一）丧失父母的孤儿；

（二）查找不到生父母的未成年人；

（三）生父母有特殊困难无力抚养的子女。

第一千零九十四条　下列个人、组织可以作送养人：

（一）孤儿的监护人；

（二）儿童福利机构；

（三）有特殊困难无力抚养子女的生父母。

第一千零九十五条 未成年人的父母均不具备完全民事行为能力且可能严重危害该未成年人的，该未成年人的监护人可以将其送养。

第一千零九十六条 监护人送养孤儿的，应当征得有抚养义务的人同意。有抚养义务的人不同意送养、监护人不愿意继续履行监护职责的，应当依照本法第一编的规定另行确定监护人。

第一千零九十七条 生父母送养子女，应当双方共同送养。生父母一方不明或者查找不到的，可以单方送养。

第一千零九十八条 收养人应当同时具备下列条件：

（一）无子女或者只有一名子女；

（二）有抚养、教育和保护被收养人的能力；

（三）未患有在医学上认为不应当收养子女的疾病；

（四）无不利于被收养人健康成长的违法犯罪记录；

（五）年满三十周岁。

第一千零九十九条 收养三代以内旁系同辈血亲的子女，可以不受本法第一千零九十三条第三项、第一千零九十四条第三项和第一千一百零二条规定的限制。

华侨收养三代以内旁系同辈血亲的子女，还可以不受本法第一千零九十八条第一项规定的限制。

第一千一百条 无子女的收养人可以收养两名子女；有子女的收养人只能收养一名子女。

收养孤儿、残疾未成年人或者儿童福利机构抚养的查找不到生父母的未成年人，可以不受前款和本法第一千零九十八条第一项规定的限制。

第一千一百零一条 有配偶者收养子女，应当夫妻共同收养。

第一千一百零二条 无配偶者收养异性子女的，收养人与被收养人的年龄应当相差四十周岁以上。

第一千一百零三条 继父或者继母经继子女的生父母同意，可以收养继子女，并可以不受本法第一千零九十三条第三项、第一千零九十四条第三项、第一千零九十八条和第一千一百条第一款规定的限制。

第一千一百零四条 收养人收养与送养人送养，应当双方自愿。收养八周岁以上未成年人的，应当征得被收养人的同意。

第一千一百零五条 收养应当向县级以上人民政府民政部门登记。收养关系自登记之日起成立。

收养查找不到生父母的未成年人的，办理登记的民政部门应当在登记前予以公告。

收养关系当事人愿意签订收养协议的，可以签订收养协议。

收养关系当事人各方或者一方要求办理收养公证的，应当办理收养公证。

县级以上人民政府民政部门应当依法进行收养评估。

第一千一百零六条　收养关系成立后，公安机关应当按照国家有关规定为被收养人办理户口登记。

第一千一百零七条　孤儿或者生父母无力抚养的子女，可以由生父母的亲属、朋友抚养；抚养人与被抚养人的关系不适用本章规定。

第一千一百零八条　配偶一方死亡，另一方送养未成年子女的，死亡一方的父母有优先抚养的权利。

第一千一百零九条　外国人依法可以在中华人民共和国收养子女。

外国人在中华人民共和国收养子女，应当经其所在国主管机关依照该国法律审查同意。收养人应当提供由其所在国有权机构出具的有关其年龄、婚姻、职业、财产、健康、有无受过刑事处罚等状况的证明材料，并与送养人签订书面协议，亲自向省、自治区、直辖市人民政府民政部门登记。

前款规定的证明材料应当经收养人所在国外交机关或者外交机关授权的机构认证，并经中华人民共和国驻该国使领馆认证，但是国家另有规定的除外。

第一千一百一十条　收养人、送养人要求保守收养秘密的，其他人应当尊重其意愿，不得泄露。

第二节　收养的效力

第一千一百一十一条　自收养关系成立之日起，养父母与养子女间的权利义务关系，适用本法关于父母子女关系的规定；养子女与养父母的近亲属间的权利义务关系，适用本法关于子女与父母的近亲属关系的规定。

养子女与生父母以及其他近亲属间的权利义务关系，因收养关系的成立而消除。

第一千一百一十二条　养子女可以随养父或者养母的姓氏，经当事人协商一致，也可以保留原姓氏。

第一千一百一十三条 有本法第一编关于民事法律行为无效规定情形或者违反本编规定的收养行为无效。

无效的收养行为自始没有法律约束力。

第三节　收养关系的解除

第一千一百一十四条 收养人在被收养人成年以前，不得解除收养关系，但是收养人、送养人双方协议解除的除外。养子女八周岁以上的，应当征得本人同意。

收养人不履行抚养义务，有虐待、遗弃等侵害未成年养子女合法权益行为的，送养人有权要求解除养父母与养子女间的收养关系。送养人、收养人不能达成解除收养关系协议的，可以向人民法院提起诉讼。

第一千一百一十五条 养父母与成年养子女关系恶化、无法共同生活的，可以协议解除收养关系。不能达成协议的，可以向人民法院提起诉讼。

第一千一百一十六条 当事人协议解除收养关系的，应当到民政部门办理解除收养关系登记。

第一千一百一十七条 收养关系解除后，养子女与养父母以及其他近亲属间的权利义务关系即行消除，与生父母以及其他近亲属间的权利义务关系自行恢复。但是，成年养子女与生父母以及其他近亲属间的权利义务关系是否恢复，可以协商确定。

第一千一百一十八条 收养关系解除后，经养父母抚养的成年养子女，对缺乏劳动能力又缺乏生活来源的养父母，应当给付生活费。因养子女成年后虐待、遗弃养父母而解除收养关系的，养父母可以要求养子女补偿收养期间支出的抚养费。

生父母要求解除收养关系的，养父母可以要求生父母适当补偿收养期间支出的抚养费；但是，因养父母虐待、遗弃养子女而解除收养关系的除外。

第六编　继　　承

第一章　一般规定

第一千一百一十九条 本编调整因继承产生的民事关系。

第一千一百二十条　国家保护自然人的继承权。

第一千一百二十一条　继承从被继承人死亡时开始。

相互有继承关系的数人在同一事件中死亡，难以确定死亡时间的，推定没有其他继承人的人先死亡。都有其他继承人，辈份不同的，推定长辈先死亡；辈份相同的，推定同时死亡，相互不发生继承。

第一千一百二十二条　遗产是自然人死亡时遗留的个人合法财产。

依照法律规定或者根据其性质不得继承的遗产，不得继承。

第一千一百二十三条　继承开始后，按照法定继承办理；有遗嘱的，按照遗嘱继承或者遗赠办理；有遗赠扶养协议的，按照协议办理。

第一千一百二十四条　继承开始后，继承人放弃继承的，应当在遗产处理前，以书面形式作出放弃继承的表示；没有表示的，视为接受继承。

受遗赠人应当在知道受遗赠后六十日内，作出接受或者放弃受遗赠的表示；到期没有表示的，视为放弃受遗赠。

第一千一百二十五条　继承人有下列行为之一的，丧失继承权：

（一）故意杀害被继承人；

（二）为争夺遗产而杀害其他继承人；

（三）遗弃被继承人，或者虐待被继承人情节严重；

（四）伪造、篡改、隐匿或者销毁遗嘱，情节严重；

（五）以欺诈、胁迫手段迫使或者妨碍被继承人设立、变更或者撤回遗嘱，情节严重。

继承人有前款第三项至第五项行为，确有悔改表现，被继承人表示宽恕或者事后在遗嘱中将其列为继承人的，该继承人不丧失继承权。

受遗赠人有本条第一款规定行为的，丧失受遗赠权。

第二章　法定继承

第一千一百二十六条　继承权男女平等。

第一千一百二十七条　遗产按照下列顺序继承：

（一）第一顺序：配偶、子女、父母；

（二）第二顺序：兄弟姐妹、祖父母、外祖父母。

继承开始后，由第一顺序继承人继承，第二顺序继承人不继承；没有第一顺序继承人继承的，由第二顺序继承人继承。

本编所称子女，包括婚生子女、非婚生子女、养子女和有扶养关系的继子女。

本编所称父母，包括生父母、养父母和有扶养关系的继父母。

本编所称兄弟姐妹，包括同父母的兄弟姐妹、同父异母或者同母异父的兄弟姐妹、养兄弟姐妹、有扶养关系的继兄弟姐妹。

第一千一百二十八条 被继承人的子女先于被继承人死亡的，由被继承人的子女的直系晚辈血亲代位继承。

被继承人的兄弟姐妹先于被继承人死亡的，由被继承人的兄弟姐妹的子女代位继承。

代位继承人一般只能继承被代位继承人有权继承的遗产份额。

第一千一百二十九条 丧偶儿媳对公婆，丧偶女婿对岳父母，尽了主要赡养义务的，作为第一顺序继承人。

第一千一百三十条 同一顺序继承人继承遗产的份额，一般应当均等。

对生活有特殊困难又缺乏劳动能力的继承人，分配遗产时，应当予以照顾。

对被继承人尽了主要扶养义务或者与被继承人共同生活的继承人，分配遗产时，可以多分。

有扶养能力和有扶养条件的继承人，不尽扶养义务的，分配遗产时，应当不分或者少分。

继承人协商同意的，也可以不均等。

第一千一百三十一条 对继承人以外的依靠被继承人扶养的人，或者继承人以外的对被继承人扶养较多的人，可以分给适当的遗产。

第一千一百三十二条 继承人应当本着互谅互让、和睦团结的精神，协商处理继承问题。遗产分割的时间、办法和份额，由继承人协商确定；协商不成的，可以由人民调解委员会调解或者向人民法院提起诉讼。

第三章　遗嘱继承和遗赠

第一千一百三十三条 自然人可以依照本法规定立遗嘱处分个人财

产，并可以指定遗嘱执行人。

自然人可以立遗嘱将个人财产指定由法定继承人中的一人或者数人继承。

自然人可以立遗嘱将个人财产赠与国家、集体或者法定继承人以外的组织、个人。

自然人可以依法设立遗嘱信托。

第一千一百三十四条　自书遗嘱由遗嘱人亲笔书写，签名，注明年、月、日。

第一千一百三十五条　代书遗嘱应当有两个以上见证人在场见证，由其中一人代书，并由遗嘱人、代书人和其他见证人签名，注明年、月、日。

第一千一百三十六条　打印遗嘱应当有两个以上见证人在场见证。遗嘱人和见证人应当在遗嘱每一页签名，注明年、月、日。

第一千一百三十七条　以录音录像形式立的遗嘱，应当有两个以上见证人在场见证。遗嘱人和见证人应当在录音录像中记录其姓名或者肖像，以及年、月、日。

第一千一百三十八条　遗嘱人在危急情况下，可以立口头遗嘱。口头遗嘱应当有两个以上见证人在场见证。危急情况消除后，遗嘱人能够以书面或者录音录像形式立遗嘱的，所立的口头遗嘱无效。

第一千一百三十九条　公证遗嘱由遗嘱人经公证机构办理。

第一千一百四十条　下列人员不能作为遗嘱见证人：

（一）无民事行为能力人、限制民事行为能力人以及其他不具有见证能力的人；

（二）继承人、受遗赠人；

（三）与继承人、受遗赠人有利害关系的人。

第一千一百四十一条　遗嘱应当为缺乏劳动能力又没有生活来源的继承人保留必要的遗产份额。

第一千一百四十二条　遗嘱人可以撤回、变更自己所立的遗嘱。

立遗嘱后，遗嘱人实施与遗嘱内容相反的民事法律行为的，视为对遗嘱相关内容的撤回。

立有数份遗嘱，内容相抵触的，以最后的遗嘱为准。

第一千一百四十三条 无民事行为能力人或者限制民事行为能力人所立的遗嘱无效。

遗嘱必须表示遗嘱人的真实意思，受欺诈、胁迫所立的遗嘱无效。

伪造的遗嘱无效。

遗嘱被篡改的，篡改的内容无效。

第一千一百四十四条 遗嘱继承或者遗赠附有义务的，继承人或者受遗赠人应当履行义务。没有正当理由不履行义务的，经利害关系人或者有关组织请求，人民法院可以取消其接受附义务部分遗产的权利。

第四章　遗产的处理

第一千一百四十五条 继承开始后，遗嘱执行人为遗产管理人；没有遗嘱执行人的，继承人应当及时推选遗产管理人；继承人未推选的，由继承人共同担任遗产管理人；没有继承人或者继承人均放弃继承的，由被继承人生前住所地的民政部门或者村民委员会担任遗产管理人。

第一千一百四十六条 对遗产管理人的确定有争议的，利害关系人可以向人民法院申请指定遗产管理人。

第一千一百四十七条 遗产管理人应当履行下列职责：

（一）清理遗产并制作遗产清单；

（二）向继承人报告遗产情况；

（三）采取必要措施防止遗产毁损、灭失；

（四）处理被继承人的债权债务；

（五）按照遗嘱或者依照法律规定分割遗产；

（六）实施与管理遗产有关的其他必要行为。

第一千一百四十八条 遗产管理人应当依法履行职责，因故意或者重大过失造成继承人、受遗赠人、债权人损害的，应当承担民事责任。

第一千一百四十九条 遗产管理人可以依照法律规定或者按照约定获得报酬。

第一千一百五十条 继承开始后，知道被继承人死亡的继承人应当及时通知其他继承人和遗嘱执行人。继承人中无人知道被继承人死亡或者知道被继承人死亡而不能通知的，由被继承人生前所在单位或者住所地的居民委员会、村民委员会负责通知。

第一千一百五十一条　存有遗产的人，应当妥善保管遗产，任何组织或者个人不得侵吞或者争抢。

第一千一百五十二条　继承开始后，继承人于遗产分割前死亡，并没有放弃继承的，该继承人应当继承的遗产转给其继承人，但是遗嘱另有安排的除外。

第一千一百五十三条　夫妻共同所有的财产，除有约定的外，遗产分割时，应当先将共同所有的财产的一半分出为配偶所有，其余的为被继承人的遗产。

遗产在家庭共有财产之中的，遗产分割时，应当先分出他人的财产。

第一千一百五十四条　有下列情形之一的，遗产中的有关部分按照法定继承办理：

（一）遗嘱继承人放弃继承或者受遗赠人放弃受遗赠；

（二）遗嘱继承人丧失继承权或者受遗赠人丧失受遗赠权；

（三）遗嘱继承人、受遗赠人先于遗嘱人死亡或者终止；

（四）遗嘱无效部分所涉及的遗产；

（五）遗嘱未处分的遗产。

第一千一百五十五条　遗产分割时，应当保留胎儿的继承份额。胎儿娩出时是死体的，保留的份额按照法定继承办理。

第一千一百五十六条　遗产分割应当有利于生产和生活需要，不损害遗产的效用。

不宜分割的遗产，可以采取折价、适当补偿或者共有等方法处理。

第一千一百五十七条　夫妻一方死亡后另一方再婚的，有权处分所继承的财产，任何组织或者个人不得干涉。

第一千一百五十八条　自然人可以与继承人以外的组织或者个人签订遗赠扶养协议。按照协议，该组织或者个人承担该自然人生养死葬的义务，享有受遗赠的权利。

第一千一百五十九条　分割遗产，应当清偿被继承人依法应当缴纳的税款和债务；但是，应当为缺乏劳动能力又没有生活来源的继承人保留必要的遗产。

第一千一百六十条　无人继承又无人受遗赠的遗产，归国家所有，用于公益事业；死者生前是集体所有制组织成员的，归所在集体所有制组织所有。

第一千一百六十一条 继承人以所得遗产实际价值为限清偿被继承人依法应当缴纳的税款和债务。超过遗产实际价值部分，继承人自愿偿还的不在此限。

继承人放弃继承的，对被继承人依法应当缴纳的税款和债务可以不负清偿责任。

第一千一百六十二条 执行遗赠不得妨碍清偿遗赠人依法应当缴纳的税款和债务。

第一千一百六十三条 既有法定继承又有遗嘱继承、遗赠的，由法定继承人清偿被继承人依法应当缴纳的税款和债务；超过法定继承遗产实际价值部分，由遗嘱继承人和受遗赠人按比例以所得遗产清偿。

最高人民法院关于适用《中华人民共和国民法典》总则编若干问题的解释

（2021 年 12 月 30 日最高人民法院审判委员会第 1861 次会议通过　自 2022 年 3 月 1 日起施行）

为正确审理民事案件，依法保护民事主体的合法权益，维护社会和经济秩序，根据《中华人民共和国民法典》《中华人民共和国民事诉讼法》等相关法律规定，结合审判实践，制定本解释。

一、一般规定

第一条　民法典第二编至第七编对民事关系有规定的，人民法院直接适用该规定；民法典第二编至第七编没有规定的，适用民法典第一编的规定，但是根据其性质不能适用的除外。

就同一民事关系，其他民事法律的规定属于对民法典相应规定的细化的，应当适用该民事法律的规定。民法典规定适用其他法律的，适用该法律的规定。

民法典及其他法律对民事关系没有具体规定的，可以遵循民法典关于基本原则的规定。

第二条　在一定地域、行业范围内长期为一般人从事民事活动时普遍遵守的民间习俗、惯常做法等，可以认定为民法典第十条规定的习惯。

当事人主张适用习惯的，应当就习惯及其具体内容提供相应证据；必要时，人民法院可以依职权查明。

适用习惯，不得违背社会主义核心价值观，不得违背公序良俗。

第三条　对于民法典第一百三十二条所称的滥用民事权利，人民法院可以根据权利行使的对象、目的、时间、方式、造成当事人之间利益失衡的程度等因素作出认定。

行为人以损害国家利益、社会公共利益、他人合法权益为主要目的行使民事权利的，人民法院应当认定构成滥用民事权利。

构成滥用民事权利的，人民法院应当认定该滥用行为不发生相应的法律效力。滥用民事权利造成损害的，依照民法典第七编等有关规定处理。

二、民事权利能力和民事行为能力

第四条　涉及遗产继承、接受赠与等胎儿利益保护，父母在胎儿娩出前作为法定代理人主张相应权利的，人民法院依法予以支持。

第五条　限制民事行为能力人实施的民事法律行为是否与其年龄、智力、精神健康状况相适应，人民法院可以从行为与本人生活相关联的程度，本人的智力、精神健康状况能否理解其行为并预见相应的后果，以及标的、数量、价款或者报酬等方面认定。

三、监　　护

第六条　人民法院认定自然人的监护能力，应当根据其年龄、身心健康状况、经济条件等因素确定；认定有关组织的监护能力，应当根据其资质、信用、财产状况等因素确定。

第七条　担任监护人的被监护人父母通过遗嘱指定监护人，遗嘱生效时被指定的人不同意担任监护人的，人民法院应当适用民法典第二十七条、第二十八条的规定确定监护人。

未成年人由父母担任监护人，父母中的一方通过遗嘱指定监护人，另一方在遗嘱生效时有监护能力，有关当事人对监护人的确定有争议的，人民法院应当适用民法典第二十七条第一款的规定确定监护人。

第八条　未成年人的父母与其他依法具有监护资格的人订立协议，约定免除具有监护能力的父母的监护职责的，人民法院不予支持。协议约定在未成年人的父母丧失监护能力时由该具有监护资格的人担任监护人的，人民法院依法予以支持。

依法具有监护资格的人之间依据民法典第三十条的规定，约定由民法典第二十七条第二款、第二十八条规定的不同顺序的人共同担任监护人，或者由顺序在后的人担任监护人的，人民法院依法予以支持。

第九条　人民法院依据民法典第三十一条第二款、第三十六条第一款的规定指定监护人时，应当尊重被监护人的真实意愿，按照最有利于被监护人的原则指定，具体参考以下因素：

（一）与被监护人生活、情感联系的密切程度；

（二）依法具有监护资格的人的监护顺序；

（三）是否有不利于履行监护职责的违法犯罪等情形；

（四）依法具有监护资格的人的监护能力、意愿、品行等。

人民法院依法指定的监护人一般应当是一人，由数人共同担任监护人更有利于保护被监护人利益的，也可以是数人。

第十条　有关当事人不服居民委员会、村民委员会或者民政部门的指定，在接到指定通知之日起三十日内向人民法院申请指定监护人的，人民法院经审理认为指定并无不当，依法裁定驳回申请；认为指定不当，依法判决撤销指定并另行指定监护人。

有关当事人在接到指定通知之日起三十日后提出申请的，人民法院应当按照变更监护关系处理。

第十一条　具有完全民事行为能力的成年人与他人依据民法典第三十三条的规定订立书面协议事先确定自己的监护人后，协议的任何一方在该成年人丧失或者部分丧失民事行为能力前请求解除协议的，人民法院依法予以支持。该成年人丧失或者部分丧失民事行为能力后，协议确定的监护人无正当理由请求解除协议的，人民法院不予支持。

该成年人丧失或者部分丧失民事行为能力后，协议确定的监护人有民法典第三十六条第一款规定的情形之一，该条第二款规定的有关个人、组织申请撤销其监护人资格的，人民法院依法予以支持。

第十二条　监护人、其他依法具有监护资格的人之间就监护人是否有民法典第三十九条第一款第二项、第四项规定的应当终止监护关系的情形发生争议，申请变更监护人的，人民法院应当依法受理。经审理认为理由成立的，人民法院依法予以支持。

被依法指定的监护人与其他具有监护资格的人之间协议变更监护人的，人民法院应当尊重被监护人的真实意愿，按照最有利于被监护人的原则作出裁判。

第十三条　监护人因患病、外出务工等原因在一定期限内不能完全履行监护职责，将全部或者部分监护职责委托给他人，当事人主张受托人因此成为监护人的，人民法院不予支持。

四、宣告失踪和宣告死亡

第十四条 人民法院审理宣告失踪案件时，下列人员应当认定为民法典第四十条规定的利害关系人：

（一）被申请人的近亲属；

（二）依据民法典第一千一百二十八条、第一千一百二十九条规定对被申请人有继承权的亲属；

（三）债权人、债务人、合伙人等与被申请人有民事权利义务关系的民事主体，但是不申请宣告失踪不影响其权利行使、义务履行的除外。

第十五条 失踪人的财产代管人向失踪人的债务人请求偿还债务的，人民法院应当将财产代管人列为原告。

债权人提起诉讼，请求失踪人的财产代管人支付失踪人所欠的债务和其他费用的，人民法院应当将财产代管人列为被告。经审理认为债权人的诉讼请求成立的，人民法院应当判决财产代管人从失踪人的财产中支付失踪人所欠的债务和其他费用。

第十六条 人民法院审理宣告死亡案件时，被申请人的配偶、父母、子女，以及依据民法典第一千一百二十九条规定对被申请人有继承权的亲属应当认定为民法典第四十六条规定的利害关系人。

符合下列情形之一的，被申请人的其他近亲属，以及依据民法典第一千一百二十八条规定对被申请人有继承权的亲属应当认定为民法典第四十六条规定的利害关系人：

（一）被申请人的配偶、父母、子女均已死亡或者下落不明的；

（二）不申请宣告死亡不能保护其相应合法权益的。

被申请人的债权人、债务人、合伙人等民事主体不能认定为民法典第四十六条规定的利害关系人，但是不申请宣告死亡不能保护其相应合法权益的除外。

第十七条 自然人在战争期间下落不明的，利害关系人申请宣告死亡的期间适用民法典第四十六条第一款第一项的规定，自战争结束之日或者有关机关确定的下落不明之日起计算。

五、民事法律行为

第十八条　当事人未采用书面形式或者口头形式，但是实施的行为本身表明已经作出相应意思表示，并符合民事法律行为成立条件的，人民法院可以认定为民法典第一百三十五条规定的采用其他形式实施的民事法律行为。

第十九条　行为人对行为的性质、对方当事人或者标的物的品种、质量、规格、价格、数量等产生错误认识，按照通常理解如果不发生该错误认识行为人就不会作出相应意思表示的，人民法院可以认定为民法典第一百四十七条规定的重大误解。

行为人能够证明自己实施民事法律行为时存在重大误解，并请求撤销该民事法律行为的，人民法院依法予以支持；但是，根据交易习惯等认定行为人无权请求撤销的除外。

第二十条　行为人以其意思表示存在第三人转达错误为由请求撤销民事法律行为的，适用本解释第十九条的规定。

第二十一条　故意告知虚假情况，或者负有告知义务的人故意隐瞒真实情况，致使当事人基于错误认识作出意思表示的，人民法院可以认定为民法典第一百四十八条、第一百四十九条规定的欺诈。

第二十二条　以给自然人及其近亲属等的人身权利、财产权利以及其他合法权益造成损害或者以给法人、非法人组织的名誉、荣誉、财产权益等造成损害为要挟，迫使其基于恐惧心理作出意思表示的，人民法院可以认定为民法典第一百五十条规定的胁迫。

第二十三条　民事法律行为不成立，当事人请求返还财产、折价补偿或者赔偿损失的，参照适用民法典第一百五十七条的规定。

第二十四条　民事法律行为所附条件不可能发生，当事人约定为生效条件的，人民法院应当认定民事法律行为不发生效力；当事人约定为解除条件的，应当认定未附条件，民事法律行为是否失效，依照民法典和相关法律、行政法规的规定认定。

六、代　　理

第二十五条　数个委托代理人共同行使代理权，其中一人或者数人未与其他委托代理人协商，擅自行使代理权的，依据民法典第一百七十一条、第一百七十二条等规定处理。

  第二十六条 由于急病、通讯联络中断、疫情防控等特殊原因，委托代理人自己不能办理代理事项，又不能与被代理人及时取得联系，如不及时转委托第三人代理，会给被代理人的利益造成损失或者扩大损失的，人民法院应当认定为民法典第一百六十九条规定的紧急情况。

  第二十七条 无权代理行为未被追认，相对人请求行为人履行债务或者赔偿损失的，由行为人就相对人知道或者应当知道行为人无权代理承担举证责任。行为人不能证明的，人民法院依法支持相对人的相应诉讼请求；行为人能够证明的，人民法院应当按照各自的过错认定行为人与相对人的责任。

  第二十八条 同时符合下列条件的，人民法院可以认定为民法典第一百七十二条规定的相对人有理由相信行为人有代理权：

  （一）存在代理权的外观；

  （二）相对人不知道行为人行为时没有代理权，且无过失。

  因是否构成表见代理发生争议的，相对人应当就无权代理符合前款第一项规定的条件承担举证责任；被代理人应当就相对人不符合前款第二项规定的条件承担举证责任。

  第二十九条 法定代理人、被代理人依据民法典第一百四十五条、第一百七十一条的规定向相对人作出追认的意思表示的，人民法院应当依据民法典第一百三十七条的规定确认其追认意思表示的生效时间。

七、民事责任

  第三十条 为了使国家利益、社会公共利益、本人或者他人的人身权利、财产权利以及其他合法权益免受正在进行的不法侵害，而针对实施侵害行为的人采取的制止不法侵害的行为，应当认定为民法典第一百八十一条规定的正当防卫。

  第三十一条 对于正当防卫是否超过必要的限度，人民法院应当综合不法侵害的性质、手段、强度、危害程度和防卫的时机、手段、强度、损害后果等因素判断。

经审理，正当防卫没有超过必要限度的，人民法院应当认定正当防卫人不承担责任。正当防卫超过必要限度的，人民法院应当认定正当防卫人在造成不应有的损害范围内承担部分责任；实施侵害行为的人请求正当防卫人承担全部责任的，人民法院不予支持。

实施侵害行为的人不能证明防卫行为造成不应有的损害，仅以正当防卫人采取的反击方式和强度与不法侵害不相当为由主张防卫过当的，人民法院不予支持。

第三十二条　为了使国家利益、社会公共利益、本人或者他人的人身权利、财产权利以及其他合法权益免受正在发生的急迫危险，不得已而采取紧急措施的，应当认定为民法典第一百八十二条规定的紧急避险。

第三十三条　对于紧急避险是否采取措施不当或者超过必要的限度，人民法院应当综合危险的性质、急迫程度、避险行为所保护的权益以及造成的损害后果等因素判断。

经审理，紧急避险采取措施并无不当且没有超过必要限度的，人民法院应当认定紧急避险人不承担责任。紧急避险采取措施不当或者超过必要限度的，人民法院应当根据紧急避险人的过错程度、避险措施造成不应有的损害的原因力大小、紧急避险人是否为受益人等因素认定紧急避险人在造成的不应有的损害范围内承担相应的责任。

第三十四条　因保护他人民事权益使自己受到损害，受害人依据民法典第一百八十三条的规定请求受益人适当补偿的，人民法院可以根据受害人所受损失和已获赔偿的情况、受益人受益的多少及其经济条件等因素确定受益人承担的补偿数额。

八、诉讼时效

第三十五条　民法典第一百八十八条第一款规定的三年诉讼时效期间，可以适用民法典有关诉讼时效中止、中断的规定，不适用延长的规定。该条第二款规定的二十年期间不适用中止、中断的规定。

第三十六条　无民事行为能力人或者限制民事行为能力人的权利受到损害的，诉讼时效期间自其法定代理人知道或者应当知道权利受到损害以及义务人之日起计算，但是法律另有规定的除外。

第三十七条 无民事行为能力人、限制民事行为能力人的权利受到原法定代理人损害，且在取得、恢复完全民事行为能力或者在原法定代理终止并确定新的法定代理人后，相应民事主体才知道或者应当知道权利受到损害的，有关请求权诉讼时效期间的计算适用民法典第一百八十八条第二款、本解释第三十六条的规定。

第三十八条 诉讼时效依据民法典第一百九十五条的规定中断后，在新的诉讼时效期间内，再次出现第一百九十五条规定的中断事由，可以认定为诉讼时效再次中断。

权利人向义务人的代理人、财产代管人或者遗产管理人等提出履行请求的，可以认定为民法典第一百九十五条规定的诉讼时效中断。

九、附　　则

第三十九条 本解释自 2022 年 3 月 1 日起施行。

民法典施行后的法律事实引起的民事案件，本解释施行后尚未终审的，适用本解释；本解释施行前已经终审，当事人申请再审或者按照审判监督程序决定再审的，不适用本解释。

最高人民法院关于适用《中华人民共和国民法典》婚姻家庭编的解释（一）

（2020 年 12 月 25 日最高人民法院审判委员会第 1825 次会议通过　自 2021 年 1 月 1 日起施行）

为正确审理婚姻家庭纠纷案件，根据《中华人民共和国民法典》《中华人民共和国民事诉讼法》等相关法律规定，结合审判实践，制定本解释。

一、一般规定

第一条　持续性、经常性的家庭暴力，可以认定为民法典第一千零四十二条、第一千零七十九条、第一千零九十一条所称的"虐待"。

第二条　民法典第一千零四十二条、第一千零七十九条、第一千零九十一条规定的"与他人同居"的情形，是指有配偶者与婚外异性，不以夫妻名义，持续、稳定地共同居住。

第三条　当事人提起诉讼仅请求解除同居关系的，人民法院不予受理；已经受理的，裁定驳回起诉。

当事人因同居期间财产分割或者子女抚养纠纷提起诉讼的，人民法院应当受理。

第四条　当事人仅以民法典第一千零四十三条为依据提起诉讼的，人民法院不予受理；已经受理的，裁定驳回起诉。

第五条　当事人请求返还按照习俗给付的彩礼的，如果查明属于以下情形，人民法院应当予以支持：

（一）双方未办理结婚登记手续；

（二）双方办理结婚登记手续但确未共同生活；

（三）婚前给付并导致给付人生活困难。

适用前款第二项、第三项的规定，应当以双方离婚为条件。

二、结　婚

第六条　男女双方依据民法典第一千零四十九条规定补办结婚登记的，婚姻关系的效力从双方均符合民法典所规定的结婚的实质要件时起算。

第七条　未依据民法典第一千零四十九条规定办理结婚登记而以夫妻名义共同生活的男女，提起诉讼要求离婚的，应当区别对待：

（一）1994 年 2 月 1 日民政部《婚姻登记管理条例》公布实施以前，男女双方已经符合结婚实质要件的，按事实婚姻处理。

（二）1994 年 2 月 1 日民政部《婚姻登记管理条例》公布实施以后，男女双方符合结婚实质要件的，人民法院应当告知其补办结婚登记。未补办结婚登记的，依据本解释第三条规定处理。

第八条　未依据民法典第一千零四十九条规定办理结婚登记而以夫妻名义共同生活的男女，一方死亡，另一方以配偶身份主张享有继承权的，依据本解释第七条的原则处理。

第九条　有权依据民法典第一千零五十一条规定向人民法院就已办理结婚登记的婚姻请求确认婚姻无效的主体，包括婚姻当事人及利害关系人。其中，利害关系人包括：

（一）以重婚为由的，为当事人的近亲属及基层组织；

（二）以未到法定婚龄为由的，为未到法定婚龄者的近亲属；

（三）以有禁止结婚的亲属关系为由的，为当事人的近亲属。

第十条　当事人依据民法典第一千零五十一条规定向人民法院请求确认婚姻无效，法定的无效婚姻情形在提起诉讼时已经消失的，人民法院不予支持。

第十一条　人民法院受理请求确认婚姻无效案件后，原告申请撤诉的，不予准许。

对婚姻效力的审理不适用调解，应当依法作出判决。

涉及财产分割和子女抚养的，可以调解。调解达成协议的，另行制作调解书；未达成调解协议的，应当一并作出判决。

第十二条　人民法院受理离婚案件后，经审理确属无效婚姻的，应当将婚姻无效的情形告知当事人，并依法作出确认婚姻无效的判决。

第十三条　人民法院就同一婚姻关系分别受理了离婚和请求确认婚姻无效案件的，对于离婚案件的审理，应当待请求确认婚姻无效案件作出判决后进行。

第十四条　夫妻一方或者双方死亡后，生存一方或者利害关系人依据民法典第一千零五十一条的规定请求确认婚姻无效的，人民法院应当受理。

第十五条　利害关系人依据民法典第一千零五十一条的规定，请求人民法院确认婚姻无效的，利害关系人为原告，婚姻关系当事人双方为被告。

夫妻一方死亡的，生存一方为被告。

第十六条　人民法院审理重婚导致的无效婚姻案件时，涉及财产处理的，应当准许合法婚姻当事人作为有独立请求权的第三人参加诉讼。

第十七条　当事人以民法典第一千零五十一条规定的三种无效婚姻以外的情形请求确认婚姻无效的，人民法院应当判决驳回当事人的诉讼请求。

当事人以结婚登记程序存在瑕疵为由提起民事诉讼，主张撤销结婚登记的，告知其可以依法申请行政复议或者提起行政诉讼。

第十八条　行为人以给另一方当事人或者其近亲属的生命、身体、健康、名誉、财产等方面造成损害为要挟，迫使另一方当事人违背真实意愿结婚的，可以认定为民法典第一千零五十二条所称的"胁迫"。

因受胁迫而请求撤销婚姻的，只能是受胁迫一方的婚姻关系当事人本人。

第十九条　民法典第一千零五十二条规定的"一年"，不适用诉讼时效中止、中断或者延长的规定。

受胁迫或者被非法限制人身自由的当事人请求撤销婚姻的，不适用民法典第一百五十二条第二款的规定。

第二十条　民法典第一千零五十四条所规定的"自始没有法律约束力"，是指无效婚姻或者可撤销婚姻在依法被确认无效或者被撤销时，才确定该婚姻自始不受法律保护。

第二十一条　人民法院根据当事人的请求，依法确认婚姻无效或者撤销婚姻的，应当收缴双方的结婚证书并将生效的判决书寄送当地婚姻登记管理机关。

第二十二条　被确认无效或者被撤销的婚姻，当事人同居期间所得的财产，除有证据证明为当事人一方所有的以外，按共同共有处理。

三、夫妻关系

第二十三条　夫以妻擅自中止妊娠侵犯其生育权为由请求损害赔偿的，人民法院不予支持；夫妻双方因是否生育发生纠纷，致使感情确已破裂，一方请求离婚的，人民法院经调解无效，应依照民法典第一千零七十九条第三款第五项的规定处理。

第二十四条　民法典第一千零六十二条第一款第三项规定的"知识产权的收益"，是指婚姻关系存续期间，实际取得或者已经明确可以取得的财产性收益。

第二十五条　婚姻关系存续期间，下列财产属于民法典第一千零六十二条规定的"其他应当归共同所有的财产"：

（一）一方以个人财产投资取得的收益；

（二）男女双方实际取得或者应当取得的住房补贴、住房公积金；

（三）男女双方实际取得或者应当取得的基本养老金、破产安置补偿费。

第二十六条　夫妻一方个人财产在婚后产生的收益，除孳息和自然增值外，应认定为夫妻共同财产。

第二十七条　由一方婚前承租、婚后用共同财产购买的房屋，登记在一方名下的，应当认定为夫妻共同财产。

第二十八条　一方未经另一方同意出售夫妻共同所有的房屋，第三人善意购买、支付合理对价并已办理不动产登记，另一方主张追回该房屋的，人民法院不予支持。

夫妻一方擅自处分共同所有的房屋造成另一方损失，离婚时另一方请求赔偿损失的，人民法院应予支持。

第二十九条　当事人结婚前，父母为双方购置房屋出资的，该出资应当认定为对自己子女个人的赠与，但父母明确表示赠与双方的除外。

当事人结婚后，父母为双方购置房屋出资的，依照约定处理；没有约定或者约定不明确的，按照民法典第一千零六十二条第一款第四项规定的原则处理。

第三十条　军人的伤亡保险金、伤残补助金、医药生活补助费属于个人财产。

第三十一条　民法典第一千零六十三条规定为夫妻一方的个人财产，不因婚姻关系的延续而转化为夫妻共同财产。但当事人另有约定的除外。

第三十二条　婚前或者婚姻关系存续期间，当事人约定将一方所有的房产赠与另一方或者共有，赠与方在赠与房产变更登记之前撤销赠与，另一方请求判令继续履行的，人民法院可以按照民法典第六百五十八条的规定处理。

第三十三条　债权人就一方婚前所负个人债务向债务人的配偶主张权利的，人民法院不予支持。但债权人能够证明所负债务用于婚后家庭共同生活的除外。

第三十四条　夫妻一方与第三人串通，虚构债务，第三人主张该债务为夫妻共同债务的，人民法院不予支持。

夫妻一方在从事赌博、吸毒等违法犯罪活动中所负债务，第三人主张该债务为夫妻共同债务的，人民法院不予支持。

第三十五条　当事人的离婚协议或者人民法院生效判决、裁定、调解书已经对夫妻财产分割问题作出处理的，债权人仍有权就夫妻共同债务向男女双方主张权利。

一方就夫妻共同债务承担清偿责任后，主张由另一方按照离婚协议或者人民法院的法律文书承担相应债务的，人民法院应予支持。

第三十六条　夫或者妻一方死亡的，生存一方应当对婚姻关系存续期间的夫妻共同债务承担清偿责任。

第三十七条　民法典第一千零六十五条第三款所称"相对人知道该约定的"，夫妻一方对此负有举证责任。

第三十八条　婚姻关系存续期间，除民法典第一千零六十六条规定情形以外，夫妻一方请求分割共同财产的，人民法院不予支持。

四、父母子女关系

第三十九条　父或者母向人民法院起诉请求否认亲子关系，并已提供必要证据予以证明，另一方没有相反证据又拒绝做亲子鉴定的，人民法院可以认定否认亲子关系一方的主张成立。

父或者母以及成年子女起诉请求确认亲子关系，并提供必要证据予以证明，另一方没有相反证据又拒绝做亲子鉴定的，人民法院可以认定确认亲子关系一方的主张成立。

第四十条　婚姻关系存续期间，夫妻双方一致同意进行人工授精，所生子女应视为婚生子女，父母子女间的权利义务关系适用民法典的有关规定。

第四十一条　尚在校接受高中及其以下学历教育，或者丧失、部分丧失劳动能力等非因主观原因而无法维持正常生活的成年子女，可以认定为民法典第一千零六十七条规定的"不能独立生活的成年子女"。

第四十二条　民法典第一千零六十七条所称"抚养费"，包括子女生活费、教育费、医疗费等费用。

第四十三条　婚姻关系存续期间，父母双方或者一方拒不履行抚养子女义务，未成年子女或者不能独立生活的成年子女请求支付抚养费的，人民法院应予支持。

第四十四条　离婚案件涉及未成年子女抚养的，对不满两周岁的子女，按照民法典第一千零八十四条第三款规定的原则处理。母亲有下列情形之一，父亲请求直接抚养的，人民法院应予支持：

（一）患有久治不愈的传染性疾病或者其他严重疾病，子女不宜与其共同生活；

（二）有抚养条件不尽抚养义务，而父亲要求子女随其生活；

（三）因其他原因，子女确不宜随母亲生活。

第四十五条　父母双方协议不满两周岁子女由父亲直接抚养，并对子女健康成长无不利影响的，人民法院应予支持。

第四十六条　对已满两周岁的未成年子女，父母均要求直接抚养，一方有下列情形之一的，可予优先考虑：

（一）已做绝育手术或者因其他原因丧失生育能力；

（二）子女随其生活时间较长，改变生活环境对子女健康成长明显不利；

（三）无其他子女，而另一方有其他子女；

（四）子女随其生活，对子女成长有利，而另一方患有久治不愈的传染性疾病或者其他严重疾病，或者有其他不利于子女身心健康的情形，不宜与子女共同生活。

第四十七条　父母抚养子女的条件基本相同，双方均要求直接抚养子女，但子女单独随祖父母或者外祖父母共同生活多年，且祖父母或者外祖父母要求并且有能力帮助子女照顾孙子女或者外孙子女的，可以作为父或者母直接抚养子女的优先条件予以考虑。

第四十八条　在有利于保护子女利益的前提下，父母双方协议轮流直接抚养子女的，人民法院应予支持。

第四十九条　抚养费的数额，可以根据子女的实际需要、父母双方的负担能力和当地的实际生活水平确定。

有固定收入的，抚养费一般可以按其月总收入的百分之二十至三十的比例给付。负担两个以上子女抚养费的，比例可以适当提高，但一般不得超过月总收入的百分之五十。

无固定收入的，抚养费的数额可以依据当年总收入或者同行业平均收入，参照上述比例确定。

有特殊情况的，可以适当提高或者降低上述比例。

第五十条　抚养费应当定期给付，有条件的可以一次性给付。

第五十一条　父母一方无经济收入或者下落不明的，可以用其财物折抵抚养费。

第五十二条　父母双方可以协议由一方直接抚养子女并由直接抚养方负担子女全部抚养费。但是，直接抚养方的抚养能力明显不能保障子女所需费用，影响子女健康成长的，人民法院不予支持。

第五十三条　抚养费的给付期限，一般至子女十八周岁为止。

十六周岁以上不满十八周岁，以其劳动收入为主要生活来源，并能维持当地一般生活水平的，父母可以停止给付抚养费。

第五十四条　生父与继母离婚或者生母与继父离婚时，对曾受其抚养教育的继子女，继父或者继母不同意继续抚养的，仍应由生父或者生母抚养。

第五十五条　离婚后，父母一方要求变更子女抚养关系的，或者子女要求增加抚养费的，应当另行提起诉讼。

第五十六条 具有下列情形之一，父母一方要求变更子女抚养关系的，人民法院应予支持：

（一）与子女共同生活的一方因患严重疾病或者因伤残无力继续抚养子女；

（二）与子女共同生活的一方不尽抚养义务或有虐待子女行为，或者其与子女共同生活对子女身心健康确有不利影响；

（三）已满八周岁的子女，愿随另一方生活，该方又有抚养能力；

（四）有其他正当理由需要变更。

第五十七条 父母双方协议变更子女抚养关系的，人民法院应予支持。

第五十八条 具有下列情形之一，子女要求有负担能力的父或者母增加抚养费的，人民法院应予支持：

（一）原定抚养费数额不足以维持当地实际生活水平；

（二）因子女患病、上学，实际需要已超过原定数额；

（三）有其他正当理由应当增加。

第五十九条 父母不得因子女变更姓氏而拒付子女抚养费。父或者母擅自将子女姓氏改为继母或继父姓氏而引起纠纷的，应当责令恢复原姓氏。

第六十条 在离婚诉讼期间，双方均拒绝抚养子女的，可以先行裁定暂由一方抚养。

第六十一条 对拒不履行或者妨害他人履行生效判决、裁定、调解书中有关子女抚养义务的当事人或者其他人，人民法院可依照民事诉讼法第一百一十一条的规定采取强制措施。

五、离　　婚

第六十二条 无民事行为能力人的配偶有民法典第三十六条第一款规定行为，其他有监护资格的人可以要求撤销其监护资格，并依法指定新的监护人；变更后的监护人代理无民事行为能力一方提起离婚诉讼的，人民法院应予受理。

第六十三条 人民法院审理离婚案件，符合民法典第一千零七十九条第三款规定"应当准予离婚"情形的，不应当因当事人有过错而判决不准离婚。

第六十四条 民法典第一千零八十一条所称的"军人一方有重大过错"，可以依据民法典第一千零七十九条第三款前三项规定及军人有其他重大过错导致夫妻感情破裂的情形予以判断。

第六十五条 人民法院作出的生效的离婚判决中未涉及探望权，当事人就探望权问题单独提起诉讼的，人民法院应予受理。

第六十六条 当事人在履行生效判决、裁定或者调解书的过程中，一方请求中止探望的，人民法院在征询双方当事人意见后，认为需要中止探望的，依法作出裁定；中止探望的情形消失后，人民法院应当根据当事人的请求书面通知其恢复探望。

第六十七条 未成年子女、直接抚养子女的父或者母以及其他对未成年子女负担抚养、教育、保护义务的法定监护人，有权向人民法院提出中止探望的请求。

第六十八条 对于拒不协助另一方行使探望权的有关个人或者组织，可以由人民法院依法采取拘留、罚款等强制措施，但是不能对子女的人身、探望行为进行强制执行。

第六十九条 当事人达成的以协议离婚或者到人民法院调解离婚为条件的财产以及债务处理协议，如果双方离婚未成，一方在离婚诉讼中反悔的，人民法院应当认定该财产以及债务处理协议没有生效，并根据实际情况依照民法典第一千零八十七条和第一千零八十九条的规定判决。

当事人依照民法典第一千零七十六条签订的离婚协议中关于财产以及债务处理的条款，对男女双方具有法律约束力。登记离婚后当事人因履行上述协议发生纠纷提起诉讼的，人民法院应当受理。

第七十条 夫妻双方协议离婚后就财产分割问题反悔，请求撤销财产分割协议的，人民法院应当受理。

人民法院审理后，未发现订立财产分割协议时存在欺诈、胁迫等情形的，应当依法驳回当事人的诉讼请求。

第七十一条 人民法院审理离婚案件，涉及分割发放到军人名下的复员费、自主择业费等一次性费用的，以夫妻婚姻关系存续年限乘以年平均值，所得数额为夫妻共同财产。

前款所称年平均值，是指将发放到军人名下的上述费用总额按具体年限均分得出的数额。其具体年限为人均寿命七十岁与军人入伍时实际年龄的差额。

第七十二条 夫妻双方分割共同财产中的股票、债券、投资基金份额等有价证券以及未上市股份有限公司股份时，协商不成或者按市价分配有困难的，人民法院可以根据数量按比例分配。

第七十三条 人民法院审理离婚案件，涉及分割夫妻共同财产中以一方名义在有限责任公司的出资额，另一方不是该公司股东的，按以下情形分别处理：

（一）夫妻双方协商一致将出资额部分或者全部转让给该股东的配偶，其他股东过半数同意，并且其他股东均明确表示放弃优先购买权的，该股东的配偶可以成为该公司股东；

（二）夫妻双方就出资额转让份额和转让价格等事项协商一致后，其他股东半数以上不同意转让，但愿意以同等条件购买该出资额的，人民法院可以对转让出资所得财产进行分割。其他股东半数以上不同意转让，也不愿意以同等条件购买该出资额的，视为其同意转让，该股东的配偶可以成为该公司股东。

用于证明前款规定的股东同意的证据，可以是股东会议材料，也可以是当事人通过其他合法途径取得的股东的书面声明材料。

第七十四条 人民法院审理离婚案件，涉及分割夫妻共同财产中以一方名义在合伙企业中的出资，另一方不是该企业合伙人的，当夫妻双方协商一致，将其合伙企业中的财产份额全部或者部分转让给对方时，按以下情形分别处理：

（一）其他合伙人一致同意的，该配偶依法取得合伙人地位；

（二）其他合伙人不同意转让，在同等条件下行使优先购买权的，可以对转让所得的财产进行分割；

（三）其他合伙人不同意转让，也不行使优先购买权，但同意该合伙人退伙或者削减部分财产份额的，可以对结算后的财产进行分割；

（四）其他合伙人既不同意转让，也不行使优先购买权，又不同意该合伙人退伙或者削减部分财产份额的，视为全体合伙人同意转让，该配偶依法取得合伙人地位。

第七十五条　夫妻以一方名义投资设立个人独资企业的，人民法院分割夫妻在该个人独资企业中的共同财产时，应当按照以下情形分别处理：

（一）一方主张经营该企业的，对企业资产进行评估后，由取得企业资产所有权一方给予另一方相应的补偿；

（二）双方均主张经营该企业的，在双方竞价基础上，由取得企业资产所有权的一方给予另一方相应的补偿；

（三）双方均不愿意经营该企业的，按照《中华人民共和国个人独资企业法》等有关规定办理。

第七十六条　双方对夫妻共同财产中的房屋价值及归属无法达成协议时，人民法院按以下情形分别处理：

（一）双方均主张房屋所有权并且同意竞价取得的，应当准许；

（二）一方主张房屋所有权的，由评估机构按市场价格对房屋作出评估，取得房屋所有权的一方应当给予另一方相应的补偿；

（三）双方均不主张房屋所有权的，根据当事人的申请拍卖、变卖房屋，就所得价款进行分割。

第七十七条　离婚时双方对尚未取得所有权或者尚未取得完全所有权的房屋有争议且协商不成的，人民法院不宜判决房屋所有权的归属，应当根据实际情况判决由当事人使用。

当事人就前款规定的房屋取得完全所有权后，有争议的，可以另行向人民法院提起诉讼。

第七十八条　夫妻一方婚前签订不动产买卖合同，以个人财产支付首付款并在银行贷款，婚后用夫妻共同财产还贷，不动产登记于首付款支付方名下的，离婚时该不动产由双方协议处理。

依前款规定不能达成协议的，人民法院可以判决该不动产归登记一方，尚未归还的贷款为不动产登记一方的个人债务。双方婚后共同还贷支付的款项及其相对应财产增值部分，离婚时应根据民法典第一千零八十七条第一款规定的原则，由不动产登记一方对另一方进行补偿。

第七十九条　婚姻关系存续期间，双方用夫妻共同财产出资购买以一方父母名义参加房改的房屋，登记在一方父母名下，离婚时另一方主张按照夫妻共同财产对该房屋进行分割的，人民法院不予支持。购买该房屋时的出资，可以作为债权处理。

第八十条 离婚时夫妻一方尚未退休、不符合领取基本养老金条件，另一方请求按照夫妻共同财产分割基本养老金的，人民法院不予支持；婚后以夫妻共同财产缴纳基本养老保险费，离婚时一方主张将养老金账户中婚姻关系存续期间个人实际缴纳部分及利息作为夫妻共同财产分割的，人民法院应予支持。

第八十一条 婚姻关系存续期间，夫妻一方作为继承人依法可以继承的遗产，在继承人之间尚未实际分割，起诉离婚时另一方请求分割的，人民法院应当告知当事人在继承人之间实际分割遗产后另行起诉。

第八十二条 夫妻之间订立借款协议，以夫妻共同财产出借给一方从事个人经营活动或者用于其他个人事务的，应视为双方约定处分夫妻共同财产的行为，离婚时可以按照借款协议的约定处理。

第八十三条 离婚后，一方以尚有夫妻共同财产未处理为由向人民法院起诉请求分割的，经审查该财产确属离婚时未涉及的夫妻共同财产，人民法院应当依法予以分割。

第八十四条 当事人依据民法典第一千零九十二条的规定向人民法院提起诉讼，请求再次分割夫妻共同财产的诉讼时效期间为三年，从当事人发现之日起计算。

第八十五条 夫妻一方申请对配偶的个人财产或者夫妻共同财产采取保全措施的，人民法院可以在采取保全措施可能造成损失的范围内，根据实际情况，确定合理的财产担保数额。

第八十六条 民法典第一千零九十一条规定的"损害赔偿"，包括物质损害赔偿和精神损害赔偿。涉及精神损害赔偿的，适用《最高人民法院关于确定民事侵权精神损害赔偿责任若干问题的解释》的有关规定。

第八十七条 承担民法典第一千零九十一条规定的损害赔偿责任的主体，为离婚诉讼当事人中无过错方的配偶。

人民法院判决不准离婚的案件，对于当事人基于民法典第一千零九十一条提出的损害赔偿请求，不予支持。

在婚姻关系存续期间，当事人不起诉离婚而单独依据民法典第一千零九十一条提起损害赔偿请求的，人民法院不予受理。

第八十八条 人民法院受理离婚案件时，应当将民法典第一千零九十一条等规定中当事人的有关权利义务，书面告知当事人。在适用民法典第一千零九十一条时，应当区分以下不同情况：

（一）符合民法典第一千零九十一条规定的无过错方作为原告基于该条规定向人民法院提起损害赔偿请求的，必须在离婚诉讼的同时提出。

（二）符合民法典第一千零九十一条规定的无过错方作为被告的离婚诉讼案件，如果被告不同意离婚也不基于该条规定提起损害赔偿请求的，可以就此单独提起诉讼。

（三）无过错方作为被告的离婚诉讼案件，一审时被告未基于民法典第一千零九十一条规定提出损害赔偿请求，二审期间提出的，人民法院应当进行调解；调解不成的，告知当事人另行起诉。双方当事人同意由第二审人民法院一并审理的，第二审人民法院可以一并裁判。

第八十九条　当事人在婚姻登记机关办理离婚登记手续后，以民法典第一千零九十一条规定为由向人民法院提出损害赔偿请求的，人民法院应当受理。但当事人在协议离婚时已经明确表示放弃该项请求的，人民法院不予支持。

第九十条　夫妻双方均有民法典第一千零九十一条规定的过错情形，一方或者双方向对方提出离婚损害赔偿请求的，人民法院不予支持。

六、附　　则

第九十一条　本解释自 2021 年 1 月 1 日起施行。

最高人民法院关于适用《中华人民共和国民法典》
继承编的解释（一）

（2020 年 12 月 25 日最高人民法院审判委员会第 1825 次会议通过　自 2021 年 1 月 1 日起施行）

为正确审理继承纠纷案件，根据《中华人民共和国民法典》等相关法律规定，结合审判实践，制定本解释。

一、一般规定

第一条　继承从被继承人生理死亡或者被宣告死亡时开始。

宣告死亡的，根据民法典第四十八条规定确定的死亡日期，为继承开始的时间。

第二条　承包人死亡时尚未取得承包收益的，可以将死者生前对承包所投入的资金和所付出的劳动及其增值和孳息，由发包单位或者接续承包合同的人合理折价、补偿。其价额作为遗产。

第三条　被继承人生前与他人订有遗赠扶养协议，同时又立有遗嘱的，继承开始后，如果遗赠扶养协议与遗嘱没有抵触，遗产分别按协议和遗嘱处理；如果有抵触，按协议处理，与协议抵触的遗嘱全部或者部分无效。

第四条　遗嘱继承人依遗嘱取得遗产后，仍有权依照民法典第一千一百三十条的规定取得遗嘱未处分的遗产。

第五条　在遗产继承中，继承人之间因是否丧失继承权发生纠纷，向人民法院提起诉讼的，由人民法院依据民法典第一千一百二十五条的规定，判决确认其是否丧失继承权。

第六条　继承人是否符合民法典第一千一百二十五条第一款第三项规定的"虐待被继承人情节严重"，可以从实施虐待行为的时间、手段、后果和社会影响等方面认定。

虐待被继承人情节严重的，不论是否追究刑事责任，均可确认其丧失继承权。

第七条　继承人故意杀害被继承人的，不论是既遂还是未遂，均应当确认其丧失继承权。

第八条　继承人有民法典第一千一百二十五条第一款第一项或者第二项所列之行为，而被继承人以遗嘱将遗产指定由该继承人继承的，可以确认遗嘱无效，并确认该继承人丧失继承权。

第九条　继承人伪造、篡改、隐匿或者销毁遗嘱，侵害了缺乏劳动能力又无生活来源的继承人的利益，并造成其生活困难的，应当认定为民法典第一千一百二十五条第一款第四项规定的"情节严重"。

二、法定继承

第十条　被收养人对养父母尽了赡养义务，同时又对生父母扶养较多的，除可以依照民法典第一千一百二十七条的规定继承养父母的遗产外，还可以依照民法典第一千一百三十一条的规定分得生父母适当的遗产。

第十一条　继子女继承了继父母遗产的，不影响其继承生父母的遗产。

继父母继承了继子女遗产的，不影响其继承生子女的遗产。

第十二条　养子女与生子女之间、养子女与养子女之间，系养兄弟姐妹，可以互为第二顺序继承人。

被收养人与其亲兄弟姐妹之间的权利义务关系，因收养关系的成立而消除，不能互为第二顺序继承人。

第十三条　继兄弟姐妹之间的继承权，因继兄弟姐妹之间的扶养关系而发生。没有扶养关系的，不能互为第二顺序继承人。

继兄弟姐妹之间相互继承了遗产的，不影响其继承亲兄弟姐妹的遗产。

第十四条　被继承人的孙子女、外孙子女、曾孙子女、外曾孙子女都可以代位继承，代位继承人不受辈数的限制。

第十五条　被继承人的养子女、已形成扶养关系的继子女的生子女可以代位继承；被继承人亲生子女的养子女可以代位继承；被继承人养子女的养子女可以代位继承；与被继承人已形成扶养关系的继子女的养子女也可以代位继承。

第十六条 代位继承人缺乏劳动能力又没有生活来源，或者对被继承人尽过主要赡养义务的，分配遗产时，可以多分。

第十七条 继承人丧失继承权的，其晚辈直系血亲不得代位继承。如该代位继承人缺乏劳动能力又没有生活来源，或者对被继承人尽赡养义务较多的，可以适当分给遗产。

第十八条 丧偶儿媳对公婆、丧偶女婿对岳父母，无论其是否再婚，依照民法典第一千一百二十九条规定作为第一顺序继承人时，不影响其子女代位继承。

第十九条 对被继承人生活提供了主要经济来源，或者在劳务等方面给予了主要扶助的，应当认定其尽了主要赡养义务或主要扶养义务。

第二十条 依照民法典第一千一百三十一条规定可以分给适当遗产的人，分给他们遗产时，按具体情况可以多于或者少于继承人。

第二十一条 依照民法典第一千一百三十一条规定可以分给适当遗产的人，在其依法取得被继承人遗产的权利受到侵犯时，本人有权以独立的诉讼主体资格向人民法院提起诉讼。

第二十二条 继承人有扶养能力和扶养条件，愿意尽扶养义务，但被继承人因有固定收入和劳动能力，明确表示不要求其扶养的，分配遗产时，一般不应因此而影响其继承份额。

第二十三条 有扶养能力和扶养条件的继承人虽然与被继承人共同生活，但对需要扶养的被继承人不尽扶养义务，分配遗产时，可以少分或者不分。

三、遗嘱继承和遗赠

第二十四条 继承人、受遗赠人的债权人、债务人，共同经营的合伙人，也应当视为与继承人、受遗赠人有利害关系，不能作为遗嘱的见证人。

第二十五条 遗嘱人未保留缺乏劳动能力又没有生活来源的继承人的遗产份额，遗产处理时，应当为该继承人留下必要的遗产，所剩余的部分，才可参照遗嘱确定的分配原则处理。

继承人是否缺乏劳动能力又没有生活来源，应当按遗嘱生效时该继承人的具体情况确定。

第二十六条　遗嘱人以遗嘱处分了国家、集体或者他人财产的，应当认定该部分遗嘱无效。

第二十七条　自然人在遗书中涉及死后个人财产处分的内容，确为死者的真实意思表示，有本人签名并注明了年、月、日，又无相反证据的，可以按自书遗嘱对待。

第二十八条　遗嘱人立遗嘱时必须具有完全民事行为能力。无民事行为能力人或者限制民事行为能力人所立的遗嘱，即使其本人后来具有完全民事行为能力，仍属无效遗嘱。遗嘱人立遗嘱时具有完全民事行为能力，后来成为无民事行为能力人或者限制民事行为能力人的，不影响遗嘱的效力。

第二十九条　附义务的遗嘱继承或者遗赠，如义务能够履行，而继承人、受遗赠人无正当理由不履行，经受益人或者其他继承人请求，人民法院可以取消其接受附义务部分遗产的权利，由提出请求的继承人或者受益人负责按遗嘱人的意愿履行义务，接受遗产。

四、遗产的处理

第三十条　人民法院在审理继承案件时，如果知道有继承人而无法通知的，分割遗产时，要保留其应继承的遗产，并确定该遗产的保管人或者保管单位。

第三十一条　应当为胎儿保留的遗产份额没有保留的，应从继承人所继承的遗产中扣回。

为胎儿保留的遗产份额，如胎儿出生后死亡的，由其继承人继承；如胎儿娩出时是死体的，由被继承人的继承人继承。

第三十二条　继承人因放弃继承权，致其不能履行法定义务的，放弃继承权的行为无效。

第三十三条　继承人放弃继承应当以书面形式向遗产管理人或者其他继承人表示。

第三十四条　在诉讼中，继承人向人民法院以口头方式表示放弃继承的，要制作笔录，由放弃继承的人签名。

第三十五条 继承人放弃继承的意思表示，应当在继承开始后、遗产分割前作出。遗产分割后表示放弃的不再是继承权，而是所有权。

第三十六条 遗产处理前或者在诉讼进行中，继承人对放弃继承反悔的，由人民法院根据其提出的具体理由，决定是否承认。遗产处理后，继承人对放弃继承反悔的，不予承认。

第三十七条 放弃继承的效力，追溯到继承开始的时间。

第三十八条 继承开始后，受遗赠人表示接受遗赠，并于遗产分割前死亡的，其接受遗赠的权利转移给他的继承人。

第三十九条 由国家或者集体组织供给生活费用的烈属和享受社会救济的自然人，其遗产仍应准许合法继承人继承。

第四十条 继承人以外的组织或者个人与自然人签订遗赠扶养协议后，无正当理由不履行，导致协议解除的，不能享有受遗赠的权利，其支付的供养费用一般不予补偿；遗赠人无正当理由不履行，导致协议解除的，则应当偿还继承人以外的组织或者个人已支付的供养费用。

第四十一条 遗产因无人继承又无人受遗赠归国家或者集体所有制组织所有时，按照民法典第一千一百三十一条规定可以分给适当遗产的人提出取得遗产的诉讼请求，人民法院应当视情况适当分给遗产。

第四十二条 人民法院在分割遗产中的房屋、生产资料和特定职业所需要的财产时，应当依据有利于发挥其使用效益和继承人的实际需要，兼顾各继承人的利益进行处理。

第四十三条 人民法院对故意隐匿、侵吞或者争抢遗产的继承人，可以酌情减少其应继承的遗产。

第四十四条 继承诉讼开始后，如继承人、受遗赠人中有既不愿参加诉讼，又不表示放弃实体权利的，应当追加为共同原告；继承人已书面表示放弃继承、受遗赠人在知道受遗赠后六十日内表示放弃受遗赠或者到期没有表示的，不再列为当事人。

五、附　　则

第四十五条 本解释自 2021 年 1 月 1 日起施行。

中华人民共和国反家庭暴力法

（2015 年 12 月 27 日第十二届全国人民代表大会常务委员会第十八次会议通过）

第一章　总　　则

第一条　为了预防和制止家庭暴力，保护家庭成员的合法权益，维护平等、和睦、文明的家庭关系，促进家庭和谐、社会稳定，制定本法。

第二条　本法所称家庭暴力，是指家庭成员之间以殴打、捆绑、残害、限制人身自由以及经常性谩骂、恐吓等方式实施的身体、精神等侵害行为。

第三条　家庭成员之间应当互相帮助，互相关爱，和睦相处，履行家庭义务。

反家庭暴力是国家、社会和每个家庭的共同责任。

国家禁止任何形式的家庭暴力。

第四条　县级以上人民政府负责妇女儿童工作的机构，负责组织、协调、指导、督促有关部门做好反家庭暴力工作。

县级以上人民政府有关部门、司法机关、人民团体、社会组织、居民委员会、村民委员会、企业事业单位，应当依照本法和有关法律规定，做好反家庭暴力工作。

各级人民政府应当对反家庭暴力工作给予必要的经费保障。

第五条　反家庭暴力工作遵循预防为主，教育、矫治与惩处相结合原则。

反家庭暴力工作应当尊重受害人真实意愿，保护当事人隐私。

未成年人、老年人、残疾人、孕期和哺乳期的妇女、重病患者遭受家庭暴力的，应当给予特殊保护。

第二章　家庭暴力的预防

第六条　国家开展家庭美德宣传教育，普及反家庭暴力知识，增强公民反家庭暴力意识。

工会、共产主义青年团、妇女联合会、残疾人联合会应当在各自工作范围内，组织开展家庭美德和反家庭暴力宣传教育。

广播、电视、报刊、网络等应当开展家庭美德和反家庭暴力宣传。

学校、幼儿园应当开展家庭美德和反家庭暴力教育。

第七条 县级以上人民政府有关部门、司法机关、妇女联合会应当将预防和制止家庭暴力纳入业务培训和统计工作。

医疗机构应当做好家庭暴力受害人的诊疗记录。

第八条 乡镇人民政府、街道办事处应当组织开展家庭暴力预防工作，居民委员会、村民委员会、社会工作服务机构应当予以配合协助。

第九条 各级人民政府应当支持社会工作服务机构等社会组织开展心理健康咨询、家庭关系指导、家庭暴力预防知识教育等服务。

第十条 人民调解组织应当依法调解家庭纠纷，预防和减少家庭暴力的发生。

第十一条 用人单位发现本单位人员有家庭暴力情况的，应当给予批评教育，并做好家庭矛盾的调解、化解工作。

第十二条 未成年人的监护人应当以文明的方式进行家庭教育，依法履行监护和教育职责，不得实施家庭暴力。

第三章 家庭暴力的处置

第十三条 家庭暴力受害人及其法定代理人、近亲属可以向加害人或者受害人所在单位、居民委员会、村民委员会、妇女联合会等单位投诉、反映或者求助。有关单位接到家庭暴力投诉、反映或者求助后，应当给予帮助、处理。

家庭暴力受害人及其法定代理人、近亲属也可以向公安机关报案或者依法向人民法院起诉。

单位、个人发现正在发生的家庭暴力行为，有权及时劝阻。

第十四条 学校、幼儿园、医疗机构、居民委员会、村民委员会、社会工作服务机构、救助管理机构、福利机构及其工作人员在工作中发现无民事行为能力人、限制民事行为能力人遭受或者疑似遭受家庭暴力的，应当及时向公安机关报案。公安机关应当对报案人的信息予以保密。

第十五条　公安机关接到家庭暴力报案后应当及时出警，制止家庭暴力，按照有关规定调查取证，协助受害人就医、鉴定伤情。

无民事行为能力人、限制民事行为能力人因家庭暴力身体受到严重伤害、面临人身安全威胁或者处于无人照料等危险状态的，公安机关应当通知并协助民政部门将其安置到临时庇护场所、救助管理机构或者福利机构。

第十六条　家庭暴力情节较轻，依法不给予治安管理处罚的，由公安机关对加害人给予批评教育或者出具告诫书。

告诫书应当包括加害人的身份信息、家庭暴力的事实陈述、禁止加害人实施家庭暴力等内容。

第十七条　公安机关应当将告诫书送交加害人、受害人，并通知居民委员会、村民委员会。

居民委员会、村民委员会、公安派出所应当对收到告诫书的加害人、受害人进行查访，监督加害人不再实施家庭暴力。

第十八条　县级或者设区的市级人民政府可以单独或者依托救助管理机构设立临时庇护场所，为家庭暴力受害人提供临时生活帮助。

第十九条　法律援助机构应当依法为家庭暴力受害人提供法律援助。

人民法院应当依法对家庭暴力受害人缓收、减收或者免收诉讼费用。

第二十条　人民法院审理涉及家庭暴力的案件，可以根据公安机关出警记录、告诫书、伤情鉴定意见等证据，认定家庭暴力事实。

第二十一条　监护人实施家庭暴力严重侵害被监护人合法权益的，人民法院可以根据被监护人的近亲属、居民委员会、村民委员会、县级人民政府民政部门等有关人员或者单位的申请，依法撤销其监护人资格，另行指定监护人。

被撤销监护人资格的加害人，应当继续负担相应的赡养、扶养、抚养费用。

第二十二条　工会、共产主义青年团、妇女联合会、残疾人联合会、居民委员会、村民委员会等应当对实施家庭暴力的加害人进行法治教育，必要时可以对加害人、受害人进行心理辅导。

第四章　人身安全保护令

第二十三条　当事人因遭受家庭暴力或者面临家庭暴力的现实危险，向人民法院申请人身安全保护令的，人民法院应当受理。

当事人是无民事行为能力人、限制民事行为能力人，或者因受到强制、威吓等原因无法申请人身安全保护令的，其近亲属、公安机关、妇女联合会、居民委员会、村民委员会、救助管理机构可以代为申请。

第二十四条　申请人身安全保护令应当以书面方式提出；书面申请确有困难的，可以口头申请，由人民法院记入笔录。

第二十五条　人身安全保护令案件由申请人或者被申请人居住地、家庭暴力发生地的基层人民法院管辖。

第二十六条　人身安全保护令由人民法院以裁定形式作出。

第二十七条　作出人身安全保护令，应当具备下列条件：

（一）有明确的被申请人；

（二）有具体的请求；

（三）有遭受家庭暴力或者面临家庭暴力现实危险的情形。

第二十八条　人民法院受理申请后，应当在七十二小时内作出人身安全保护令或者驳回申请；情况紧急的，应当在二十四小时内作出。

第二十九条　人身安全保护令可以包括下列措施：

（一）禁止被申请人实施家庭暴力；

（二）禁止被申请人骚扰、跟踪、接触申请人及其相关近亲属；

（三）责令被申请人迁出申请人住所；

（四）保护申请人人身安全的其他措施。

第三十条　人身安全保护令的有效期不超过六个月，自作出之日起生效。人身安全保护令失效前，人民法院可以根据申请人的申请撤销、变更或者延长。

第三十一条　申请人对驳回申请不服或者被申请人对人身安全保护令不服的，可以自裁定生效之日起五日内向作出裁定的人民法院申请复议一次。人民法院依法作出人身安全保护令的，复议期间不停止人身安全保护令的执行。

第三十二条　人民法院作出人身安全保护令后，应当送达申请人、被申请人、公安机关以及居民委员会、村民委员会等有关组织。人身安全保护令由人民法院执行，公安机关以及居民委员会、村民委员会等应当协助执行。

第五章　法律责任

第三十三条　加害人实施家庭暴力，构成违反治安管理行为的，依法给予治安管理处罚；构成犯罪的，依法追究刑事责任。

第三十四条　被申请人违反人身安全保护令，构成犯罪的，依法追究刑事责任；尚不构成犯罪的，人民法院应当给予训诫，可以根据情节轻重处以一千元以下罚款、十五日以下拘留。

第三十五条　学校、幼儿园、医疗机构、居民委员会、村民委员会、社会工作服务机构、救助管理机构、福利机构及其工作人员未依照本法第十四条规定向公安机关报案，造成严重后果的，由上级主管部门或者本单位对直接负责的主管人员和其他直接责任人员依法给予处分。

第三十六条　负有反家庭暴力职责的国家工作人员玩忽职守、滥用职权、徇私舞弊的，依法给予处分；构成犯罪的，依法追究刑事责任。

第六章　附　　则

第三十七条　家庭成员以外共同生活的人之间实施的暴力行为，参照本法规定执行。

第三十八条　本法自 2016 年 3 月 1 日起施行。

中华人民共和国老年人权益保障法（节录）

(1996 年 8 月 29 日第八届全国人民代表大会常务委员会第二十一次会议通过　根据 2009 年 8 月 27 日第十一届全国人民代表大会常务委员会第十次会议《关于修改部分法律的决定》第一次修正　2012 年 12 月 28 日第十一届全国人民代表大会常务委员会第三十次会议修订　根据 2015 年 4 月 24 日第十二届全国人民代表大会常务委员会第十四次会议《关于修改〈中华人民共和国电力法〉等六部法律的决定》第二次修正　根据 2018 年 12 月 29 日第十三届全国人民代表大会常务委员会第七次会议《关于修改〈中华人民共和国劳动法〉等七部法律的决定》第三次修正)

第二章　家庭赡养与扶养

第十三条　老年人养老以居家为基础，家庭成员应当尊重、关心和照料老年人。

第十四条　赡养人应当履行对老年人经济上供养、生活上照料和精神上慰藉的义务，照顾老年人的特殊需要。

赡养人是指老年人的子女以及其他依法负有赡养义务的人。

赡养人的配偶应当协助赡养人履行赡养义务。

第十五条　赡养人应当使患病的老年人及时得到治疗和护理；对经济困难的老年人，应当提供医疗费用。

对生活不能自理的老年人，赡养人应当承担照料责任；不能亲自照料的，可以按照老年人的意愿委托他人或者养老机构等照料。

第十六条　赡养人应当妥善安排老年人的住房，不得强迫老年人居住或者迁居条件低劣的房屋。

老年人自有的或者承租的住房，子女或者其他亲属不得侵占，不得擅自改变产权关系或者租赁关系。

老年人自有的住房，赡养人有维修的义务。

第十七条　赡养人有义务耕种或者委托他人耕种老年人承包的田地，

照管或者委托他人照管老年人的林木和牲畜等，收益归老年人所有。

第十八条　家庭成员应当关心老年人的精神需求，不得忽视、冷落老年人。

与老年人分开居住的家庭成员，应当经常看望或者问候老年人。

用人单位应当按照国家有关规定保障赡养人探亲休假的权利。

第十九条　赡养人不得以放弃继承权或者其他理由，拒绝履行赡养义务。

赡养人不履行赡养义务，老年人有要求赡养人付给赡养费等权利。

赡养人不得要求老年人承担力不能及的劳动。

第二十条　经老年人同意，赡养人之间可以就履行赡养义务签订协议。赡养协议的内容不得违反法律的规定和老年人的意愿。

基层群众性自治组织、老年人组织或者赡养人所在单位监督协议的履行。

第二十一条　老年人的婚姻自由受法律保护。子女或者其他亲属不得干涉老年人离婚、再婚及婚后的生活。

赡养人的赡养义务不因老年人的婚姻关系变化而消除。

第二十二条　老年人对个人的财产，依法享有占有、使用、收益和处分的权利，子女或者其他亲属不得干涉，不得以窃取、骗取、强行索取等方式侵犯老年人的财产权益。

老年人有依法继承父母、配偶、子女或者其他亲属遗产的权利，有接受赠与的权利。子女或者其他亲属不得侵占、抢夺、转移、隐匿或者损毁应当由老年人继承或者接受赠与的财产。

老年人以遗嘱处分财产，应当依法为老年配偶保留必要的份额。

第二十三条　老年人与配偶有相互扶养的义务。

由兄、姐扶养的弟、妹成年后，有负担能力的，对年老无赡养人的兄、姐有扶养的义务。

第二十四条　赡养人、扶养人不履行赡养、扶养义务的，基层群众性自治组织、老年人组织或者赡养人、扶养人所在单位应当督促其履行。

第二十五条　禁止对老年人实施家庭暴力。

第二十六条　具备完全民事行为能力的老年人，可以在近亲属或者其他与自己关系密切、愿意承担监护责任的个人、组织中协商确定自己的监护人。监护人在老年人丧失或者部分丧失民事行为能力时，依法承担监护责任。

老年人未事先确定监护人的，其丧失或者部分丧失民事行为能力时，依照有关法律的规定确定监护人。

第二十七条 国家建立健全家庭养老支持政策，鼓励家庭成员与老年人共同生活或者就近居住，为老年人随配偶或者赡养人迁徙提供条件，为家庭成员照料老年人提供帮助。

第八章 法律责任

第七十三条 老年人合法权益受到侵害的，被侵害人或者其代理人有权要求有关部门处理，或者依法向人民法院提起诉讼。

人民法院和有关部门，对侵犯老年人合法权益的申诉、控告和检举，应当依法及时受理，不得推诿、拖延。

第七十四条 不履行保护老年人合法权益职责的部门或者组织，其上级主管部门应当给予批评教育，责令改正。

国家工作人员违法失职，致使老年人合法权益受到损害的，由其所在单位或者上级机关责令改正，或者依法给予处分；构成犯罪的，依法追究刑事责任。

第七十五条 老年人与家庭成员因赡养、扶养或者住房、财产等发生纠纷，可以申请人民调解委员会或者其他有关组织进行调解，也可以直接向人民法院提起诉讼。

人民调解委员会或者其他有关组织调解前款纠纷时，应当通过说服、疏导等方式化解矛盾和纠纷；对有过错的家庭成员，应当给予批评教育。

人民法院对老年人追索赡养费或者扶养费的申请，可以依法裁定先予执行。

第七十六条 干涉老年人婚姻自由，对老年人负有赡养义务、扶养义务而拒绝赡养、扶养，虐待老年人或者对老年人实施家庭暴力的，由有关单位给予批评教育；构成违反治安管理行为的，依法给予治安管理处罚；构成犯罪的，依法追究刑事责任。

第七十七条 家庭成员盗窃、诈骗、抢夺、侵占、勒索、故意损毁老年人财物，构成违反治安管理行为的，依法给予治安管理处罚；构成犯罪的，依法追究刑事责任。

第七十八条 侮辱、诽谤老年人，构成违反治安管理行为的，依法给予治安管理处罚；构成犯罪的，依法追究刑事责任。

第七十九条 养老机构及其工作人员侵害老年人人身和财产权益，或者未按照约定提供服务的，依法承担民事责任；有关主管部门依法给予行政处罚；构成犯罪的，依法追究刑事责任。

第八十条 对养老机构负有管理和监督职责的部门及其工作人员滥用职权、玩忽职守、徇私舞弊的，对直接负责的主管人员和其他直接责任人员依法给予处分；构成犯罪的，依法追究刑事责任。

第八十一条 不按规定履行优待老年人义务的，由有关主管部门责令改正。

第八十二条 涉及老年人的工程不符合国家规定的标准或者无障碍设施所有人、管理人未尽到维护和管理职责的，由有关主管部门责令改正；造成损害的，依法承担民事责任；对有关单位、个人依法给予行政处罚；构成犯罪的，依法追究刑事责任。

参考书目

1. 最高人民法院民法典贯彻实施工作领导小组主编：《中华人民共和国民法典婚姻家庭编继承编理解与适用》，人民法院出版社 2020 年版。

2. 刘玉民主编：《收养、赡养与财产继承》，中国民主法制出版社 2014 年版。

3. 蔡慧永、刘双玉主编：《农村居民法律常识案例读本》，中国法制出版社 2019 年版。

4. 《法律家》实践教学编委会主编：《婚姻家庭继承纠纷裁判精要与规则适用》，人民法院出版社 2020 年版。

5. 何志：《婚姻案件审理要点精释》，人民法院出版社 2013 年版。

6. 杨大文主编：《亲属法与继承法》，法律出版社 2013 年版。

7. 刘学文主编：《婚姻家庭案件立案标准》，人民法院出版社 2009 年版。

8. 吴庆宝主编：《婚姻家庭纠纷裁判标准规范》，人民法院出版社 2009 年版。

9. 巫昌祯主编：《婚姻与继承法学》，中国政法大学出版社 2007 年版。

10. 余延满：《亲属法原论》，法律出版社 2007 年版。

11. 杨立新、朱呈义：《继承法专论》，高等教育出版社 2006 年版。

12. 宋才发、刘玉民主编：《大众维权 600 问——民事卷》，中国发展出版社 2006 年版。

13. 李克、宋才发主编：《婚姻家庭纠纷案例》，人民法院出版社 2004 年版。

14. 毛顺佳、毛英编著：《公民怎样依法维护婚姻家庭权益》，湖南人民出版社 2003 年版。

15. 王丽萍等主编：《成长的权利》，山东人民出版社 2002 年版。

16. 马原主编：《新婚姻法条文释义》，人民法院出版社 2002 年版。

17. 黄名述、黄维惠主编：《民法学》，中国检察出版社 2002 年版。

18. 史尚宽：《继承法论》，中国政法大学出版社 2000 年版。

19. 王利明主编：《中国民法案例与学理研究·侵权行为篇·亲属继承篇》，法律出版社 1998 年版。

20. 梁慧星主编：《民商法论丛》第 1 卷，法律出版社 1994 年版。